Curso de Finanças Empresariais

Curso de Finanças Empresariais

FUNDAMENTOS DE GESTÃO FINANCEIRA EM EMPRESAS

JERRY KATO

M.Books do Brasil Editora Ltda.

Rua Jorge Americano, 61 - Alto da Lapa
05083-130 - São Paulo - SP - Telefones: (11) 3645-0409/(11) 3645-0410
Fax: (11) 3832-0335 - e-mail: vendas@mbooks.com.br
www.mbooks.com.br

Dados de Catalogação na Publicação

Kato, Jerry Miyoshi
Curso de Finanças Empresariais - Fundamentos de gestão financeira em empresas
2012 – São Paulo – M.Books do Brasil Editora Ltda.

1. Administração Financeira   2. Controladoria   3. Finanças

ISBN: 978-85-7680-129-0

Editor
Milton Mira de Assumpção Filho

Produção Editorial
Beatriz Simões Araújo

Coordenação Gráfica
Silas Camargo

Capa e Editoração
Crontec

© 2012
M.Books do Brasil Editora Ltda.
Todos os direitos reservados.
Proibida a reprodução total ou parcial.
Os infratores serão punidos na forma da lei.

DEDICATÓRIA

Para Mara, Paulo e Isabela. A melhor família que um homem poderia ter. Amor eterno.

AGRADECIMENTOS

Aos meus pais, Mário e Ninfa. Honro vocês pela vida de trabalho e honestidade que me ensinaram.

A Toshiro e Aya por me ensinarem a viver com um verdadeiro discípulo do Senhor Jesus Cristo.

A Humberto e Kátia por me inspirarem a ser um líder cristão cada vez melhor por meio de seu testemunho de vida e amizade.

Ao Professor Judas Tadeu e equipe pela amizade e apoio na publicação da presente obra e em outros importantes projetos profissionais.

Aos Professores Rubens, Alexandre e Jackson pela amizade e apoio profissional na condução de projetos acadêmicos inovadores.

Aos colegas Viviane, Luis Fernando, Felippe, Diego e João Silveira pela parceria e pelos bons trabalhos que realizamos pelo Brasil todo.

Aos meus irmãos, amigos, clientes e alunos que repartiram comigo tantas preciosas experiências pessoais e profissionais. Minha gratidão e reconhecimento.

APRESENTAÇÃO DA OBRA

A presente obra está dividida em 9 capítulos, seguindo uma lógica sequencial de apresentação de cada tema. Desta maneira, baseados nos conceitos de geração e inovação de valor, os capítulos deste livro foram dedicados a abordar conceitos, métodos, sistemas, técnicas e ferramentas de gestão financeira que sirvam como alicerce para que a empresa possa obter um resultado financeiro sustentável.

Cada capítulo está estruturado de modo a facilitar a compreensão do leitor, e sua base é apresentada da seguinte maneira:

A. Competências – que conhecimento o leitor vai desenvolver na leitura do capítulo.

B. Conteúdo – apresentação dos textos, quadros, figuras de forma a desenvolver uma estrutura lógica de raciocínio.

C. Exemplos – são modelagens de situações que ocorrem nas empresas demonstrando a aplicação dos conceitos.

D. Resumo do capítulo – permite ao leitor fixar os principais tópicos abordados.

Inicialmente, o capítulo 1 introduzirá o leitor aos principais conceitos de finanças e controladoria, tratando de suas funções e atribuições relevantes, bem como da nomenclatura dos cargos executivos inerentes ao mercado financeiro.

Já o capítulo 2 apresenta alguns aspectos econômicos importantes que impactam o mercado financeiro e as empresas. Também serão abordados os principais conceitos sobre matemática aplicada a finanças, especialmente para a formação de taxas de juros.

O entendimento dos mecanismos de gestão dos ativos circulantes apresentado no capítulo 3 é essencial para assegurar os resultados de curto prazo da empresa. A administração efetiva do caixa, das aplicações, dos estoques e dos clientes é o ponto de partida para uma boa administração financeira e será abordada posteriormente em capítulo específico.

As fontes de financiamento serão abordadas no capítulo 4, onde as características de cada tipo de capital de terceiros e capital próprio serão discutidas. Além disso, serão realizadas formulações de seus custos, que, em última instância, compõem o custo médio ponderado de capital da empresa.

No capítulo 5, a Análise de Investimentos permite à empresa escolher as melhores alternativas entre diversos projetos de negócios, de modo a garantir o retorno mínimo exigido do capital. As diversas técnicas de análise permitem com sua utilização individual e em seu conjunto uma série de informações imprescindíveis para a decisão gerencial.

O capítulo 6 trata da Análise de Demonstrações Financeiras e abordará os principais indicadores estáticos e dinâmicos. Eles serão explicados de modo a evidenciar como a empresa deve analisá-los de forma independente e depois em conjunto, obtendo um diagnóstico plausível da situação financeira da empresa. Com isso, é possível tomar importantes decisões estratégicas do negócio para equilibrar os resultados contábeis e financeiros da empresa.

O capítulo 7 é dedicado à gestão de custos e permitirá a identificação do custo bom e do custo da baixa qualidade. O estudo dos métodos e princípios de custeio permitirá o entendimento claro da dinâmica dos sistemas de custos e como realizar a apuração dos gastos na indústria, no comércio e em serviços.

Já o capítulo 8 é destinado à elaboração do Orçamento Empresarial e tem como foco o estudo do processo integrado de planejamento econômico e financeiro resultando na projeção do fluxo de caixa, demonstrativo de resultados e balanço patrimonial. Consolidando esse processo, é apresentado um método de análise financeira do negócio.

Finalmente, o capítulo 9 tratará da geração de valor da empresa abordando os principais conceitos como lucro econômico, custo de capital, valor agregado de mercado e valor agregado de caixa. O capítulo também tratará dos principais métodos de avaliação financeira para determinação do valor de uma empresa.

Boa leitura!

O autor

DEPOIMENTOS

"Através desta obra, o Prof. Dr. Jerry Kato nos ensina, de maneira prática e numa linguagem extremamente simples, os princípios de uma gestão financeira. O leitor, ao acompanhar os capítulos da obra, adquire de maneira lógica e precisa os conceitos de uma perfeita gestão empresarial. Considero esta uma obra indispensável aos administradores e gestores das empresas que desejam uma governança corporativa eficiente."

Anselmo Dias
Diretor Administrativo da Odapel Distribuidora de Auto Peças Ltda.

"O autor, Jerry Kato, nos presenteia com um livro didático, atual e de inestimável valor a alta administração das empresas. Com particular talento e competência reconhecida, descreve de forma fácil assuntos complexos, que podem alavancar o sucesso de executivos, empresários e companhias."

Maria Bernardete Demeterco Raad
Diretora Geral da Importadora de Alimentos La Violetera Ltda.

"Neste livro, Jerry Kato consegue disponibilizar ao leitor, de forma prática e objetiva um verdadeiro curso sobre finanças empresariais. Seu conhecimento e experiência na área de finanças o credenciam a tratar este assunto, que é complexo, de forma simples, de fácil entendimento e com grande abrangência. Esta obra contribuirá para que o empresário tenha uma melhor gestão financeira do seu empreendimento".

JAIME BASSO
Presidente da Cooperativa de Crédito Sicredi Vale do Piquiri e Vice-Presidente da Cooperativa Central de Crédito do Paraná e São Paulo.

"Esse livro sobre Finanças Empresariais deve ser incluído entre as principais fontes de consulta para os gestores que, direta ou indiretamente, possuam responsabilidade sobre o P&L da empresa. Isso não se restringe apenas ao corpo diretivo ou ao 'board'. O autor conseguiu sintetizar de forma acessível e amigável o dia a dia das finanças corporativas em uma empresa, independente do tamanho da corporação. Com uma linguagem apropriada e prática, Jerry Kato desmistifica nesse livro os principais tópicos da gestão patrimonial, financeira e controladoria, que qualquer executivo deve conhecer. Nenhum gestor em uma empresa com boa governança corporativa, seja ele de Finanças, Marketing, Vendas, Logística, Supply Chain, Produção, Industrial, Engenharia, Recursos Humanos e Pós-Venda, chegará ao topo da organização, de forma sustentável e competente, sem conhecer os conceitos de Finanças Corporativas descritos e muito bem explicados por Jerry Kato".

ORLANDO MERLUZZI
Diretor de Negócios, Rede de Concessionárias e Importadores na Iveco Latin America

"Esta obra trará uma contribuição enorme para o entendimento de leigos e não leigos no assunto Finanças Empresariais!"

CARLOS E. S. PASSINI
Wound Care Plant Director da Johnson & Johnson Group
of Consumer Companies - Brazil

SUMÁRIO

Dedicatória 5
Agradecimento 7
Apresentação da Obra 9
Depoimentos 13

1. FUNDAMENTOS EM FINANÇAS 25
   1.1 A Função Financeira e seus Profissionais 27
   1.2 A Tesouraria nas Empresas 30
   1.3 A Controladoria nas Empresas 31
   1.4 Métodos para Controles Financeiros 36
   1.5 Indicadores de Desempenho e Controles 39
   Resumo do Capítulo 40

2. MERCADO FINANCEIRO E TAXA DE JUROS 41
   2.1 Aspectos Macroeconômicos e o Mercado Financeiro 42
   2.2 A Formação do Produto Interno Bruto (PIB) 43

2.3 A Emissão de Títulos Públicos e o Mercado Financeiro 44
2.4 O Que Representa o Risco-País 45
2.5 Política Monetária 46
2.6 Política Fiscal 50
2.7 Política Cambial 51
2.8 Políticas de Rendas 51
2.9 Mercado Financeiro 52
2.10 Mercado de Crédito 53
2.11 Mercado de Capitais 54
2.12 Mercado de Câmbio 55
2.13 Inflação e Deflação na Economia 55
2.14 Índices e Indexadores do Mercado Financeiro 57
2.15 O Valor do Dinheiro no Tempo 60
    2.15.1 Valor Presente (VP) 60
    2.15.2 Valor Futuro (VF) 61
    2.15.3 Prestações (PMT) 61
    2.15.4 Valor Presente da Perpetuidade (VPP) 61
    2.15.5 Taxas de Juros 62
    2.15.6 Juros Simples 63
    2.15.7 Juros Compostos 63
    2.15.8 Taxa de Juros Livre de Risco 65
    2.15.9 Prêmio de Risco 65
    2.15.10 Taxa de Juros Real 65
    2.15.11 Taxa de Juros Bruta 66
    2.15.12 Taxa de Juros Nominal 67
    2.15.13 Estrutura a Termo das Taxas de Juros 67
    2.15.14 Taxa Referencial de Juros (TR) 67
    2.15.15 Taxa de Juros de Longo Prazo (TJLP) 68
Resumo do Capítulo 68

3. GESTÃO DO ATIVO CIRCULANTE 69
    3.1 Ciclos Empresariais 70
    3.2 Administração do Fluxo de Caixa 71

    3.2.1 Método de Fluxo de Caixa Direto 75
    3.2.2 Método do Fluxo de Caixa Indireto 76
    3.2.3 Ciclo de Caixa 78
    3.2.4 Giro Caixa 79
    3.2.5 Caixa Mínimo Operacional (CMO) 79
  3.3 Negociação Bancária e Aplicações Financeiras 82
  3.4 Gestão de Contas a Receber de Clientes 83
  3.5 Gestão de Estoques 86
    3.5.1 Tipos de Estoque 88
    3.5.2 Planejamento, Reposição e Controle de Estoques 89
    3.5.3 Nível Ideal de Estoques 91
    3.5.4 Técnicas de Gestão de Estoques 95
    3.5.5 Técnicas de Compras de Estoques 96
    3.5.6 Capital Circulante Líquido (CCL) 98
  Resumo do Capítulo 99

4. **FONTES DE FINANCIAMENTO E CUSTO DE CAPITAL** 101
  4.1 Capital de Terceiros 104
    4.1.1 Cobrança CNR, Cheques pré-datados e Recebíveis de Cartões de Crédito 107
    4.1.2 Empréstimos de Capital de Giro 107
    4.1.3 Crédito Bancário Pré-aprovado 108
    4.1.4 Empréstimo em Conta Corrente 108
    4.1.5 Factoring de Duplicatas 109
    4.1.6 Desconto de Duplicatas 109
    4.1.7 Garantias de Empréstimos baseadas no Estoque 110
    4.1.8 Adiantamento sobre Contrato de Câmbio (ACC) 111
    4.1.9 Adiantamento sobre Cambiais Entregues (ACE) 111
    4.1.10 Nota de Crédito à Exportação (NCE) 111
    4.1.11 Empréstimos com Alienação 112
    4.1.12 Empréstimos com Alienação Fiduciária 112
    4.1.13 Empréstimos com Certificado de Armazenagem 113
    4.1.14 Empréstimos de Longo Prazo – BNDES/FINAME 113

  4.1.15 Cartão BNDES 114
  4.1.16 FINAME – Máquinas e Equipamentos 115
  4.1.17 BNDES Automático 115
  4.1.18 Emissão de Debêntures 116
  4.1.19 Leasing / Arrendamento Mercantil 119
 4.2 Capital Próprio 120
  4.2.1 Emissão de Ações Preferenciais 121
  4.2.2 Emissão de Ações Ordinárias 123
  4.2.3 Lucros Retidos 125
 4.3 Custo Médio Ponderado de Capital – CMPC (WACC) 125
 4.4 Custo Marginal Ponderado de Capital (CMgPC) 129
 4.5 Alavancagem de Capital 129
  4.5.1 Alavancagem Operacional 130
  4.5.2 Alavancagem Financeira 131
  4.5.3 Alavancagem Total 133
 Resumo do Capítulo 133

5. ANÁLISE DE INVESTIMENTOS 135
 5.1 Fluxo de Caixa de Projetos de Investimentos 136
 5.2 Investimento Inicial (Capital Expenditure) 138
 5.3 Entradas Operacionais de Caixa 139
 5.4 Valor Residual de um Projeto 141
 5.5 Técnicas de Análise de Investimentos 142
 5.6 Método do Valor Presente Líquido (VPL) 143
 5.7 Método da Taxa Interna de Retorno (TIR) 145
 5.8 Análise Comparativa Entre os Métodos VPL e TIR 147
 5.9 Método Payback Time 148
  5.9.1 Payback Descontado 149
 5.10 Método do Valor (Custo) Anual Uniforme Equivalente (VAUE/CAUE) 151
 5.11 Índice Benefício Custo (IBC) 154
 5.12 Influência da Depreciação e do Imposto de Renda (IR) 154
 Resumo do Capítulo 157

6. ANÁLISE DE DEMONSTRAÇÕES FINANCEIRAS 159

6.1 Análise do Relatório da Administração aos Acionistas 160
6.2 Técnicas de Análise de Balanços 160
6.3 Métodos Estáticos 161
    6.3.1 Análise Vertical (AV) 161
    6.3.2 Análise Horizontal (AH) 162
    6.3.3 Índice de Endividamento ou de Estrutura de Capital 162
    6.3.4 Índices de Liquidez 163
    6.3.5 Índices de Atividades 164
    6.3.6 Índices de Rentabilidade 166
    6.3.7 Termômetro de Kanitz 167
    6.3.8 Fórmula Dupont 167
6.4 Análise Dinâmica de Demonstrações Financeiras 168
    6.4.1 Necessidade de Capital de Giro (NCG) 169
    6.4.2 Capital de Giro (CDG) 171
    6.4.3 Saldo de Tesouraria (T) 172
Resumo do Capítulo 179

7. GESTÃO DE CUSTOS 183

7.1 Contabilidade de Custos 184
7.2 Conceitos Básicos 186
7.3 Classificação dos Custos 188
7.4 Apuração de Custos 189
    7.4.1 Custos com Materiais Diretos 189
    7.4.2 Métodos de Avaliação de Estoques 191
    7.4.3 Cálculo e Classificação da Mão de Obra 195
    7.4.4 Custos Indiretos de Fabricação (CIF) e Esquemas de Rateio 196
    7.4.5 Apuração de Despesas Operacionais 201
7.5 Métodos de Custeamento 201
    7.5.1 Método de Custeio por Processo ou Centros de Custos 204
    7.5.2 Método de Custeio por Ordem de Produção (OP) 207
    7.5.3 Método de Custeio por Unidades de Esforço de Produção (UEP) 211

7.5.4 Gestão Total de Custos 212
7.5.4.1 Análise de Processo do Negócio 213
7.5.4.2 Activity Based Costing (ABC) 213
7.5.4.3 Melhoria Contínua nos Processos 214
7.5.5 Compatibilização da Departamentalização com o Método ABC 215
7.6 Princípios de Custeio 220
7.6.1 Classificação dos Princípios de Custeio 220
7.6.2 Quantificando a Ociosidade e a Ineficiência 221
7.7 Custo Alvo 224
7.8 Custo Padrão Corrente 226
7.9 Sistemas de Custos 227
7.10 Formação de Preço de Venda 232
7.10.1 Precificação baseada em Custos 234
7.10.2 Precificação baseada no Mercado 234
7.10.3 Precificação pelo Índice de Markup 235
7.10.4 Critérios para Reconhecimento da Receita 236
7.10.5 Deduções das Receitas de Vendas 237
7.11 Análise Custo x Volume x Lucro 239
7.11.1 Ponto de Equilíbrio em Empresas Monoprodutoras 241
7.11.2 Ponto de Equilíbrio em Empresas Multiprodutoras 245
7.11.3 Ponto de Fechamento (PF) 246
Resumo do Capítulo 248

8. ORÇAMENTO EMPRESARIAL 251
8.1 Conceitos Fundamentais 251
8.2 Tipos de Orçamento 253
8.3 Gestão Matricial do Orçamento 254
8.4 O Processo Orçamentário 255
8.5 Análise de Resultados Financeiros 257
8.6 Um Método de Análise Financeira 258
8.6.1 Período Analisado x Período de Referência 259
8.6.2 Evolução dos Estoques 260
8.6.3 Impacto da Inflação ou Desvalorização 260

8.6.4 Análise da Variação do Preço de Venda 261
8.6.5 Análise da Demanda de Vendas 261
8.6.6 Análise Integrada de Preço e Volume 262
8.6.7 Análise do Mix de Produtos ou de Clientes 263
8.6.8 Análise dos Custos Variáveis 263
8.6.9 Análise dos Custos Fixos 264
8.6.10 Variação nos Impostos (Taxes) 264
8.7 Benefícios do Processo Orçamentário para a Empresa 265
8.8 Estudo de Caso de Orçamento Empresarial 266
Resumo do Capítulo 284

9. GERAÇÃO DE VALOR E VALUATION 287

9.1 Criação de Valor Econômico e Financeiro 287
9.2 Economic Value Added (EVA®) – Valor Econômico Agregado
ou Lucro Econômico 288
9.3 Cash Value Added (CVA) 290
9.4 Market Value Added (MVA) – Valor Agregado de Mercado 291
9.5 Inovação de Valor 293
9.6 A Inteligência Organizacional aplicada aos Recursos Empresariais
para Gerar Valor Extraordinário 294
9.7 Return on Equity (ROE) ou Retorno sobre o Patrimônio Líquido 295
9.8 Valuation – Calculando o Valor de uma Empresa 295
9.8.1 Valor Contábil do Patrimônio Líquido 297
9.8.2 Valor dos Ativos 297
9.8.3 Fundo de Comércio ou Goodwill 298
9.8.4 Valor de Mercado 299
9.8.5 Múltiplos de Mercado 299
9.8.6 Valor de Liquidação / Valor de Reposição 300
9.8.7 Método do Fluxo de Caixa Descontado 300
9.8.8 Método do Lucro Econômico (LE) 304
Resumo do Capítulo 305

REFERÊNCIAS BIBLIOGRÁFICAS 307

CAPÍTULO 1

FUNDAMENTOS EM FINANÇAS

COMPETÊNCIAS ORIENTADAS PARA O TRABALHO A SEREM DESENVOLVIDAS

- Compreender os fundamentos da função financeira nas empresas, seus principais conceitos, processos, responsabilidades e perfil dos profissionais atuantes na área.
- Elaborar e estabelecer Estratégias Financeiras de curto e longo prazo para cada tipo de empresa que garantam o retorno financeiro esperado pelos sócios e sua sustentabilidade.
- Pesquisar e estabelecer as fontes mais adequadas para Captação de Recursos e Financiamento das Atividades da Empresa.
- Identificar e definir as melhores alternativas para aplicação de recursos financeiros na Operação da Empresa.
- Analisar e interpretar as demonstração de resultados da empresa e suas interfaces com as atividades empresariais diárias.
- Compreender as funções básicas do administrador financeiro.
- Calcular e diferenciar o ciclo operacional, econômico e financeiro da empresa, e como gerenciar cada um deles de forma efetiva.
- Compreender o fluxo operacional e o fluxo de fundos da empresa, de modo a antecipar as necessidades de caixa de maneira eficiente.
- Analisar e interpretar os impactos da macroeconomia e do mercado financeiro na área de finanças da empresa.
- Compreender os conceitos fundamentais sobre a Controladoria e sua aplicação nas empresas com o uso de ferramentas de planejamento, análise, execução e controle de resultados financeiros.
- Apresentar a Missão da Controladoria e apontar as principais responsabilidades do Controller em uma empresa.

Os estudos e as pesquisas realizados sobre Finanças como uma ciência são amplos e dinâmicos, e afetam diretamente as pessoas e as organizações, sejam de caráter privado ou público, grandes ou pequenas, com ou sem fins lucrativos. Praticamente todas as pessoas e todas as organizações obtêm receitas, levantam fundos, adquirem bens ou investem recursos. Assim, em sentido amplo, Finanças busca estudar os processos e os instrumentos envolvidos na transferência de recursos financeiros entre pessoas, organizações e governo.

A atividade empresarial tem passado por grandes transformações nas últimas décadas. A formação de cadeias produtivas, o rápido crescimento do comércio internacional e o surgimento de sistemas de negócios que oferecem novos produtos e serviços ao consumidor são alguns exemplos dessas mudanças.

Como consequência dessas transformações, a operação empresarial aumentou em volume e complexidade e necessita de novos conceitos e modelos em Finanças Empresariais para viabilizar a inovação e a criação de valor aos seus acionistas, sua meta principal. Portanto, Finanças Empresariais é a arte ou a ciência de administrar recursos financeiros investidos em um negócio, observando seus riscos e buscando o melhor retorno possível para um capital.

Assim, os estudos em Finanças Empresariais têm se mantido como um dos pilares da Administração, porém deixando o contexto meramente técnico e operacional para uma abordagem estratégica como resposta ao ambiente globalizado e seus desafios. Nesse aspecto, a Administração Financeira é responsável por tornar tangível uma série de conceitos em aplicações práticas nas empresas por meio de métodos, técnicas e ferramentas de gestão adequados.

A Administração Financeira é responsável por obter e utilizar eficientemente os recursos necessários para o bom funcionamento da empresa. Essa dupla responsabilidade demonstra a importância da área dentro da organização, bem como direciona seus estudos para uma série de complexas funções que visam maximizar o retorno sobre os investimentos realizados, atendendo os objetivos dos acionistas ou sócios.

> **Conceito:**
> Administração Financeira é o conjunto de atividades de planejamento, execução, controle e análise voltadas ao financiamento das operações de uma empresa, bem como suas respectivas decisões de investimentos, com o objetivo de alcançar os resultados econômicos e financeiros desejados pelos acionistas.

Como responsabilidade direta, os executivos financeiros devem trabalhar para garantir a maximização do lucro e da riqueza da empresa. A maximização do lucro trabalha com uma importante visão de curto prazo, essencial para garantir as atividades operacionais da empresa. A maximização da riqueza considera o retorno real dos acionistas em uma perspectiva de longo prazo, a época desses retornos, sua distribuição e o risco do negócio.

Em síntese, o estudo da Administração Financeira permite o entendimento de sua complexa estrutura, seus processos específicos e corporativos, suas técnicas administrativas, suas ferramentas de gestão, dentre outros importantes fatores, cujo principal objetivo é a viabilização de negócios com retorno adequado aos acionistas.

1.1 A Função Financeira e seus Profissionais

A função financeira nas empresas tem como objetivo a captação de fundos suficientes para manter o negócio em operação, o que significa usar da melhor forma os recursos obtidos. Fundamentalmente, a função financeira se preocupa com os desafios associados com a eficiente aquisição e a melhor aplicação do capital.

O desafio de se determinar quais são os gastos imprescindíveis para viabilizar as atividades operacionais que permitam atingir os objetivos estratégicos e qual a fonte de captação de fundos para financiar essas atividades formam o complexo sistema que define a função financeira.

Os principais objetivos da função financeira são obter o montante necessário de capital, conservar esse capital e gerar lucro com a sua aplicação, conforme mostra o Quadro 1.1. Portanto, os principais campos de decisão financeira são investimentos, financiamentos e distribuição de lucros. Cada um deles deve ser analisado tendo sempre em mente os objetivos estratégicos da empresa.

Quadro 1.1 ■ Decisões em Finanças

Decisões	Atividades
Financiamento	O executivo financeiro deve determinar a melhor forma de financiar as operações da empresa, ou seja, deve determinar qual a estrutura de capital mais adequada. Ao tomar essa decisão, deve se considerar o retorno desejado pelos sócios, o custo do capital e o risco associado a cada alternativa.
Investimento	Consiste na alocação de capital para projetos com benefícios futuros, envolvendo riscos e incertezas. O executivo financeiro deve também administrar os ativos da empresa de modo eficiente e responder pelos resultados obtidos. É válido lembrar que o capital de giro deve circular regularmente, sendo que a disponibilidade de caixa é um fator estratégico para fazer frente aos desembolsos de curto prazo.
Distribuição de Dividendos	É representada pela determinação do percentual dos lucros a serem distribuídos aos sócios, na participação de lucros dos colaboradores e na manutenção de reservas para o exercício seguinte.

A abordagem contemporânea de finanças baseia-se em maximizar a riqueza dos sócios ou aumentar o valor das ações da empresa. Para isso, os executivos podem optar por conceder crédito aos clientes para aumentar as vendas. Porém, a empresa também necessita mostrar sua capacidade de liquidar obrigações, existindo então um desafio entre rentabilidade e liquidez. Boa parte do processo decisório da função financeira está baseada em administrar esses dois fatores e manter o equilíbrio desejado.

As constantes mudanças no ambiente econômico e a legislação mais rigorosa elevaram a importância e a complexidade das responsabilidades do administrador financeiro. Para isso, a preparação de um bom executivo da área é baseada em contínuo aprendizado ao longo de um bom período de tempo. O quadro 1.2 apresenta algumas das principais posições ou cargos financeiros em uma empresa.

Quadro 1.2 ■ Principais Posições na Área Financeira das Empresas

Posição	Descrição das atividades
Chief Financial Officer (CFO)	É o chefe da área financeira da empresa como um todo, reportando-se diretamente ao Chief Executive Officer (CEO) ou presidente da empresa. É um cargo normalmente encontrado em grandes corporações para designar o responsável pela estratégia financeira global da empresa. Em empresas de menor porte, é substituído pela figura do Diretor Financeiro.
Controller	É responsável pelo controle financeiro estratégico da empresa, utilizando ferramentas de gestão como contabilidade, sistema de informações e orçamento empresarial. É o executivo sênior responsável por fornecer informações financeiras para o processo de decisão da Alta Administração.
Gerente de Tesouraria	É responsável pelo planejamento financeiro e administração do caixa da empresa. Frequentemente gerencia os procedimentos de cobrança, os investimentos de curto prazo, as transferências e desembolsos, e coordena os empréstimos de curto prazo, assim como o relacionamento com instituições financeiras.
Gerente Financeiro	Em empresas onde não há a segregação entre Controladoria e Tesouraria, o Gerente Financeiro é responsável pela preparação e execução dos planos financeiros e orçamentários como um todo. Também deve realizar análises de resultado de cada unidade de negócio, baseadas em indicadores gerenciais estruturados em conjunto com a Contabilidade.

Quadro 1.2 ■ **Principais Posições na Área Financeira das Empresas** (*continuação*)

Posição	Descrição das atividades
Analista Financeiro	É responsável pela avaliação e recomendação de propostas de investimentos em ativos, bem como do planejamento e controle de orçamento de resultados e de capital a nível operacional.
Analista de Crédito e Cobrança	É responsável pela execução da política de crédito e cobrança da empresa por meio da análise e avaliação das solicitações de clientes. Seu monitoramento deve evitar inadimplência elevada.

É possível concluir que a Administração Financeira nas empresas sempre será uma função vital para o bom andamento dos negócios. Assim, é imprescindível que as empresas tenham, em seus respectivos quadros, executivos capacitados técnica e gerencialmente para administrar de forma adequada os recursos financeiros da organização tanto a curto quanto a longo prazo.

1.2 A Tesouraria nas Empresas

Para uma melhor organização, a Administração Financeira é subdividida em duas importantes áreas ou funções: a Tesouraria e a Controladoria. O gerenciamento competente e harmonioso dessas duas áreas se apresenta como o desafio principal do administrador financeiro.

O Tesoureiro geralmente responde pela obtenção de recursos financeiros externos e pela administração dos valores e propriedades da empresa. As funções básicas do Tesoureiro são o gerenciamento diário do caixa, os serviços de crédito e cobrança, além da manutenção das relações bancárias da empresa.

A gestão eficiente dos recursos financeiros viabiliza economicamente a operação da empresa em atividades como aquisição de matérias-primas, máquinas, equipamentos e contratação de mão de obra.

Já sob o aspecto comercial, os investimentos em pesquisas e desenvolvimento de novos produtos, gerenciamento de canais de distribuição e gastos com propaganda dependem de uma alocação planejada de recursos financeiros para sua execução.

Outro importante tópico em Administração Financeira nas atividades empresariais é a necessidade de os executivos trabalharem os fluxos financeiros com diferentes moedas, além de cuidar dos riscos políticos existentes em transações internacionais.

Finalmente a gestão eficiente do fluxo de contas a pagar e de contas a receber resulta em uma tesouraria equilibrada, o que permite maximizar o retorno sobre o capital investido na empresa.

1.3 A Controladoria nas Empresas

Com a criação e o desenvolvimento de diversas ferramentas de gestão, o controle estratégico e operacional dos resultados financeiros da empresa tem sido um dos principais desafios dos executivos. O conjunto de conceitos, estratégias, ferramentas, métodos e atividades focadas em viabilizar esse controle financeiro denomina-se Gestão de Controladoria.

O conceito de *Controlling* foi disseminado em empresas nos EUA a partir do início do século passado e tinha como objetivo realizar um rígido controle das operações empresariais. Para uma correta compreensão de suas atividades e responsabilidades, deve-se estudá-la como uma área de conhecimento e como uma área funcional.

Como área de conhecimento, a Controladoria está fundamentada na teoria da Contabilidade. Em uma ótica mais ampla, ela é responsável pelo estabelecimento de fundamentos para a estruturação do sistema de informações financeiras e operacionais do modelo de gestão da empresa.

Como área funcional, a Controladoria é responsável pela disseminação de ferramentas, métodos e técnicas de gestão, que deve fornecer informações de alta precisão que conduzam à melhoria dos resultados financeiros gerais da empresa. Assim, a Controladoria não se limita a administrar o sistema contábil da empresa, pois os conhecimentos de Contabilidade ou Finanças não são mais suficientes para sua completa gestão.

Na estruturação da Controladoria devem ser observadas as normas e conceitos organizacionais usuais como a definição clara e objetiva das atribuições dessa área e a análise das funções operacionais decorrentes de suas necessidades. Há grande diversidade na estrutura da Controladoria nas empresas e, portanto, não há um padrão para as funções do *Controller*. No caso de empresas com muitas unidades de negócios, pode-se optar pela centralização ou descentralização do processo e consolidação final dos registros contábeis na matriz. Deve-se, entretanto, considerar alguns aspectos:

- ✓ A delegação de poderes dada a cada gestor nas unidades de negócio;
- ✓ A velocidade da disponibilização das informações da matriz para as unidades regionais ou filiais;
- ✓ A existência de uma equipe capacitada, infra-estrutura e processos de controle interno eficientes; e
- ✓ Os sistemas computacionais disponíveis.

Pode-se definir como missão da Controladoria o controle estratégico e operacional do resultado econômico e financeiro da empresa. Existem quatro atividades principais a serem desenvolvidas pela área:

- ✓ Estruturar processos para a realização da gestão financeira e econômica;

- ✓ Fornecer informações gerenciais para o processo de gestão operacional;
- ✓ Planejar e controlar os sistemas de informações financeiras e econômicas para a tomada de decisões; e
- ✓ Dar suporte para a execução do planejamento estratégico e operacional das áreas funcionais da empresa.

Como fruto de sua missão, a Controladoria é responsável e recebe autoridade bem definida para exercer suas principais funções:

- ✓ Alinhar o modelo e o processo de gestão à realidade da operação da empresa;
- ✓ Estruturar a análise de desempenho econômico e financeiro de todas as áreas funcionais;
- ✓ Apoiar a Alta Administração no processo de estabelecimento de metas e na análise dos resultados econômicos e financeiros dos produtos e serviços;
- ✓ Planejar e controlar a base de dados que disponibilize todas as informações estratégicas financeiras necessárias;
- ✓ Conceber modelos de gestão adequados de acordo com as características operacionais de cada área;
- ✓ Analisar o impacto da legislação nos resultados financeiros da empresa; e
- ✓ Atender os agentes do mercado como representante legal da empresa.

É importante salientar que a Controladoria depende fundamentalmente da cultura organizacional vigente para que ela possa cumprir sua missão. Dependendo do grau de autonomia delegado aos administradores, o seu processo de gestão e a sua avaliação de desempenho, a Controladoria pode ser considerada um agente de mudanças organizacionais.

Quadro 1.3 ■ Tipos de Controladoria

Tipo	Responsabilidade – Atribuições
Controladoria Comercial	É responsável pelo controle das contas relacionadas ao processo de vendas e seus respectivos gastos, gerenciando o DRE partindo da receita operacional bruta, realizando suas deduções como tributos, devoluções e abatimentos para obtenção de receitas líquidas, também denominado apuração *gross to net*.
Controladoria Operacional	É focada em controles financeiros e contábeis das áreas de compras, produção, estoques e logística. Seu objetivo principal é monitorar e manter o bom andamento das atividades operacionais da empresa com custos competitivos e eficiência nos processos internos. É também responsável por todo o controle do *supply chain* e cabe a ela o trabalho de auxiliar o processo financeiro da gestão do custo de produção, a gestão dos inventários, o abastecimento dos Centros de Distribuição, o gerenciamento dos fretes e armazenagem e movimentação de materiais.
Controladoria Financeira	É responsável pela apuração de custos, despesas e lucro da empresa, baseando seu trabalho nos dados contábeis desta. Na parte de custos e reportes, é responsável por apurar todo o lucro e a demonstração de resultado, capturando a receita e seus demais custos. O custo de produtos vendidos (CPV) inclui todos os custos incorridos para manufaturar um produto que é vendido a um cliente. Os custos inventariáveis somam todos os custos diretos, indiretos, variáveis e fixos que são associados a uma manufatura de produtos. O CPV inclui material direto, mão de obra direta, energia, custos de manuseio para embarque ao cliente e outros custos fixos e variáveis relacionados ao processo produtivo. Os custos são alocados para produtos específicos e unidades em estoque, transferidos para o inventário e por ocasião da venda do produto são contabilizados como CPV.

As ferramentas básicas para a execução das tarefas da Controladoria são o sistema contábil e o sistema de informações da empresa. Caso a empresa possua deficiências ou falhas nesses dois sistemas, cabe ao *Controller* liderar projetos de desenvolvimento e automação para obtenção de informações que visem otimizar a função de controle financeiro estratégico na organização. As principais atribuições da área de Controladoria são:

- ✓ Gestão do sistema contábil e cumprimento das normas contábeis (IFRS);
- ✓ Monitoramento permanente dos controles operacionais em todos os setores da empresa;
- ✓ Apuração das receitas de vendas, dos custos de produção e das despesas operacionais;
- ✓ Realização de contagens físicas e custeamento de estoques.
- ✓ Planejamento tributário;
- ✓ Coordenação do processo de elaboração do orçamento empresarial;
- ✓ Supervisão do seguro dos bens da empresa e contratos com terceiros;
- ✓ Análise de investimentos para ativo permanente;
- ✓ Elaboração e análise dos relatórios gerenciais de natureza financeira; e
- ✓ Gerenciamento da conformidade da empresa em relação à legislação (compliance).

Para desempenhar bem suas funções, o *Controller* deve ter suas tarefas claramente definidas. O perfil ideal do executivo ocupante desse cargo pode ter as seguintes características:

- ✓ Capacidade de antecipar problemas operacionais;
- ✓ Proatividade, imparcialidade e assertividade;
- ✓ Habilidade para selecionar e coletar informações necessárias para tomar decisões;

- ✓ Ser visionário e sempre pensar no futuro da organização;
- ✓ Analisar informações, gerar pareceres e recomendações consistentes e relevantes;
- ✓ Ser um conselheiro e facilitador dos processos financeiros;
- ✓ Forte relacionamento interpessoal para vender suas ideias e projetos;
- ✓ Domínio de fatores macroeconômicos; e
- ✓ Dinamismo, iniciativa, imparcialidade e assertividade.

Um *Controller* pode estar em posição de *staff* ou de linha, dependendo da organização. Contudo, a sua subordinação geralmente se dá diretamente à Diretoria de Finanças ou mesmo à Presidência da empresa.

1.4 Métodos para Controles Financeiros

Atualmente, a Controladoria tem voltado seus esforços no planejamento e controle estratégico e operacional das finanças da empresa. Ela deve buscar o melhor processo de gestão dos recursos financeiros, com o objetivo de maximizar o retorno sobre o capital investido em atividades produtivas, utilizando as mais adequadas técnicas de gestão existentes.

O processo básico de controle financeiro empresarial segue quatro etapas fundamentais para a Controladoria:

- ✓ Estabelecimento de metas – consiste no processo de estabelecer metas a serem atingidas em determinada operação empresarial em certo período de tempo;
- ✓ Execução da atividade – trata-se da execução dos planos da empresa, buscando alcançar seus objetivos;
- ✓ Mensuração de desempenho – após a execução das atividades, é necessário utilizar ferramentas eficientes de avaliação para se analisar a performance de cada unidade de negócios; e

✓ Correção dos desvios – deve-se estabelecer um processo formal para diagnosticar as causas dos desvios entre a meta e o resultado obtido, buscando executar ações para corrigir as anomalias detectadas.

Para garantir seu sucesso, os controles financeiros devem obedecer alguns princípios fundamentais, tais como:

✓ Identificar rapidamente os desvios financeiros em processos críticos;
✓ Ser flexível para se adaptar às mudanças do ambiente tarefa;
✓ Estar alinhado com o modelo de gestão da empresa, suas características e as necessidades do negócio;
✓ Ser prático, objetivo e acessível para todos os colaboradores da empresa; e
✓ Acarretar uma contra medida para corrigir problemas.

Os controles financeiros permitem a uma empresa otimizar os resultados obtidos a partir de um gerenciamento adequado na execução das atividades planejadas em todos os níveis, pela possibilidade de antecipar problemas originados tanto no ambiente externo (fatores econômicos, políticos, legais, sociais, demográficos, geográficos, etc.) quanto no ambiente interno (eficiência dos custos, aumento da produtividade, satisfação do quadro funcional, etc.)

A maioria dos métodos de controle pode ser agrupada em quatro tipos: controles prévios, controles de detecção, controles de seleção e controles de resultado, conforme mostra a Figura 1.1. Cada tipo de controle afeta uma fase diferente da operação.

a) Controles Prévios – são métodos destinados a garantir que os recursos humanos, materiais e financeiros tenham sido programados e estejam disponíveis no prazo certo. Os orçamentos e os cronogramas são os mais comuns de controles pré-ação. O foco dos controles pré-ação é prevenir problemas e não resolvê-los depois de ocorrerem.

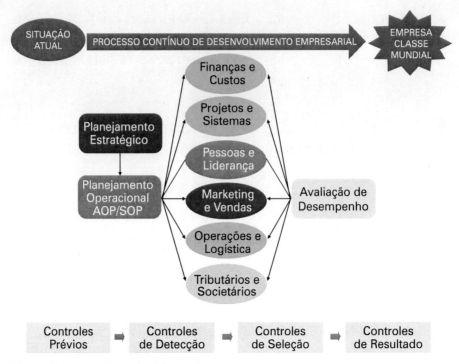

Figura 1.1 ■ **Controles Financeiros**

b) Controles de Detecção – são métodos destinados a detectar desvios de alguma meta e a permitir medidas corretivas em uma sequência coordenada de ações. Os controles de direção só são eficazes se o executivo obtiver informações precisas sobre mudanças no ambiente tarefa ou sobre o progresso na direção da meta desejada.

c) Controles de Seleção – são métodos que selecionam procedimentos a serem seguidos ou condições que devem ser cumpridas antes que as operações continuem. Os controles de seleção proporcionam um processo em que aspectos específicos de um processo tem de ser aprovados antes que as atividades possam continuar.

d) Controles de Resultado – são métodos usados para medir os resultados de uma atividade completa. Como o termo sugere, os controles de resultado medem os resultados de uma ação finalizada. As causas de qualquer desvio com relação ao plano ou ao padrão são determinadas, e esses resultados são aplicados a atividades semelhantes no futuro.

Os quatro tipos de controle são mutuamente complementares. Os controles prévios permitem antecipar uma série de problemas. Já os controles de detecção permitem corrigir prontamente erros identificados na operação empresarial. Os controles de seleção, por sua vez, permitem o gerenciamento de processos críticos por meio de autorizações. Finalmente, os controles de resultado medem, na etapa final do processo produtivo, o sucesso de todo o trabalho realizado.

1.5 Indicadores de Desempenho e Controles

O primeiro passo para que uma empresa possa avaliar o grau de sucesso no cumprimento das metas preestabelecidas é definir os indicadores de desempenho de cada área funcional. Esses indicadores devem ser selecionados em uma relação direta de causa e efeito: uma melhora em um indicador impacta direta ou indiretamente os demais. Esses indicadores de desempenho, por sua vez, ajudam a definir os sistemas e padrões de controle mais detalhados, conforme quadro 1.4 adiante.

Quadro 1.4 ▪ Indicadores de Desempenho

Produção	Marketing	Recursos Humanos	Finanças
Índice de Qualidade	Volume de Vendas	Horas de Treinamento	Lucratividade
Quebras e Retrabalho	% de Despesas de Vendas	Índice de Turnover	Nível de Estoques
Custos Industriais	Despesas de Publicidade	% Absenteísmo	Saldo de Caixa
Nível de Estoques	Índice de Reclamações	Índice de Satisfação	Índice de Liquidez

Além dos indicadores de desempenho, é importante também determinar os pontos críticos de controle nos quais devem ocorrer o monitoramento permanente. O método mais eficiente para selecionar os pontos de controle é focar os processos mais relevantes da operação. Geralmente apenas uma pequena parte dos processos de uma operação responderá por grande parte dos problemas que a empresa vai enfrentar.

Resumo do Capítulo

O estudo de finanças empresariais se ocupa de três pilares: como financiar uma empresa, onde investir para obter melhor retorno e qual o montante de dividendos a serem distribuídos aos seus sócios.

A gestão financeira nas empresas é subdividida em Tesouraria e Controladoria. A Tesouraria trata das ativididades voltadas ao equilíbrio financeiro, especialmente das disponibilidades. Já a Controladoria trata do controle a nível estratégico das operações, vendas e finanças da empresa.

Há diversos tipos de controles empresariais: Prévios, de Detecção, de Seleção e de Resultados. Cada um serve a um momento específico da operação empresarial.

Os indicadores de desempenho permitem à empresa planejar e controlar processos críticos, sem os quais seus resultados desejados seriam comprometidos.

CAPÍTULO 2

MERCADO FINANCEIRO E TAXA DE JUROS

COMPETÊNCIAS ORIENTADAS PARA O TRABALHO A SEREM DESENVOLVIDAS

- Compreender os principais fundamentos econômicos e sua correlação com o mercado financeiro.
- Diferenciar os diversos tipos de mercados financeiros e a dinâmica de seu funcionamento.
- Aplicar os principais conceitos do Mercado Monetário e entender as políticas governamentais no campo econômico.
- Diferenciar o papel do governo, bancos e demais instituições financeiras no mercado monetário.
- Compreender o Mercado de Crédito, seus agentes e mecanismos de funcionamento.
- Compreender os principais mecanismos do Mercado de Capitais.
- Entender o processo de comercialização de ações no mercado primário e secundário de capitais.
- Identificar os principais agentes do mercado de capitais (corretoras, distribuidoras, bolsas, bancos de investimentos, etc.).
- Compreender os principais mecanismos e agentes do Mercado de Câmbio.
- Diferenciar os tipos de taxas quanto ao capital inicial como base de cálculo (efetiva, nominal e real).
- Compreender os fundamentos da taxa de juros, o valor do dinheiro no tempo e sistemas de amortização.
- Compreender os conceitos de capital, montante e unidades de tempo.
- Aplicar o conceito de valor do dinheiro no tempo: valor presente e valor futuro.

2.1 Aspectos Macroeconômicos e o Mercado Financeiro

A macroeconomia é responsável pelo estudo do comportamento do produto interno bruto. Seu principal objetivo é o estudo da dinâmica da produção e do consumo, do pleno emprego, da formação dos preços, da inflação e da balança comercial de um país.

A macroeconomia estuda detalhadamente cinco mercados:

- ✓ Monetário: analisa a oferta e a demanda da moeda e a variação da taxa de juros básica do mercado;
- ✓ Bens e Serviços: analisa o nível de produção agregada e o nível de preços no mercado;
- ✓ Trabalho: estuda os salários, o nível de emprego e as taxas de desemprego de uma região ou país;
- ✓ Títulos: pesquisa e acompanha a emissão de títulos públicos e privados, bem como seu impacto no mercado financeiro; e
- ✓ Comércio Exterior: estuda o volume de importação e exportação de um país e o equilíbrio de sua balança comercial.

Uma boa política macroeconômica dependerá da dinâmica dos seus agentes, da sua consecução e da confiança na gestão pública. O seu alcance depende do sistema econômico existente, das leis e das instituições do país, que podem ser mais liberais ou mais intervencionistas. Neste último caso, a política econômica deveria eliminar as flutuações, reduzir o desemprego, fomentar um rápido crescimento econômico, melhorar a qualidade e o potencial produtivo.

O mercado financeiro tem relacionamento direto com a macroeconomia, pois os indicadores econômicos medem o desempenho atual de um país, representando a força de sua indústria, comércio, prestação de serviços, agricultura, etc. Tais indicadores são publicados regularmente por agências governamentais e pelo setor privado, que influenciam a dinâmica com que o mercado financeiro negociará seus títulos nos mais diversos níveis e condições.

2.2 A Formação do Produto Interno Bruto (PIB)

O Instituto Brasileiro de Geografia e Estatística (IBGE), órgão subordinado ao Ministério do Planejamento, divulga trimestralmente o PIB brasileiro, que é representado pelo conjunto de bens e serviços produzidos no país. O PIB é o principal medidor do crescimento econômico de uma cidade, estado ou país. A produção industrial, a agropecuária, os serviços, o consumo das famílias, o gasto do governo, o investimento das empresas e a balança comercial formam a base do PIB. Sua fórmula de cálculo é a seguinte:

> PIB = INVESTIMENTOS + CONSUMO + GASTOS GOVERNAMENTAIS + EXPORTAÇÕES − IMPORTAÇÕES

O consumo privado das famílias é o fator que mais influencia a formação do PIB no Brasil. São consideradas, no cálculo do PIB, 56 atividades econômicas e a produção de 110 principais produtos e serviços. Os dados são enviados por empresas privadas e públicas para o IBGE, que mantém boa parte dessas informações em completo sigilo. O PIB representa uma medida de crescimento do valor agregado produzido por uma economia, e não necessariamente o bem-estar da população e a sustentabilidade de uma política governamental.

O PIB pode ser classificado como nominal, real e per capita. O nominal é calculado levando-se em conta os preços do ano corrente e contabilizada a inflação no final. Já o real é medido com o preço fixado no ano anterior, tirando-se desse cálculo o efeito da inflação. Finalmente, o per capita é a divisão do PIB de um país ou região pelo seu número de habitantes.

2.3 A Emissão de Títulos Públicos e o Mercado Financeiro

Para analisar a situação financeira de um país, o Fundo Monetário Internacional utiliza o superávit primário e a dívida pública como indicadores de desempenho. O superávit primário é o resultado positivo das contas públicas deduzindo-se os juros. Já a dívida pública é formada quando o Governo Federal apresenta um desequilíbrio entre arrecadação e gastos, vendo-se obrigado a emitir títulos do Tesouro Nacional utilizando o mercado financeiro para cobrir suas contas. Esses títulos possuem vários tipos de taxas de juros, pré-fixadas ou pós-fixadas, e prazos de vencimento. Esses títulos compõem a Dívida Pública Mobiliária Federal Interna.

O Tesouro Nacional capta recursos no mercado financeiro via emissão primária de títulos para execução e financiamento das dívidas do governo, utilizando a Letra Financeira do Tesouro (LFT), a Letra do Tesouro Nacional (LTN) e as Notas do Tesouro Nacional (NTN) – séries C e D. Cada título tem prazos e remuneração diferentes, mas todas são emitidas para o financiamento da dívida interna do governo pelo Tesouro Nacional.

Devido a sua significância, o controle de sua operacionalização recebe gerenciamento e controle ativo do governo na execução de sua política monetária.

As Letras Financeiras do Tesouro (LFT) podem ser escriturais, nominativas e negociáveis e são comercializadas na emissão primária ao par (com rentabilidade igual à taxa Selic), com ágio (rentabilidade inferior à taxa de Selic) e com deságio (rentabilidade maior que à taxa Selic). Nesse caso, a existência do ágio ou deságio depende da expectativa do mercado quanto ao risco-país, que também influencia o valor do mercado na negociação desses títulos entre os agentes financeiros.

As Letras do Tesouro Nacional (LTN) são disponibilizadas no mercado financeiro por meio de oferta ao público e podem ser escriturais, nominativas e negociáveis. Sua remuneração é baseada em uma taxa prefixada negociada com descontos sobre uma taxa de juros básica.

A remuneração das Notas do Tesouro Nacional – Série C (NTN-C) é baseada na variação do IGP-M acrescida de uma taxa de juros prefixada com incidência de juros a cada 6 meses. A NTN pode ser escritural, nominativa e negociável. No resgate da NTN, é realizado o pagamento do valor principal de juros principal junto com os juros do último período. Elas são negociadas no mercado financeiro por oferta pública baseada em uma taxa de juros prefixada somada ao seu índice de correção e remunerada de acordo com títulos pós-fixados.

É importante mencionar que o mercado financeiro e as agências de rating avaliam o risco financeiro de um país observando o déficit público da conta corrente, a dívida externa, o saldo do comércio internacional, o tamanho das reservas internacionais e as taxas de juros. Assim, compete a cada governo manter um controle rígido e austeridade na condução dos gastos públicos, além da aplicação de políticas adequadas para a expansão econômica e o crescimento do país.

2.4 O Que Representa o Risco-País

O risco-país é um índice que mede o nível de confiança dos mercados financeiros em relação aos países emergentes, pois sinaliza para o investidor a capacidade de o país honrar seus compromissos. Quanto maior o risco, maior a taxa de juros que o país precisa oferecer para que os investidores se sintam atraídos a comprar seus títulos. O risco-país é representado por um índice calculado de acordo com títulos de países emergentes, denominado *Emerging Markets Bonds Index* (EMBI+).

Para estabelecer as diretrizes da política monetária e definir a taxa de juros, foi instituído em 1996 o Comitê de Política Monetária (Copom), formado por oito membros da diretoria e pelo presidente do Banco Central (Bacen). A partir de 1999, as decisões do Copom passaram a ter como objetivo principal cumprir as metas para a inflação definidas pelo Conselho Monetário Nacional (CMN). Assim, o Copom tem a missão de estabelecer diretrizes de política monetária, definir a meta da taxa Selic, e seu possível viés, além de analisar o Relatório de Inflação.

A taxa de juros fixada na reunião do Copom é a meta para a taxa média dos financiamentos diários com lastro em títulos federais apurados no Sistema Especial de Liquidação e Custódia (Selic) do Bacen, o qual vigora durante o período entre reuniões do Copom. O viés definido pelo Copom é a prerrogativa dada ao presidente do Bacen para alterar a meta para a taxa Selic a qualquer momento entre as reuniões.

A alta taxa de juros é uma forma de evitar o consumo excessivo, restringindo o acesso dos consumidores ao crédito e, por consequência, ao consumo. Se a taxa de juros aumenta, diminui o consumo. Se baixa, o consumo aumenta.

2.5 Política Monetária

A política monetária é executada mediante o controle da oferta de moeda e das taxas de juros de curto prazo de modo que seja garantida a liquidez ideal da economia. O agente condutor da política monetária é o Bacen, utilizando o depósito compulsório, o redesconto, o *open market* e o controle de crédito como instrumentos financeiros para manter o equilíbrio do país.

O Bacen também tem a responsabilidade de emitir a moeda de um país. Já os bancos múltiplos realizam sua multiplicação, aumentando o volume dos meios de pagamento. O uso generalizado de moeda escritural inicia o processo multiplicador que aumenta esses meios de pagamentos. A moeda inserida no sistema financeiro transforma-se em depósitos bancários. A partir disso, uma parcela desses depósitos se torna empréstimos dos bancos a clientes, que devolvem esses recursos ao sistema financeiro por meio de outros depósitos que alimentam novos empréstimos. Outra parcela dos meios de pagamento é mantida pela população como papel-moeda.

Os depósitos à vista são direcionados para cobrir as operações diárias dos bancos e para o depósito compulsório junto ao Bacen. O Depósito Compulsório regula o multiplicador bancário, imobilizando uma parte maior ou menor dos depósitos bancários, restringindo ou aumentando o processo de expansão dos meios de pagamento.

Os bancos precisam manter um percentual do seu saldo médio como caixa obrigatório em papel-moeda na tesouraria de suas agências para atender as necessidades de pagamentos. Já o caixa do banco é representado por moeda escritural de livre movimentação mantida em contas de depósito no Bacen, o que indica sua liquidez e a capacidade de o banco expandir seus empréstimos, aplicações, compensar cheques, etc.

Com a implantação do Sistema de Pagamentos Brasileiro (SPB), as reservas bancárias das instituições financeiras nunca podem apresentar saldo negativo. Assim, o Bacen monitora em tempo real o saldo e a liquidação das obrigações nas reservas bancárias, transfere recursos diretamente entre as contas de reservas e determina as câmaras de compensação e de liquidação onde essas operações são executadas.

O redesconto ou empréstimo de liquidez é o suporte que o Bacen fornece aos demais bancos para atender as suas necessidades momentâneas de fluxo de caixa.

> **Conceitos Importantes**
> M1 = papel moeda emitido - depósito compulsório no Bacen + depósitos à vista de bancos comerciais públicos e privados
> M2 = M1 + depósitos em poupança remunerados e títulos do mercado primário
> M3 = M2 + cotas de fundos de investimentos renda fixa e operações compromissadas com títulos federais
> M4 = M3 + títulos públicos federais, estaduais e municipais no mercado financeiro
> M5 = M4 + cruzados retidos no BC e depósito compulsório sobre combustíveis

Por meio desse instrumento, o M1 pode ser reduzido ou expandido de acordo com os critérios estabelecidos pelo BC. O quadro a seguir apresenta mecanismos de redução e aumento do M1:

Quadro 2.1 ■ Mecanismos de Redução e Aumento do M1

Redução do M1	Aumento do M1
Aumento da taxa de redesconto	Redução da taxa de redesconto
Redução dos prazos de resgate	Aumento dos prazos de resgate
Redução dos limites operacionais	Aumento dos limites operacionais

Para o Bacen, as operações de *open market* constituem o mais eficaz mecanismo para execução da política monetária. Por meio delas são regulados a oferta de moeda e o custo primário do dinheiro na troca de reservas bancárias.

Essas operações permitem o controle regular do volume de moeda ofertada ao mercado, a gestão das taxas de juros de curto prazo, que as instituições financeiras realizem aplicações em curto prazo de suas reservas monetárias disponíveis e a garantia de liquidez para os títulos públicos. Esses propósitos iniciais são alcançados pelo mercado primário, no qual o Bacen negocia com as instituições financeiras, impactando a posição de reservas dos bancos. Já os demais objetivos são atingidos pelo mercado secundário, na negociação entre instituições financeiras na qual o Bacen intervém utilizando seus *dealers*, instituições autorizadas pelo Bacen e especializadas na negociação de títulos públicos.

O mercado primário é onde é feito a colocação inicial de um título para que o seu emissor possa captar recursos financeiros. Denomina-se lançamento público de ações o lançamento amplo de ações novas no mercado e não restritas aos atuais acionistas. Neste caso, a empresa emissora utiliza intermediários financeiros para realizar a colocação desse título no mercado, tais como bancos de investimento, corretoras de títulos e valores mobiliários (CTVMs) e distribuidoras de títulos e valores mobiliários (DTVMs). Uma operação no mercado primário é um contrato formalizado entre uma instituição financeira que realizará o lançamento de ações e a empresa sociedade anônima que pretende abrir o capital social.

O mercado secundário é o local onde se realizam novas operações financeiras com títulos já emitidos utilizando bolsas de valores. As operações no mercado secundário requerem que o investidor use os serviços de uma CTVM filiada a uma bolsa de valores.

Toda CTVM possui consultores financeiros especializados para orientar os investidores sobre os títulos mais adequados ao perfil de cada cliente e os riscos associados na operação. O uso de recursos de internet como o home-broker, permitem ao investidor negociar títulos financeiros junto às corretoras com rapidez e à distância.

Os principais movimentos desse mercado são a compra de títulos públicos pelo Bacen, com aumento de volume de reservas bancárias, aumento de liquidez do mercado, queda da taxa de juros (resgate de títulos) e a venda de títulos públicos pelo Bacen com diminuição do volume de reservas bancárias, redução de liquidez do mercado e aumento da taxa de juros na emissão (de títulos).

O controle e a seleção do crédito é o instrumento que impõe restrições ao livre funcionamento das funções de mercado, estabelece controle direto sobre o volume e o preço do crédito. Esse controle pode ser feito pelo controle do volume e destino do crédito, das taxas de juros e a fixação de limites e condições dos créditos. As instituições financeiras devem manter esse controle de acordo com a exigência do Bacen.

2.6 Política Fiscal

É a política governamental voltada ao gerenciamento das receitas e das despesas. A política fiscal abrange a definição e a aplicação da carga tributária sobre os setores produtivos da economia e a definição e a execução dos gastos da estrutura do governo.

Para aumentar as receitas é necessário que haja melhoria nos métodos, critérios e mecanismos de arrecadação, bem como a tributação mais justa e abrangente do setor produtivo. Isso diminuiria a sonegação, tornaria a carga tributária menor para todos e aumentaria a arrecadação do governo.

Para reduzir as despesas governamentais, deve-se realizar uma adequação da estrutura administrativa de forma a mantê-la enxuta, eficiente e eficaz, dentro das limitações da arrecadação. Isso somente será possível com uma administração pública voltada para a maioria da população e não minorias organizadas defendendo interesses pessoais.

Uma política fiscal eficiente pode reduzir a dívida interna e as taxas de juros básicas do mercado financeiro, gerando maiores investimentos no setor produtivo.

2.7 Política Cambial

É o conjunto de medidas e ações governamentais que impactam o desempenho do mercado de câmbio e de suas taxas. É a política de gestão das taxas de câmbio e o controle das operações de moedas estrangeiras no país, atuando diretamente sobre as transações comerciais com o exterior.

Um aumento expressivo das exportações ou do volume captado pela emissão de títulos brasileiros no exterior ou pela aquisição de ações de empresas nacionais por estrangeiros gera um ingresso de divisas com impacto significativo na conversão de uma moeda estrangeira para a moeda nacional. Assim, há uma valorização da moeda nacional. Por outro lado, o aumento das importações implica conversão da moeda nacional em moeda estrangeira com aumento da cotação das moedas estrangeiras.

Uma boa política cambial deve equilibrar a entrada e a saída de recursos, de modo a garantir a defesa dos interesses econômicos do país e de sua atividade produtiva.

2.8 Políticas de Rendas

Uma política de rendas é um instrumento governamental para administrar salários, distribuir lucros e formar preços dos produtos e serviços. Dois importantes indicadores são utilizados para analisar o desempenho da economia: emprego e desemprego. Há diversas instituições que medem o índice de desemprego, segregando setores da economia, regiões, estados, faixa etária, etc. Cada instituição tem sua metodologia própria.

O governo adota uma série de mecanismos e medidas de modo a permitir o crescimento da renda da população, tais como a política de preços mínimos, a política salarial e o programa de renda mínima

A política de preços mínimos fornece uma garantia de preços ao produtor agrícola com o propósito de proteger das flutuações do mercado nacional e internacional. Assim, caso o valor de mercado de um produto seja inferior ao preço mínimo definido pelo governo, o agricultor pode vender sua colheita para o governo ou para o mercado. Neste último caso, o governo subsidia a diferença.

Por outro lado, a política salarial é um mecanismo utilizado pelo governo para elevar a renda da população, ampliar seu poder aquisitivo e expandir a economia. Os reajustes periódicos do salário mínimo permitem a reposição de perdas salariais devido a processos inflacionários, bem como do aumento do poder aquisitivo das camadas mais pobres da população ativa.

> **Importante:**
> O objetivo fundamental das Políticas Monetária, Fiscal, Cambial e de Rendas se identifica com a política econômica global do governo, que consiste em promover o desenvolvimento econômico, garantir o pleno emprego e sua estabilidade, equilibrar o volume financeiro das transações econômicas com o exterior, garantir a estabilidade de preço e o controle da inflação e promover a distribuição da riqueza e da renda.

Finalmente, a política de renda mínima é uma estratégia de combate à pobreza. Consiste no pagamento de um benefício para as famílias pobres condicionado à manutenção da frequência escolar dos filhos.

2.9 Mercado Financeiro

Pode ser conceituado como o mercado onde os recursos financeiros excedentes da economia de um país são direcionados para o financiamento de novos projetos empresariais. O Sistema Financeiro Nacional é composto de instituições responsáveis pela captação de recursos financeiros, pela circulação de valores e pela regulamentação dos mecanismos financeiros.

O sistema financeiro brasileiro tem diversos intermediários financeiros com áreas específicas de atuação. Há também um amplo conjunto de regras para o controle dos ativos financeiros com muitas opções para aplicação de recursos financeiros e condições favoráveis à intermediação financeira.

As bolsas de valores assumiram a característica institucional com as reformas do Sistema Financeiro Nacional e do mercado de capitais na década de 60, com autonomia administrativa, financeira e patrimonial, e sem fins lucrativos. Em 1976, ocorreu a criação da Comissão de Valores Mobiliários (CVM) pela Lei nº 6.385.

2.10 Mercado de Crédito

Os contratos de crédito são feitos de forma individualizada entre as duas partes e as obrigações resultantes, em geral, não são transferíveis. Há intermediação financeira, ou seja, o banco comercial é o intermediador entre o tomador do empréstimo e o proprietário do recurso. Podem ser divididos em curto, médio e longo prazo.

O mercado de curto prazo pode ser dividido em três segmentos principais: interbancário, de dívida pública e de dívida das empresas. O mercado monetário interbancário é integrado por bancos e possui um grande volume de transações diárias de elevada liquidez. Já o mercado de dívida pública é composto pela emissão e negociação de títulos da dívida pública de curto prazo. O mercado de dívida de empresas é formado pelas operações de crédito bancário e pelo mercado de títulos de dívida de empresas a curto prazo.

O mercado de médio e longo prazo ou de capitais divide-se em mercado de ações e de dívidas. O mercado de ações merece especial atenção devido a cotação nas bolsas de valores. No mercado de dívidas encontra-se os segmentos de dívida pública e de empresas. O mercado de títulos da dívida pública é muito relevante pelo seu volume de transações.

2.11 Mercado de Capitais

Pode-se conceituar o mercado de capitais como um sistema integrado de gerenciamento de valores mobiliários que proporciona a comercialização dos títulos emitidos pelas empresas para captação de recursos financeiros. O mercado é composto por bolsas de valores, sociedades corretoras e outras instituições financeiras devidamente estabelecidas. O objetivo do mercado de capitais é canalizar os recursos financeiros excedentes da população para o investimento nas atividades econômicas de natureza empresarial.

Os títulos mobiliários representam o capital social das empresas, que podem ser negociados na forma de ações, debêntures, bônus e outros títulos. Nesse mercado ainda podem ser comercializados os certificados de depósitos, os recibos de subscrição de valores mobiliários e outros derivativos.

Os títulos de natureza privada são aqueles emitidos por instituições financeiras ou empresas de capital aberto privadas, de economia mista ou públicas. Já os títulos públicos são aqueles emitidos pelo governo.

Os títulos negociáveis no Sistema Financeiro Nacional são representados por certificados de depósitos bancários (CDB), emitidos por bancos múltiplos, comerciais e de investimentos, bem como pelas letras de câmbio das sociedades de crédito, financiamento e investimento. Os títulos são negociados entre instituições financeiras e para investidores pessoas físicas ou jurídicas de direito privado ou público. Os certificados de depósitos interbancários (CDI) ou simplesmente depósitos interbancários (DI) podem ser negociados com instituições do sistema financeiro devidamente autorizadas pelo Bacen.

Os CDIs são títulos de emissão das Instituições Financeiras Monetárias e não Monetárias que lastreiam as operações do mercado Interbancário. Suas características são idênticas às de um CDB, mas sua negociação é restrita ao mercado Interbancário. Seu objetivo é transferir recursos de uma Instituição Financeira para outra. As transações são fechadas por meio eletrônico e registradas nos computadores das Instituições envolvidas e nos terminais da Central de Custódia e Liquidação de Títulos Privados (Cetip).

2.12 Mercado de Câmbio

É o mercado responsável pela operacionalização das negociações com moedas estrangeiras entre os agentes autorizados pelo Bacen, tais como bancos de varejo, corretoras, distribuidoras, agências de turismo e seus clientes pessoas físicas ou jurídicas. As negociações de moedas podem ser operacionalizadas física ou eletronicamente.

A variação da taxa de câmbio pode ser influenciada por fatores domésticos, como a posição das reservas cambiais, a situação do balanço de pagamentos, a condução da política econômica, etc. Com o fim do regime de câmbio administrado e das bandas cambiais no Brasil em 1999, o mercado passou a apresentar livre flutuação, o que gerou mais riscos aos agentes econômicos.

Fatores externos também podem impactar a taxa de câmbio, como a variação das taxas de juros internacionais que determinam o fluxo monetário dos investidores.

2.13 Inflação e Deflação na Economia

As políticas de um governo e a situação econômica de um país impactam diretamente o consumo de bens e serviços de sua população.

Isso ocasiona aumento ou redução nos preços dos produtos e serviços em toda a cadeia produtiva de forma sistêmica e generalizada. Surgem daí os conceitos de inflação e de deflação.

> **Conceitos:**
> Inflação – pode ser conceituada como a elevação contínua do nível geral de preços, ocasionando a diminuição do poder aquisitivo da moeda.
> Deflação – pode ser conceituada como a redução contínua e generalizada dos preços, ocasionando o aumento do poder aquisitivo da moeda.

Índices muito elevados de inflação podem reduzir o poder aquisitivo da população, inibir a demanda de produtos e serviços, e levar um país à recessão. Por outro lado, índices elevados de deflação podem ocorrer como uma sinalização da redução do consumo e criação de um ambiente econômico recessivo. Assim, cabe ao governo estabelecer uma política econômica que mantenha o equilíbrio adequado de modo a manter um ritmo de crescimento sustentável e um aumento gradativo do poder aquisitivo da população. Há quatro tipos importantes de inflação a serem detalhados, conforme o quadro que segue:

Quadro 2.2 ■ Tipos de Inflação

Tipos de Inflação	Descrição
De custos	Ocorre quando a demanda de produtos e serviços é constante e há aumento do custo dos fatores de produção que ocasionam retração da oferta e provocam um aumento de preços.
De demanda	É causada pelo crescimento da demanda de bens e serviços acima da capacidade de crescimento da produção, que gera pressão para elevação dos preços ao consumidor.
Estrutural	É a inflação causada por pressões para aumento dos custos, devido a deficiências estruturais na agricultura, indústria, importação e exportação em países emergentes.

Tipos de Inflação	Descrição
Inercial	É quando a inflação atual é gerada pela inflação de períodos passados, em um ciclo vicioso contínuo de aumento de preços e grande resistência a qualquer política econômica de estabilização. Para tentar diminuir a queda no poder aquisitivo da população, alguns países criaram sistemas de indexação.

A política monetária no Brasil é baseada no conceito de metas de inflação. As metas são definidas pelo Conselho Monetário Nacional e executadas pelo Banco Central, utilizando-se de mecanismos e estratégias adequadas para se atingir essa meta. O sistema de metas alterou a dinâmica de trabalho do Copom e obrigou o Banco Central a divulgar trimestralmente o Relatório de Inflação, de conhecimento público e que menciona os resultados obtidos com a aplicação da política monetária.

2.14 Índices e Indexadores do Mercado Financeiro

Os índices de inflação são criados para medir a variação de preços entre os produtos. Na economia brasileira podem-se destacar alguns índices de maior relevância, conforme o Quadro 2.3. O Índice de Preços do Consumidor (IPC) é o mais importante indicador da inflação; representa as mudanças dos níveis de preço do varejo para os bens de consumo básico. A inflação está ligada diretamente ao poder de compra de uma moeda dentro de suas fronteiras e afeta sua posição nos mercados internacionais. Se a economia se desenvolve em condições normais, o aumento do IPC pode levar a um aumento na taxa básica de juros.

Quadro 2.3 ■ Índices Econômicos no Brasil

Índice	Descrição
IGP-DI (Índice Geral de Preços – Disponibilidade Interna)	Foi criado em 1947 pela Fundação Getulio Vargas (FGV) e de fevereiro de 1954 a novembro de 1985 foi o índice oficial de inflação no Brasil. Seu objetivo é medir os preços em geral, reajustar os títulos do setor privado nos casos de pós-fixação e os contratos de fornecimento de bens e serviços no setor privado. A disponibilidade Interna (DI) é caracterizada pelas oscilações de preços que impactam as atividades econômicas no país. Para obter o IGP-DI, é necessário encontrar a média ponderada de 60% do IPA (Índice de Preços por Atacado), 30% do IPC (Índice de Preços ao Consumidor) e 10% do INCC (Índice Nacional de Custo da Construção). Para apuração desse índice, faz-se a coleta do primeiro ao último dia de cada mês, e ele é divulgado na primeira quinzena do mês seguinte.
IGP-M (Índice Geral de Preços de Mercado)	Foi criado em 1989 para atender a necessidade do mercado financeiro de acompanhar a evolução e a tendência do índice de preços em prazo menor e atualizar títulos públicos, as Notas do Tesouro Nacional, títulos privados, debêntures, aluguéis comerciais e residenciais. Difere do IGP-DI apenas no que tange ao período de coleta de dados, que vai do dia 21 do mês vigente até o dia 20 do mês seguinte. É o parâmetro de inflação do mercado financeiro.
INPC (Índice Nacional de Preços ao Consumidor do IBGE)	É um indicador econômico apurado pelo Instituto Brasileiro de Geografia e Estatística (IBGE) desde 1979. É calculado tomando como base os índices de preços ao consumidor regionais e tem como objetivo demonstrar a variação dos preços no varejo e o custo de vida da população. Ele reflete a variação na cesta básica das famílias com rendimento na faixa de um a oito salários mínimos. A coleta de dados acontece do primeiro ao último dia de cada mês e ele é divulgado até o final da primeira quinzena do mês seguinte.

Quadro 2.3 ■ **Índices Econômicos no Brasil**

Índice	Descrição
ICV (Índice do Custo de Vida do DIEESE)	É apurado pelo Departamento Intersindical de Estatística e Estudos Socioeconômicos (DIEESE) e tem como objetivo medir o custo de vida da classe trabalhadora. Os dados são coletados no município de São Paulo com base no custo de vida das famílias com rendimento entre um e trinta salários mínimos no decorrer do dia 1 ao dia 31 de cada mês.
IPCA (Índice de Preços ao Consumidor Amplo)	É um índice econômico apurado mensalmente pelo IBGE e é considerado o índice oficial de inflação no Brasil. Seu objetivo é oferecer a variação dos preços no comércio para o consumidor final baseando-se na evolução na cesta de consumo de famílias com renda entre um e quarenta salários mínimos, pesquisados entre os dias 1 e 30 de cada mês de onze regiões metropolitanas.
IPC (Índice de preço ao consumidor da FIPE)	É o índice mais antigo do Brasil e foi criado para medir o custo de vida das famílias com renda entre um e trinta e três salários mínimos nas cidades de São Paulo e Rio de Janeiro pesquisando preços de mais de 380 produtos. A coleta de dados é feita do dia 1 ao dia 31 de cada mês.
(INCC) Índice Nacional da Construção Civil	É um índice econômico que mede a variação de preços no setor da construção civil, considerando materiais de construção e mão de obra aplicada. É calculado entre os dias 1 e 30 de cada mês.
(IPA) Índice de Preços no Atacado	É um índice econômico que mede a variação de preços no atacado em determinado período de tempo e acompanha os preços de mais de 400 produtos.

Considerando que a atividade empresarial está diretamente ligada à economia e ao mercado de produtos e serviços, o raciocínio utilizado para pessoas físicas serve também para interpretar o impacto causado nas atividades empresariais. A variação de custos e despesas operacionais afeta diretamente os resultados da empresa e o lucro.

Nem sempre é possível repassar uma variação nos custos e despesas no preço final ao consumidor, sob pena de tornar o produto não competitivo comparando-se à concorrência. Assim, a margem de lucro fica comprometida, pois de um lado há a pressão do mercado no sentido de reduzir ou manter os preços e, do outro, matérias-primas, mão de obra, custos indiretos e despesas que têm gastos aumentados. Esse é o grande desafio empresarial ao se lidar com a inflação.

2.15 O Valor do Dinheiro no Tempo

O valor do dinheiro no tempo trata da remuneração que os recursos financeiros aplicados em um investimento devem receber. Para isso, o capital principal sofre um acréscimo de valor baseado em uma taxa de juros que representa o custo de capital nesse período de tempo. Para o cedente, os juros tornam o empréstimo atraente. Para o tomador, o investimento feito com o recurso captado precisa ter retorno superior à taxa de juros cobrada.

A matemática financeira é importante, pois o valor do dinheiro no tempo apresenta uma premissa relevante: valores em datas diferentes só podem ser comparados se forem alinhadas em uma mesma data com a correta aplicação de uma taxa de juros. Ele também permite a gestão do fluxo de caixa e do valor do dinheiro no tempo.

2.15.1 Valor Presente (VP)

O valor presente é o capital inicial de uma transação financeira que sofrerá alterações de acordo com o tempo em que for cedido a um tomador e com a taxa de juros acordada. É o valor monetário no momento atual ou as parcelas futuras de um fluxo de caixa descontadas para esse mesmo momento atual.

> VALOR PRESENTE = VALOR FUTURO / (1 + I) ⁿ

Obs.: I = taxa de juros e n = número de períodos.

2.15.2 Valor Futuro (VF)

O valor futuro é caracterizado pelo montante inicial capitalizado pela taxa de juros definida na operação financeira realizada. É o valor atualizado monetariamente.

> VALOR FUTURO = VALOR PRESENTE * (1 + I) ⁿ

2.15.3 Prestações (PMT)

As prestações são pagamentos periódicos para amortizar uma dívida. As prestações podem ser formadas por um valor correspondente aos juros cobrados por um cedente e também por um valor correspondente à amortização da dívida propriamente dita.

Exemplo: A Indústria São Miguel adquiriu um veículo por R$ 35.000,00 pagando 36 prestações a uma taxa de juros de 1,57% ao mês. Calcule o valor das prestações utilizando a calculadora HP 12C:

PV = 35.000,00

I = 1,57% ao mês

N = 36 meses

PMT = 1.280,13   Resposta: cada prestação será de R$ 1.280,12

2.15.4 Valor Presente da Perpetuidade (VPP)

É o fluxo de rendimentos quando o valor principal de uma dívida não é liquidado e pode gerar juros de forma permanente e infinita.

O VPP é o valor presente do fluxo de rendimentos futuros que pode ser calculado pela seguinte fórmula:

> **VALOR PRESENTE DA PERPETUIDADE = PMT / I**

2.15.5 Taxas de Juros

O conjunto de recursos financeiros aplicados em uma empresa ao longo de um determinado período de tempo precisa ser remunerado em bases atraentes para os investidores. Isso representa um custo para a empresa que deve ser alvo prioritário de análise do administrador financeiro. O objetivo é captar recursos com os menores custos possíveis e também sempre com os menores riscos possíveis.

> **Conceito:**
> Taxa de Juros – pode ser definida como o custo das diversas fontes de recursos financeiros que são aplicados na empresa para que ela possa se estruturar e viabilizar sua operação. É o custo dos fundos obtidos junto a instituições financeiras ou terceiros (cedentes), o qual deve ser pago pelos sócios da empresa (tomadores). É a remuneração que o tomador de um empréstimo deve pagar ao proprietário do capital emprestado. Pode ser definida, portanto, como a remuneração do capital.

Uma taxa de juros, quando eficiente, deve remunerar:

- ✓ o risco envolvido no investimento;
- ✓ investimentos de alto risco com taxas de juros proporcionalmente maiores;
- ✓ as expectativas inflacionárias, que representam a perda do poder aquisitivo;
- ✓ compensação pela não aplicação do dinheiro em outro investimento;
- ✓ os diversos custos administrativos envolvidos na operação.

2.15.6 Juros Simples

Os juros simples são aqueles aplicados diretamente sobre um determinado capital inicial para saber seu valor futuro. No regime dos juros simples, a taxa de juros é aplicada sobre um valor emprestado de forma linear, sem considerar que o saldo da dívida varia conforme o passar do tempo. Seu número de períodos pode ser definido em meses ou anos. A fórmula de juros simples é definida a seguir:

JUROS SIMPLES = CAPITAL X TAXA DE JUROS X NÚMERO DE PERÍODOS

$FV = PV(1 + i \cdot n)$

Onde:
FV: Valor Futuro (do inglês *Future Value*)
PV: Valor Presente ou Capital (do inglês *Present Value*)
I: Taxa de juros (do inglês *Interest Rate*)
N: Número de períodos

Exemplo: A Empresa Maceió Ltda. tomou emprestado R$ 10.000,00 de um banco para pagar em 3 meses com taxa de juros de 10% ao mês, calculados pelo regime de juros simples. Calcule o valor a ser devolvido para o banco.

Valor Futuro = 10.000 * (1 + 0,1* 3)

Valor Futuro = 24.310,13   Resposta: a empresa deverá devolver R$ 24.310,13 à cooperativa.

2.15.7 Juros Compostos

São os juros aplicados ao valor principal e sobre os juros acumulados. Assim, os juros de cada período são somados ao capital principal para cálculo de novos juros dos períodos seguintes. Os juros são novamente capitalizados, rendem novos juros e assim sucessivamente. Desta maneira, o crescimento dos juros compostos é exponencial. A fórmula de juros compostos pode ser escrita da seguinte maneira:

JUROS COMPOSTO = CAPITAL X (1 + TAXA DE JUROS) $^{\text{NÚMERO DE PERÍODOS}}$

$FV = PV(1 + i)^n$

Onde:
FV = Valor Futuro (do inglês *Future Value*) - capital no final do período
PV = Valor Presente (do inglês *Present Value*) - capital inicial
I = Taxa de juros
N = Número de períodos

No regime de juros compostos, os juros de cada período são somados ao capital para o cálculo de novos juros nos períodos seguintes. Neste caso, o valor da dívida é sempre corrigida e a taxa de juros é calculada sobre esse valor.

Exemplo: A Comercial Ipioca S/A tomou emprestado R$ 20.000,00 de uma cooperativa de crédito para pagar em 4 meses com taxa de juros de 5% ao mês, calculados conforme o regime de juros compostos. Calcule o valor a ser devolvido para a cooperativa.

Valor Futuro = 20.000 * (1 + 0,05)⁴

Valor Futuro = 24.310,13   Resposta: a empresa deverá devolver R$ 24.310,13 à cooperativa.

2.15.8 Taxa de Juros Livre de Risco

Essa taxa é utilizada como referência para análise de risco relativo, ou seja, é a taxa que utilizamos para calcular o retorno relativo do ativo financeiro. No Brasil a taxa livre de risco é considerada como o CDI.

2.15.9 Prêmio de Risco

Representa o valor que o investidor espera receber a mais por estar correndo um risco ao aplicar em determinado negócio. É o retorno financeiro excedente relacionado à diferença entre a taxa de retorno total de um determinado ativo e a rentabilidade do ativo livre de risco. Assim, o prêmio de risco é a rentabilidade agregada que um investidor espera obter por aceitar um determinado grau de risco ao aplicar em um ativo financeiro. Por regra, quanto maior o risco associado a um título, maior será o prêmio de risco exigido pelos investidores em sua negociação de compra.

> PRÊMIO DE RISCO = INADIMPLÊNCIA + PRAZO DE VENCIMENTO + LIQUIDEZ DA EMPRESA + CONDIÇÕES CONTRATUAIS + RISCO TRIBUTÁRIO

2.15.10 Taxa de Juros Real

De forma prática, é a taxa de juros efetiva cobrada por um cedente de um tomador dos fundos. A taxa de juros real é a remuneração efetiva pelo empréstimo de dinheiro; leva em consideração a inflação do período e é calculada no regime de juros compostos.

> **TAXA DE JUROS REAL = TAXA DE JUROS LIVRE DE RISCO + TAXA DE RISCO**

É o custo mais básico de um fundo captado pela empresa. A taxa de juros real representa a evolução no poder aquisitivo do dinheiro no decorrer do tempo. Ela pode ser calculada pela equação de Fischer, conforme a seguir:

$$1 + i_r = \frac{1 + i_n}{1 + \pi}$$

Onde:
i_r: Taxa de juros real
i_n: Taxa de juros nominal
π: Taxa de inflação

Exemplo: A Exportadora Marechal Deodoro tomou um empréstimo com taxa de juros nominal de 10%. No período, a inflação é de 4%. Calcule a taxa de juros real.

$1 + i_n = (1 + 0,1) / (1 + 0,04)$

Taxa de Juros Real (i_n) = 1,05769

Taxa de Juros Real (i_n) = 5,77%   Resposta: a taxa de juros real é de 5,77%.

2.15.11 Taxa de Juros Bruta

É a taxa de juros real acrescida da expectativa da inflação futura, composta pela taxa média de inflação esperada durante o prazo da operação de empréstimo ou investimento.

> **TAXA DE JUROS BRUTA = TAXA DE JUROS REAL + EXPECTATIVA INFLACIONÁRIA**

2.15.12 Taxa de Juros Nominal

É a taxa de juros que tem a unidade de tempo diferente da unidade de tempo dos períodos de capitalização. A taxa de juros nominal é apresentada em períodos anuais e os seus respectivos períodos de capitalização podem ser semestrais, trimestrais, mensais ou até mesmo diários.

Exemplo: A Empresa Marechal Floriano aplicou um valor a uma taxa de 18% ao ano capitalizado mensalmente. Calcule a taxa mensal dos juros.

Taxa de Juros Nominal = 18% ao ano / 12 meses = 1,5% ao mês

2.15.13 Estrutura a Termo das Taxas de Juros

É a relação entre uma taxa de retorno de um investimento e o prazo de vencimento de uma determinada operação financeira. No Brasil, é composto por Letras do Tesouro Nacional (LTN), taxas dos contratos futuros de DI e taxas de *swaps* DI x prefixadas. A estrutura a termo permite estimar o valor de mercado de uma carteira de títulos para negociação. Também avalia *swaps*, opções e contratos futuros, pois representa a expectativa futura dos agentes econômicos e tem influência direta na economia de um país.

2.15.14 Taxa Referencial de Juros (TR)

Criada em fevereiro de 1991 durante o Plano Collor II com o objetivo de ser uma taxa referencial básica dos juros a serem praticados no mês subsequente, e não como uma taxa correspondente à inflação do mês anterior. A TR é uma taxa de juros básica calculada a partir do rendimento mensal médio dos Certificados de Depósito Bancários (CDBs) e dos Recibos de Depósitos Bancários (RDBs). Ela é utilizada como indexador dos contratos e tem divulgação diária. É usada também na rentabilização da caderneta de poupança e no financiamento imobiliário do Sistema Financeiro da Habitação.

2.15.15 Taxa de Juros de Longo Prazo (TJLP)

Criada em 1994, a TJLP tem a finalidade de estimular os investimentos nos setores de infraestrutura e de consumo, e de indicar a remuneração do PIS/PASEP, do Fundo de Assistência ao Trabalhador (FAT) e do Fundo de Marinha Mercante. A TJLP passou a ser utilizada para os financiamentos de longo prazo do BNDES a partir de 1995. O cálculo da TJLP é feito a partir da meta de inflação pró-rata dos 12 meses seguintes ao mês inicial de vigência da taxa, baseada nas metas anuais determinadas pelo Conselho Monetário Nacional acrescido de um prêmio de risco.

Resumo do Capítulo

O estudo da economia ajuda o executivo financeiro a entender seu funcionamento e seu impacto nas finanças empresariais. As diversas políticas governamentais influenciam diretamente.

O mercado financeiro é subdividido em mercado de capitais, mercado de câmbio, mercado de crédito e mercado monetário. Eles trabalham em conjunto para proporcionar um equilíbrio entre a oferta e a procura de títulos, bens e dinheiro no mercado.

Há diversas taxas de juros no mercado financeiro, cada uma servindo a um propósito econômico específico.

CAPÍTULO 3

GESTÃO DO ATIVO CIRCULANTE

COMPETÊNCIAS ORIENTADAS PARA O TRABALHO A SEREM DESENVOLVIDAS

- Entender os ciclos empresariais e seu impacto no caixa da empresa.
- Discernir o regime de competência do regime de caixa.
- Determinar o caixa mínimo operacional para a empresa.
- Entender a estrutura do ativo circulante e suas principais contas.
- Estruturar fluxos de caixa pelos métodos direto e indireto.
- Compreender os principais mecanismos de gerenciamento de estoques.
- Calcular o custo relacionado à concessão de crédito a clientes para tomar decisões.
- Calcular o lote econômico e identificar o melhor momento para realizar compras.

A Gestão do Ativo Circulante é responsável pelo planejamento e controle das contas caixa e bancos, aplicações financeiras, clientes e estoques. Todas essas contas compõem a principal estrutura de disponibilidades e contas a receber no curto prazo, ou seja, em horizonte de tempo inferior a um ano. É evidente que outras contas menores do circulante também devem ser gerenciadas.

De sua correta administração depende o bom desempenho de caixa da empresa, permitindo a empresa realizar os gastos necessários para manter sua operação em ordem.

3.1 Ciclos Empresariais

A empresa apresenta basicamente três ciclos empresariais: de operações, econômico e financeiro. Cabe ao executivo financeiro a tarefa de monitorar o primeiro e gerenciar os dois últimos, buscando maximizar o lucro da empresa e ao mesmo tempo o saldo de caixa. Para isso, é importante entender que o mecanismo financeiro é diferente do econômico e este do ciclo de produção. O primeiro está respaldado no regime de caixa; o segundo, no regime de competência dos exercícios; e o terceiro depende da programação da manufatura. Para entender os regimes de caixa e de competência, é importante observar o exemplo abaixo:

A Empresa Arapongas Ltda. vendeu R$ 100 mil de mercadorias no ano 01. As mercadorias foram compradas por R$ 80 mil pagando-as integralmente durante o ano. As vendas foram feitas no final do ano para pagamento no início do ano 02.

DEMONSTRATIVO DE RESULTADO – Ano 01 em R$ (Regime de Competência)
RECEITAS DE VENDAS   100.000
(-) CUSTO DE MERCADORIA VENDIDA   –80.000
(=) LUCRO LÍQUIDO   20.000

FLUXO DE CAIXA – Ano 01 em R$ (Regime de Caixa)
RECEITAS DE VENDAS   0
(-)CUSTO DE MERCADORIA VENDIDA   80.000
(=) SALDO DE CAIXA   –80.000

Conclusão: A empresa possui R$ 20 mil de lucro e saldo de caixa negativo em R$ 80 mil. Pelo regime de competência, a empresa economicamente está bem. Porém, pelo regime de caixa, a empresa tem graves problemas financeiros.

Figura 3.1 ■ Regime de Caixa e Regime de Competência

Assim, para iniciar uma boa prática de gestão financeira do ativo circulante, o executivo financeiro deve buscar o melhor ciclo financeiro e econômico sem prejudicar o ciclo de produção para atendimento aos clientes buscando sua sustentabilidade a curto e longo prazo.

3.2 Administração do Fluxo de Caixa

Uma das principais atividades da administração financeira a nível operacional é gerenciar as entradas e saídas de recursos financeiros diários da empresa, buscando manter um bom saldo positivo para evitar empréstimos e pagamento de juros junto a instituições financeiras.

> **Conceito:**
> É a função da administração financeira responsável pelo planejamento e controle de curto prazo das entradas e saídas de valores da empresa, buscando manter sempre um saldo positivo e constante nas transações realizadas.

O fluxo de caixa cumpre basicamente as finalidades de controle dos pagamentos e recebimentos e agenda de compromissos de entrada e de saída:

- ✓ Entradas – Todos os ingressos de recursos financeiros no caixa da empresa: receitas à vista, empréstimos de curto e longo prazo, descontos de duplicatas, juros recebidos, comissões, alienações e outros.
- ✓ Saídas – Todos os pagamentos efetuados, como fornecedores, impostos, folha de pagamento, empréstimos, luz, água, telefone, aluguel, condomínio e outros.
- ✓ Disponível – É o saldo financeiro ou em dinheiro ao final do dia, resultante das entradas subtraídas das saídas de caixa; esse saldo é sistematicamente transferido para o início do dia posterior.

São pressupostos básicos para uma administração efetiva do caixa:

- ✓ Retardar ao máximo os pagamentos sem tornar a empresa inadimplente ou pagar juros elevados;
- ✓ Dar o maior giro possível aos estoques sem prejudicar a receita ou as margens de lucro;

✓ Reduzir os estoques ao mínimo, sem comprometer a produção ou perder oportunidades de negócio;
✓ Maximizar a rentabilidade das aplicações financeiras dos saldos de caixa;
✓ Antecipar os recebimentos junto aos devedores sem prejudicar a capacidade competitiva em vendas.

O Quadro 3.1 apresenta um modelo de fluxo de caixa diário. A empresa pode estruturar seu fluxo de caixa utilizando uma planilha eletrônica ou adquirir um sistema operacional. Para as empresas maiores, o fluxo de caixa é composto de informações financeiras provenientes de diversas fontes, tais como projeção de receitas de vendas, folha de pagamento, gastos com fornecedores, etc. Para essas empresas, recomenda-se a implantação de softwares mais sofisticados que acompanhem o nível de complexidade das operações financeiras da empresa.

Quadro 3.1 ■ Fluxo de Caixa Diário

Fluxo de Caixa Diário	Dia 01	Dia 02	Dia 03	Dia 04	Dia 05
Recebimento de Vendas	12.000	3.500	4.000	8.000	500
Venda de Imobilizado			15.000		
Receitas Financeiras		200			150
Total de Entradas	12.000	3.700	19.000	8.000	650
Folha de Pagamento					25.000
Pagamentos a Fornecedores			5.000		
Impostos Federais			4.000		
Material de Expediente				450	
Telecomunicação	1.200				

Fluxo de Caixa Diário	Dia 01	Dia 02	Dia 03	Dia 04	Dia 05
Água e Luz		500			
Serviços de Terceiros				2.500	
Parcela do Financiamento	1.500				
Despesas Financeiras	100				
Total de Saídas	2.800	500	9.000	2.950	25.000
Saldo do Período	9.200	3.200	10.000	5.050	-24.350
Saldo Inicial	0	9.200	12.400	22.400	27.450
Saldo Atual	9.200	12.400	22.400	27.450	3.100
Aplicações / Empréstimos	5.000	5.000	5.000	5.000	5.000

A projeção dos fluxos de entrada e saída de caixa é feita respeitando as características de cada empresa. Algumas projeções são mais difíceis de realizar, tais como:

- ✓ Impostos – IPI, ICMS, PIS, ISSQN, Cofins, IRPJ, CSLL, etc.
- ✓ Folha de pagamento – provisões de férias, 13º salário, dissídio coletivo da categoria, indenizações, etc.
- ✓ Despesas – alguns itens das despesas administrativas, operacionais e não operacionais.

O Quadro 3.2 apresenta um modelo de fluxo de caixa mensal, em que os lançamentos diários são consolidados em uma única coluna. Nele é possível realizar projeções financeiras para todo o exercício e o estabelecimento de ações adequadas para assegurar que os saldos possam ser sempre positivos, evitando perdas de negócios por falta de capacidade de investimento ou inadimplência.

74   Curso de Finanças Empresariais

Quadro 3.2 ■ Fluxo de Caixa Mensal

Fluxo de Caixa	Jan	Fev	Mar	Abr	Mai	Jun
Entradas						
Vendas à vista	26.400,00	24.200,00	29.800,00	19.520,00	16.000,00	17.600,00
Vendas 30 dias	61.500,00	39.600,00	36.300,00	44.700,00	29.280,00	24.000,00
Aluguel	1.000,00	1.000,00	1.000,00	1.000,00	1.000,00	1.000,00
Bens móveis			1.200,00			
Receitas financeiras		616,21	894,98	1.284,71	727,98	
Subtotal	88.900,00	65.416,21	69.194,98	66.504,71	47.007,98	42.600,00
Saídas						
Fornecedores à vista	18.150,00	22.350,00	18.300,00	18.000,00	19.800,00	19.800,00
Fornecedores 30 dias	13.200,00	12.100,00	14.900,00	12.200,00	12.000,00	13.200,00
Despesas tributárias	21.166,00	13.629,00	12.493,25	15.384,25	10.077,20	8.260,00
Despesas administrativas	1.850,00	1.850,00	1.850,00	1.850,00	1.850,00	1.850,00
Financiamentos				50.000,00	50.000,00	
Subtotal	54.366,00	49.929,00	47.543,25	97.434,25	93.727,20	43.110,00
Saldo do período	34.534,00	15.487,21	21.651,73	-30.929,54	-46.719,22	-1.012,06
Saldo anterior	200,00	200,00	200,00	200,00	200,00	200,00
Saldo mínimo	-500,00	-500,00	-500,00	-500,00	-500,00	-500,00
Empréstimos						
Aplicações	34.234,00	49.721,21	71.372,94	40.443,41	-6.275,81	-7.287,87

Além dos modelos fundamentais acima, pelas normas e procedimentos contábeis vigentes, há dois métodos para se estruturar o Demonstrativo de Fluxo de Caixa (DFC): o direto e o indireto. Ambos têm suas contas classificadas em três grandes grupos:

- ✓ Fluxo de Caixa Operacional (*Operating Cash Flow*): todas as atividades diretamente relacionadas à operação rotineira do negócio. Exemplos:
  - Recebimento de vendas de produtos e de prestação de serviços;
  - Pagamento de fornecedores (matérias-primas, embalagens, terceiros, etc.);
  - Pagamento de salário, gratificações, encargos sociais e benefícios; e
  - Pagamento de impostos indiretos.

- ✓ Fluxo de Caixa de Investimentos (*Investing Cash Flow*): todas as atividades relacionadas a investimentos da empresa para o médio e longo prazo. Exemplos:

  - Compra ou venda de imóveis, máquinas e equipamentos;
  - Compra ou venda de outras empresas; e
  - Receita de juros devido a caixa aplicado.

- ✓ Fluxo de Caixa de Financiamentos (*Financing Cash Flow*): atividades relacionadas à obtenção de fundos e pagamentos a acionistas. Exemplos:
  - Venda de ações ou emissão de debêntures;
  - Empréstimos bancários e amortização de dívidas;
  - Pagamento de dividendos ou recompra de ações; e
  - Aporte de capital pelos sócios.

3.2.1 Método de Fluxo de Caixa Direto

No método direto, o fluxo de caixa é elaborado a partir da movimentação diretamente ocorrida nas entradas e saídas financeiras ocorridas em dado período de tempo. Nesse método, são apresentadas todas as contas que tenham provocado entrada ou saída de recursos financeiros, ou seja, todos os pagamentos e recebimentos.

Quadro 3.3 ■ Fluxo de Caixa Direto

ESTRUTURA DO FLUXO DE CAIXA DIRETO	
Saldo de caixa disponível inicial	= 190.000
Fluxos de caixa operacionais	= 208.000
(+) Recebimentos de vendas à vista	= 250.000
(+) Recebimento de duplicatas	= 68.000
(-) Pagamento de juros e taxas	= 10.000
(-) Compras de mercadorias	= 100.000
Fluxos de caixa de financiamento	= 160.000
(+) obtenção de empréstimos	= 50.000
(+) aporte de capital pelos sócios	= 110.000
Fluxos de caixa de investimentos	= 130.000
(-) Empréstimos concedidos a terceiros	= - 40.000
(-) Compra de imóvel para a empresa	= - 90.000
Saldo disponível final	= 428.000
Variação do fluxo de caixa	= 238.000

3.2.2 Método do Fluxo de Caixa Indireto

No método indireto ou de reconciliação, o fluxo de caixa é elaborado a partir do demonstrativo de resultado do exercício, ou seja, do lucro ou prejuízo. Neste caso, deve-se demonstrar o fluxo financeiro das operações geradas pelo lucro ou prejuízo do período. Devem ser diminuídas do resultado as receitas e despesas que não afetaram as disponibilidades ou que representam atividades de financiamento ou investimento. Finalmente, devem ser somados ou diminuídos do lucro ou prejuízo os valores gerados pelas atividades operacionais que não afetaram o resultado.

Quadro 3.4 ■ **Fluxo de Caixa Indireto**

ESTRUTURA DO FLUXO DE CAIXA INDIRETO		
Fluxo de caixa das atividades operacionais		
Lucro líquido	=	130.000
Depreciação e amortização (+)	=	100.000
Provisão para créditos de liquidação duvidosa (+)	=	50.000
Variação em fornecedores (+/-)	=	(40.000)
Variação em contas a pagar (+/-)	=	30.000
Variação em estoques de materiais e embalagens (-/+)	=	45.000
Caixa líquido das atividades operacionais (+/-)	=	315.000
Fluxo de caixa das atividades de investimentos:		
Venda de ativo imobilizado (+)	=	35.000
Compra de imobilizado (-)	=	(150.000)
Compra de outras empresas (-)	=	(260.000)
Caixa líquido das atividades de investimento (+/-)	=	(375.000)
Fluxo de caixa das atividades de financiamento:		
Empréstimos líquidos tomados (+)	=	230.000
Pagamento de leasing (-)	=	(80.000)
Emissão de ações (+)	=	170.000
Fluxo de caixa líquido das atividades de financiamento (+/-)	=	320.000
Aumento/diminuição líquido de caixa e equivalentes de caixa		
Caixa e equivalentes de caixa – início do ano	=	0
Caixa e equivalentes de caixa – final do ano	=	260.000

O método indireto permite à empresa utilizar dados contábeis para extrair os resultados financeiros. Com isso, pode-se realizar a conferência entre as informações contábeis e financeiras, e a confirmação se ambas estão alinhadas e exatas.

3.2.3 Ciclo de Caixa

Uma vez definida a estrutura do fluxo de caixa tanto diário quanto mensal, o executivo financeiro precisa se preocupar em como administrar de maneira eficiente os recursos. Um dos importantes aspectos a serem trabalhados é o ciclo de caixa.

> **Conceito:**
> O Ciclo de Caixa é o período de tempo compreendido entre a aquisição de materiais diretos até o recebimento das vendas.

Os modelos de administração de caixa visam fornecer ao executivo financeiro condições mais técnicas para determinar o nível ótimo de caixa. São modelos importantes para um entendimento do comportamento do caixa, porém, não devem ser aplicados sem restrições.

Quanto maior for o ciclo de caixa, pior para a empresa em termos financeiros. Isso significa que ela necessita de um valor considerável de capital de giro para financiar as atividades da empresa até o recebimento das vendas. Quanto menor for esse tempo, menos capital a empresa necessita captar de seus sócios ou terceiros, reduzindo suas despesas financeiras com empréstimos. Portanto, o executivo financeiro deve trabalhar tentando postergar o pagamento aos fornecedores e antecipando o recebimento das vendas para reduzir o ciclo de caixa, sem que haja perda de competitividade da empresa.

3.2.4 Giro de Caixa

Outro importante indicador é o giro de caixa. Dependendo do sistema de negócios e os produtos da empresa, a velocidade da entrada e saída de recursos pode variar muito. Para empresas que trabalham com produtos de consumo rápido como supermercados, o giro de caixa é muito alto. Para empresas que trabalham com bens de capital, tais como máquinas e equipamentos pesados, o giro é muito baixo.

> **Conceito:**
> O Giro de Caixa é o número de vezes que o caixa da empresa se renova durante um determinado ano.

3.2.5 Caixa Mínimo Operacional (CMO)

Cabe ao executivo financeiro proporcionar o maior giro de caixa possível para minimizar o risco de ter o capital de giro da empresa parado ou comprometido com bens de baixa liquidez. Portanto, a empresa necessita atentar para um nível mínimo de caixa a ser mantido regularmente como saldo. Esse nível mínimo de caixa a ser mantido pela empresa pode ser calculado de várias maneiras. Um modo simples e objetivo é o Caixa Mínimo Operacional (CMO).

> Caixa Mínimo Operacional (CMO) = Saídas de Caixa Totais Anuais (DTA) / Giro de Caixa (GC)

A Figura 3.2 apresenta um exemplo da dinâmica financeira de uma empresa. Do momento da aquisição de matérias-primas até a cobrança dos clientes, ocorre seu ciclo completo. Já o ciclo de caixa está compreendido entre o momento do pagamento de fornecedores até o recebimento dos clientes. Quanto maior for esse prazo, mais recursos financeiros a empresa precisará alocar para financiar sua operação.

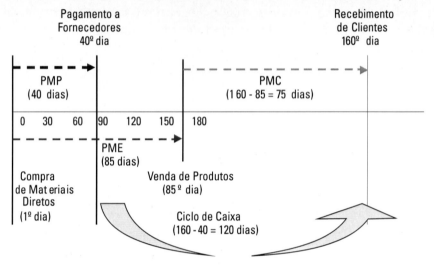

Figura 3.2 ■ Quadro Resumo da Gestão de Caixa

Onde:

PMP – prazo médio para pagamento de fornecedores

PMC – prazo médio de cobrança de clientes

PME – tempo de estocagem

Assim:

Ciclo de Caixa = PME + PMC − PMP = 85 + 75 − 40 = 120 dias

Giro de Caixa = Dias no ano / Ciclo de Caixa = 360/120 = 3 vezes

Quando o executivo financeiro estiver planejando o contas a pagar e o contas a receber da empresa, ele deve sempre ter em mente os seguintes objetivos:

✓ Retardar ao máximo os pagamentos aos fornecedores, porém sem se tornar inadimplente;
✓ Manter o estoque mínimo de produtos evitando excessos, porém sem perder oportunidades de negócios; e
✓ Acelerar o processo de recebimento de clientes, porém sem deixar de ser competitivo.

O Quadro 3.5 apresenta sugestões de estratégias financeiras e seus desdobramentos em ações operacionais que podem contribuir na diminuição do Ciclo de Caixa e no aumento do Giro de Caixa.

Quadro 3.5 ■ Procedimentos para Contas a Pagar e Contas a Receber

Processo	Estratégia Financeira	Ação Operacional
Cobrança de Clientes	Vender à vista ou em poucas parcelas a prazo, sem perder competitividade.	- Preço de venda à vista competitivo - Gestão eficiente de recebíveis - Negociação bancária para obter taxas de juros baixas
Estoques de Produtos	Minimizar estoques, mantendo somente o necessário para atender a demanda.	- Lote Econômico de Compras - Gestão de Estoques ABC - Produção Just-in-Time - Sistema ERP integrado da cadeia produtiva
Pagamento a Fornecedores	Comprar a prazo, negociando as melhores condições e preços possíveis com fornecedores.	- Desenvolvimento de fornecedores - Negociações de prazos de pagamento diferenciado - Descontos para pagamentos à vista - Permutas de produtos ou serviços

O Quadro 3.5 demonstra que há diversas ações operacionais e ferramentas de gestão que permitem que a empresa equilibre seu caixa, diminuindo a necessidade de aporte de capital dos sócios.

3.3 Negociação Bancária e Aplicações Financeiras

Um bom executivo financeiro sempre vai procurar manter o bom relacionamento com as instituições financeiras. É imprescindível para toda empresa manter linhas de crédito de curto e longo prazo abertas em mais de um banco. Em caso de necessidade, deve-se optar pela instituição que oferecer as melhores para determinada operação. A negociação com bancos depende fundamentalmente da reciprocidade da empresa, tais como:

- ✓ Aplicações financeiras realizadas;
- ✓ Histórico do cliente junto à instituição;
- ✓ Certidão negativa de débitos e regularidade fiscal;
- ✓ Aquisição de produtos e serviços financeiros (seguros, previdência, capitalização, etc.); e
- ✓ Movimentação financeira e volume de negócios.

Toda instituição financeira vai procurar oferecer suas taxas de juros padronizados para empréstimos. Compete ao executivo financeiro da empresa negociar as melhores condições possíveis quanto ao parcelamento e encargos financeiros. Outro ponto importante é a cobrança de tarifas de extratos, cobrança CNR e talão de cheques. Dependendo da negociação da empresa, a cobrança das referidas despesas pode ser até eliminada.

O mercado financeiro oferece diversas oportunidades para aplicações financeiras do excedente de caixa das empresas. Deve-se observar a relação risco x retorno de cada opção. Empresas com perfil mais conservador podem optar por fundos de investimentos compostos de títulos de renda fixa. Já empresas com perfil mais agressivo podem optar por fundos de ações. Finalmente, empresas que trabalham com comércio exterior podem investir em fundos com variação cambial, buscando manter seu poder de negociação alinhado com o dólar.

3.4 Gestão de Contas a Receber de Clientes

Os valores a receber que se acumulam na conta de clientes do balanço patrimonial de uma empresa são o resultado da concessão de crédito ou parcelamento do pagamento de uma compra. Isso faz parte de um processo muito comum de comercialização para manter a empresa competitiva, atraindo clientes e, com isso, aumentando as vendas e os lucros. Porém, ao se adiar recebimentos, as empresas diminuem seu caixa, além de aumentar o risco da inadimplência.

O executivo financeiro deve controlar diretamente a conta de clientes e se envolver no estabelecimento da política de crédito, a qual inclui o processo de seleção de clientes, determinação de procedimentos e a análise do crédito propriamente dita. Pouca restrição pode significar aumento significativo nas vendas e na inadimplência. Já o contrário acarreta uma diminuição das vendas, porém com redução do risco no recebimento. O processo de vender e receber adequadamente estão ligados a uma política de crédito eficiente.

Existem inúmeras variáveis envolvidas na análise de crédito de uma empresa, tais como a concessão com restrições, os prazos, os valores envolvidos, as garantias oferecidas, etc. Na prática, a empresa enfrenta algumas questões que devem ser respondidas, como o custo para financiar os clientes, o risco envolvido e o capital de giro necessário para conceder crédito. Os analistas de crédito frequentemente utilizam o conceito dos 5 C's para orientar suas análises sobre as dimensões-chaves da capacidade de um cliente:

- ✓ Caráter – O histórico do solicitante quanto à idoneidade e ao cumprimento de suas obrigações financeiras, contratuais e

morais. Dados históricos de pagamentos e quaisquer causas judiciais pendentes ou concluídas.
- ✓ Capacidade – Representa o potencial do cliente para quitar o crédito solicitado. No caso de empresas, são realizadas análises dos Demonstrativos Financeiros.
- ✓ Capital – A solidez financeira do solicitante, conforme apresentando em seu balanço patrimonial. O total de Passivo Circulante e Não Circulante é analisado frequentemente.
- ✓ Colateral – O montante de ativos colocado à disposição pelo solicitante para garantir o crédito.
- ✓ Condições – Análise das condições empresariais, mais ou menos favoráveis para concessão de crédito. Exemplo: Necessidade de se desfazer de estoque excessivo.

Exemplo: A Empresa Campo Mourão Ltda. vendeu 60 mil unidades do seu produto por R$ 10,00 cada um a crédito. O custo variável é de R$ 6,00 e o custo fixo de R$ 2,00 por unidade. O custo de capital é de 15%. A empresa pretende flexibilizar a concessão de crédito para aumentar as vendas em 5%, devendo o nível atual de 1% de incobráveis chegar a 2% e o Prazo Médio de Cobrança de 30 para 45 dias.

O custo fixo total de R$ 120 mil já é absorvido pelas 60 mil unidades vendidas. As 3 mil unidades adicionais terão uma margem unitária de R$ 4,00, que representa a diferença entre o preço de venda e o custo variável (R$ 10,00 – R$ 6,00), totalizando uma margem adicional de R$ 12 mil (3.000 unidades * R$ 4,00).

Oferecendo mais prazo aos clientes, serão necessários mais recursos para financiar as vendas. Para calcular o custo adicional desses recursos é necessário obter o giro atual das duplicatas conforme Quadro 3.6.

Quadro 3.6 ■ Custo de Investimentos em Clientes

Fórmula	Situação Atual	Proposta
Giro = 360 dias / PMC	360 / 30 dias = 12 vezes	360 / 45 dias = 9 vezes
Investimento Médio em Clientes (IMC) = Custo das Vendas Anuais / Giro dos Clientes	IMC0 = (R$ 8,00 * 60.000) / 12 IMC0 = R$ 40.000	IMC1= (R$ 8,00 * 60.000) + (R$ 6,00 * 3.000) / 8 IMC1= R$ 62.250
Custo com clientes	= R$ 40.000 * 15%	= R$ 62.250 * 15%
Inadimplência = Faturamento * Taxa de inadimplência	= R$ 600.000 * 1% = R$ 6.000	= R$ 630.000 * 2% = R$ 12.600

Conforme Quadro 3.7, adiante, como resultado da flexibilização do crédito, a empresa tem um resultado líquido positivo de R$ 2.062,00. Esse valor é resultado da diferença com o aumento da inadimplência comparado com o aumento das vendas em determinado período. Neste caso, a situação proposta parece ser financeiramente vantajosa.

Quadro 3.7 ■ Resultado do Estudo e Decisão

Margem das vendas adicionais	= 3.000 * (R$ 10,00 – R$ 6,00) = R$ 12.000,00
Custo marginal	= (R$ 62.250,00 – R$ 40.000,00) * 15% = R$ 3.338,00
Custo marginal dos devedores Incobráveis	= R$ 12.600,00 – R$ 6.000,00 = R$ 6.600,00
Resultado Líquido do Plano Proposto	= R$ 2.062,00

Evidentemente, os cálculos acima são previsões matemáticas que na prática podem não ser efetivas. Portanto, a empresa deve monitorar os resultados obtidos mensalmente e corrigir eventuais distorções, caso o índice de inadimplência e/ou a margem adicional de vendas previstas não se confirmem ao longo do ano.

3.5 Gestão de Estoques

Na indústria e no comércio em geral, os investimentos em estoques representam um montante significativo de recursos aplicados no ativo circulante. Portanto, o assunto deve ser tratado como prioridade gerencial. Administrar bem estoques significa:

- ✓ Girar rapidamente os estoques, ou seja, transformá-los em vendas e em recebimento de caixa;
- ✓ Manter somente o estoque necessário para atender a demanda dos clientes, ou seja, o nível ótimo;
- ✓ Observar tendências, médias, sazonalidade do consumo;
- ✓ Negociação efetiva com fornecedores prevendo exatidão no prazo de entrega, volumes corretos, substituição em caso de defeitos e logística reversa para produtos vencidos; e
- ✓ Utilização de técnicas e métodos científicos para arranjos físicos e movimentação de materiais.

Contudo, a gestão de estoques pode ocasionar diferentes opiniões e conflitos entre as diferentes áreas da empresa. A opinião das diversas áreas sobre os estoques é diferente, pois cada uma delas tem um objetivo distinto:

- ✓ Finanças – Estoques significam elevados investimentos de capital e devem ser minimizados.
- ✓ Vendas – Níveis elevados de estoques significam rapidez no atendimento e cliente satisfeito.

- ✓ Produção – Bom estoque de matérias-primas assegura o fluxo de produção e diminui o custo de aquisição.

Essas opiniões individualizadas sobre estoques, estritamente ligadas a cada área de interesse, não podem ser aceitas por empresas competitivas. Todos os administradores, independentemente de sua área de atuação, devem manter uma visão abrangente e sistêmica sobre os resultados. O objetivo principal é manter o estoque equilibrado e isso acontece quando o estoque das matérias-primas, dos produtos semiacabados e dos produtos acabados permite a execução dos programas da produção e realização de vendas de maneira efetiva, sem excessos que acarretem custos desnecessários.

É importante lembrar que manter estoque sempre gera gastos, além do capital nele investido. Podem-se relacionar as despesas com armazenagem e manuseio, perdas por obsolescência ou deterioração do produto, etc. Por outro lado, baixos estoques podem prejudicar as oportunidades vendas e elevar o custo da produção.

Os impactos do excesso de estoques são:

- ✓ O custo do capital de giro investido, perdendo a empresa a possibilidade de realizar outros investimentos;
- ✓ O custo adicional do manuseio, armazenagem, seguros etc; e
- ✓ Riscos de perdas com obsolescência, deterioração, furtos, incêndio, vendaval, etc.

Os impactos da falta de estoque são:

- ✓ A redução nas vendas devido à falta de produtos para pronta entrega;
- ✓ O alto custo da fabricação devido à falta de matéria-prima que prejudica o processo normal da produção; e

✓ Problemas de ordem trabalhista decorrentes de produção irregular, gerando alguns períodos de sobrecarga com necessidade de realização de horas extras intercaladas com períodos de ociosidade.

Entre esses dois extremos, deve-se encontrar o equilíbrio que proporcione o melhor resultado a empresa. Nessa tarefa, devem ser consideradas as flutuações cíclicas das vendas, que exercem influência direta sobre os produtos acabados e repercutem no estoque de matérias-primas. Muitas empresas adotam a política da produção média para manter a aplicação de mão de obra contínua e estável o ano inteiro. Assim, nos períodos de baixas vendas, a empresa acumula produtos acabados para os períodos de alta demanda em vendas.

O executivo financeiro deve participar das decisões da empresa sobre a gestão de estoques, montando um sistema contábil e gerencial capaz de evitar fraudes, furtos e desperdícios. O fluxo de entrada e saída dos estoques deve obedecer a todos os requisitos legais e fiscais. Finalmente, para o orçamento empresarial, devem-se fixar os níveis ideais de estoques e os seus respectivos investimentos.

3.5.1 Tipos de Estoque

Basicamente pode-se dividir o estoque das empresas em quatro grandes grupos: matérias-primas, produtos em processo, produtos acabados e materiais para manutenção. A divisão é necessária para assegurar a transparência da administração dos estoques, especialmente onde ocorrem os maiores investimentos de capital.

Quadro 3.8 ■ Tipos de Estoques

Estoque	Definição
Matérias--Primas	Utilizado no processo de transformação até o produto final. Os produtos acabados de uma empresa podem ser matérias-primas para outra empresa.
Produtos em Processo	Trata-se dos materiais que estão dentro do processo produtivo. São os itens usados no processo de fabricação, que estão na linha de montagem ou para transferência de um setor da fábrica para outro.
Produtos Acabados	É o estoque disponível da empresa para comercialização, após o término de todo processo produtivo. Nesta fase é apurado o CPF. Os estoques de produtos acabados são estabelecidos por meio de um processo de projeção de demanda.
Materiais para Manutenção	Trata-se do conjunto de materiais estocados que são utilizados na manutenção de máquinas, equipamentos e nas instalações que garantam o funcionamento da atividade fabril.

O estoque de qualquer produto é subdividido em duas partes: o ativo e o de segurança. O estoque ativo é a parcela cuja existência está intimamente ligada aos ciclos das operações, razão por que é também chamado estoque cíclico. Quando as matérias-primas para a produção são entregues em grandes lotes e com intervalos relativamente longos, por exemplo, o estoque ativo reduz-se gradativamente entre as entregas e recupera-se no momento da reposição. O estoque de segurança é a parcela suplementar necessária para fazer frente aos eventuais atrasos na entrega e às necessidades anormais da produção.

3.5.2 Planejamento, Reposição e Controle de Estoques

Muitas empresas estabelecem relações entre o estoque e o nível estimado da produção, com vistas a fixar padrões para o planejamento e controle. Basicamente, o planejamento do estoque divide-se em três etapas:

- ✓ Analisar o histórico de consumo de cada item identificando tendências, sazonalidade e até descontinuidade;
- ✓ Calcular padrões de consumo baseados no histórico de consumo identificado;
- ✓ Realizar projeções de vendas e de produção;
- ✓ Aplicar os padrões de consumo de estoques calculados para as vendas e produção estimadas; e
- ✓ Precificar os estoques necessários e apurar o valor do investimento da empresa.

Com base no planejamento de estoques, a empresa precisa programar as reposições periódicas do seu estoque de maneira eficiente e econômica, respeitando as características de suas atividades, o número de itens em estoque, os valores investidos, etc. Os dois principais sistemas de reposição são:

- ✓ Nível fixo da encomenda – Mantém uma quantidade constante em estoque e o reabastece toda vez que ele desce abaixo de determinado ponto.
- ✓ Prazo fixo da encomenda – Determina o volume das entregas em intervalos fixos, de forma que em cada entrega, o estoque volta ao nível desejado.

De maneira geral, o primeiro sistema permite formar estoques médios inferiores ao do segundo. O sistema do prazo fixo da encomenda é mais vantajoso para as empresas de produção diversificada. Na prática, empregam-se variações e combinações dos dois sistemas em função das necessidades e circunstâncias específicas de cada empresa.

O processo de reposição de estoques deve caminhar junto com o seu processo de controle. Para matérias-primas, as principais atividades de controle são:

- ✓ Compras – Neste estágio, a responsabilidade deve ser claramente delegada e as tarefas atribuídas devem ser segregadas das funções de recebimento, registro e pagamento para evitar fraudes.
- ✓ Recebimento e inspeção – Devem ser confiados a funcionários subalternos que atuem sob as ordens de um responsável. Os avisos de recebimento devem ser numerados, datados e assinados pelo recebedor.
- ✓ Armazenamento e entrega – Devem ser observados lugares apropriados para estocagem que protejam as mercadorias contra roubos, incêndios, umidade, etc. Para assegurar o registro devido, só devem ser entregues mercadorias com autorização por escrito.

Já em relação a produtos em processo, os relatórios de custos por ordem de serviço ou por processo fornecem informações relativas à movimentação de materiais na manufatura. Todas as transferências da categoria de semiacabados para acabados devem ser formalmente registradas em planilhas ou em sistemas ERP com a anuência dos responsáveis pelas áreas produtivas.

É importante lembrar que o controle físico dos estoques deve ser sincronizado com o controle contábil. Os sistemas de controle de estoques dos depósitos devem ser periodicamente conciliados com os lançamentos no Livro Razão. Muitas empresas já adotam sistemas integrados (ERP ou MRP) em que as movimentações de estoques são prontamente contabilizadas. Com isso, o registro contábil passa a ser fonte de informações essenciais para planejar a operação da empresa.

3.5.3 Nível Ideal de Estoques

O problema crucial da gestão de estoques pode ser estudado na Figura 3.3. Com o consumo dos materiais ao longo do tempo, o nível de estoque de cada item cai periodicamente até o nível do pedido B.

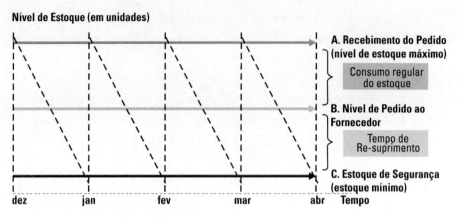

Figura 3.3 ■ Nível Ideal de Estoques

Nesse momento, a área de compras deve fazer o pedido ao fornecedor, combinando o prazo de entrega, o parcelamento do pagamento e os volumes.

De acordo com as previsões, a empresa deve receber seu pedido antes de o estoque chegar ao nível de segurança C. Neste caso, a reposição do estoque permitirá que ele chegue ao nível máximo A. Contudo, se o fornecedor atrasar, ainda há um estoque de segurança para consumo de alguns dias antes que o material direto se esgote totalmente. Isso permite à empresa não parar a produção mesmo que o fornecedor tenha algum problema na entrega. Sob o ponto de vista financeiro, o fluxo acima representaria:

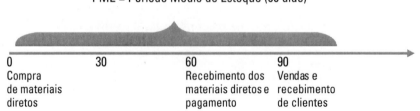

De acordo com a figura acima, pode-se concluir que, quando o Período Médio de Estoque (PME) for maior que zero, a empresa será obrigada a financiar os gastos com estoques. Se o PME for zero, o lucro será determinado pelo preço de venda à vista (PVV) menos o custo da mercadoria vendida à vista (CMVV).

> LUCRO = PREÇO DE VENDA À VISTA − CUSTO DA MERCADORIA VENDIDA À VISTA

Se o PME for maior que zero, o lucro será calculado pelo preço de venda à vista (PVV) menos o custo da mercadoria vendida à vista (CMVV) acrescido dos encargos financeiros:

> LUCRO = PREÇO DE VENDA À VISTA − CUSTO DA MERCADORIA VENDIDA À VISTA $\times (1 + i)^{PME}$

Exemplo: A Comercial Londrinense de Máquinas apresenta os dados abaixo e deseja calcular seu lucro.

PVV = $ 38.000   CMVV = $ 25.000   PME = 2 meses
Taxa de Juros = 2% ao mês

Lucro = $ 38.000 − $ 25.000 x (1,02)² = $ 38.000 − $ 26.010 = $ 11.990

O Demonstrativo de Resultados ficaria da seguinte maneira:

Receita de Vendas	+38.000
Custo de Mercadoria Vendida	−25.000
Lucro Bruto	=13.000
Despesas Financeiras	−1.010
Lucro Líquido	=11.990

A empresa deve buscar reduzir o prazo de cobrança de clientes sem perder vendas, aumentar o prazo de pagamento junto aos fornecedores sem pagar encargos e manter sempre alto o giro de todos os itens de seu estoque.

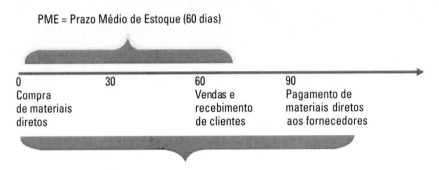

Se o preço de venda à vista (PVV) for de $ 4.800, o preço de compra a prazo da mercadoria (PCPM) for de $ 5.000 e a taxa de aplicação for de 5% ao mês, têm-se:

Lucro = PVV $(1 + i)^{PP-PME}$ – PCPM

Lucro = $ 4.800 $(1 + 0{,}05)^{4-2}$ – $ 5.000 = $ 292

O Demonstrativo de Resultados ficaria da seguinte maneira:

DRE	Atual	PE
Receita de Vendas	4.800	4.762
Custo de Mercadoria Vendida	-5.000	-5.000
Lucro Bruto	-200	-238

| Receitas Financeiras | 492 | 238 |
| Lucro Líquido | 292 | 0 |

Com isso, pode-se concluir que nas operações com estoques é essencial se considerar o valor do dinheiro no tempo, pois grandes variações no custo de capital podem distorcer os resultados financeiros apurados.

3.5.4 Técnicas de Gestão de Estoques

Existem várias técnicas de administração dos estoques. Dentre as mais eficientes pode-se citar o Sistema da Curva ABC e o Sistema do Lote Econômico de Compras (LEC).

O Sistema ABC permite separar o estoque em grupos distintos relacionados ao investimento realizado, ou seja, segregar os itens essenciais dos demais itens normais. Como exemplo, uma determinada empresa realizou o seguinte levantamento de estoques:

- ✓ Grupo A – compreende 20% dos itens estocados, representando 80% dos valores investidos em estoque. Os itens desse grupo têm um giro lento. São itens mais caros.
- ✓ Grupo B – nesse grupo são enquadrados 30% dos itens estocados, representando 15% do valor do estoque.
- ✓ Grupo C – consiste em 50% dos itens estocados, compreendendo apenas 5% do valor do estoque.

A distinção permite à empresa dar foco aos itens representativos, dedicando forte controle aos itens do grupo A, que tem maior representatividade em termos monetários e não aos grupos B e C, que apresentam valores menores.

Uma forma alternativa de utilização do sistema ABC para alocação de estoques no depósito é realizado pela demanda em número de itens, e não pelo valor do estoque. Nesse método, os itens com maior giro são alocados em locais de fácil acesso como portas de expedição do armazém ou o balcão das lojas, de modo a evitar movimentação desnecessária de pessoas e materiais. Nessa situação, um sistema ERP pode ajudar a otimizar a alocação de cada item de acordo com sua demanda. Itens com baixa movimentação podem ser alocados em andares superiores ou subsolo, pois não são acessados com frequência. Tal método também serve para inventários parciais, onde os itens A podem ser inventariados com maior frequência e os itens B e C menos vezes, mantendo o total do estoque sempre atualizado.

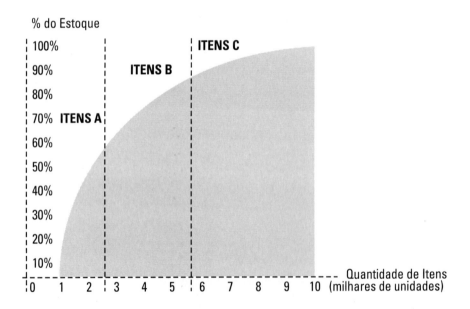

Figura 3.4 ■ Sistema ABC de Estoques

3.5.5 Técnicas de Compras de Estoques

O Sistema de Lote Econômico de Compras (LEC) permite calcular a quantidade ótima do pedido para reposição dos itens de estoque, considerando os custos e as quantidades que minimizam os custos totais de estocagem e de pedido.

De acordo com a Figura 3.5, a empresa deve calcular o ponto ótimo que minimize os custos com pedido e manutenção de estoques. Os custos dos pedidos são aqueles relacionados a fazer um pedido, recepcionar, verificar, cadastrar no sistema de estoques, etc. Já os custos de manutenção dos estoques são aqueles relacionados com aluguel, climatização, seguro, perda por deterioração, etc. Finalmente o custo total é a soma dos custos de fazer o pedido e de se manter o estoque.

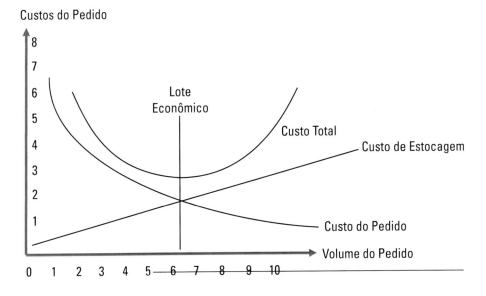

Figura 3.5 ■ Lote Econômico de Compras

Assim, o objetivo principal do Sistema LEC é calcular a quantidade de pedidos que minimiza os custos totais (custos de pedir e manter). À medida que a quantidade pedida aumenta, o custo de pedir diminui e vice-versa. A função da curva do Custo Total na Figura 3.5 apresenta um formato em "U", significando que possui um valor mínimo: o lote econômico de compras.

> LOTE ECONÔMICO = √ (2 * CUSTO DO PEDIDO * DEMANDA EM UNIDADES)
> CUSTO UNITÁRIO DE MANUTENÇÃO DO ESTOQUE

3.5.6 Capital Circulante Líquido (CCL)

> **Conceito:**
> É a diferença entre o Ativo Circulante e o Passivo Circulante. Também pode ser definido como a parte do ativo circulante que a empresa financia com recursos de longo prazo do passivo.

Após entender os conceitos e as práticas de caixa, aplicações financeiras, clientes e estoques, é importante estudar o conjunto do Ativo Circulante e sua relação com o Passivo Circulante. O primeiro representa o total de bens e direitos que a empresa tem a receber a curto prazo. O segundo representa o conjunto de obrigações com terceiros também a curto prazo. Portanto, se subtrairmos o Ativo Circulante do Passivo Circulante, temos o Capital Circulante Líquido (CCL), que representa o valor líquido das aplicações, deduzido das dívidas de curto prazo.

O nível de CCL varia de empresa para empresa. Entretanto, está intimamente ligado à previsibilidade dos fluxos de caixa, a exemplo das empresas de água, energia elétrica, telecomunicações e cimento. Essas empresas possuem um padrão previsível de caixa e podem trabalhar com um pequeno CCL. Já no comércio, onde a previsibilidade no fluxo de caixa é menor, é necessário manter um nível de recebimentos superior ao dos desembolsos.

Quadro 3.9 ■ Capital Circulante Líquido

Ativo Circulante	Em R$	Passivo Circulante	Em R$
Caixa	500	Fornecedores	600
Bancos	200	Impostos a pagar	800

Ativo Circulante	Em R$	Passivo Circulante	Em R$
Clientes	800	Salários a pagar	200
Estoques	1.100	Outras obrigações	50
TOTAL	2.600	TOTAL	1.650
Capital Circulante = 2.600 – 1.650 = 950			

O Quadro 3.9 demonstra como se calcula o CCL de uma empresa. É importante ressaltar que, quanto maior o CCL, menor o risco do negócio. Porém, a concentração de recursos no ativo circulante tem de ser trabalhada com cautela, pois investimentos bem estruturados no Ativo Permanente podem ser mais lucrativos que no Circulante. Outro ponto a ser considerado é que a forma mais barata de financiamento é a conta de Fornecedores do Passivo Circulante, onde normalmente não há juros ou correção monetária. Assim, o acúmulo de valores nessa conta pode ser vantajoso para a empresa, desde que bem administrado.

Resumo do Capítulo

O gerenciamento do fluxo de caixa é uma das mais importantes ferramentas de gestão financeira. Por meio dele, é possível manter o equilíbrio das entradas e saídas de dinheiro da empresa, assegurando sua capacidade de honrar seus compromissos de curto prazo.

Para manter um bom equilíbrio dos ativos circulantes, a empresa necessita receber o mais rápido possível de seus clientes sem perder vendas, retardar ao máximo o pagamento de fornecedores sem pagar juros e manter o giro de todos os itens do estoque elevados. Com isso, o ciclo operacional será minimizado e a necessidade de caixa será baixa.

CAPÍTULO 4

FONTES DE FINANCIAMENTO E CUSTO DE CAPITAL

COMPETÊNCIAS ORIENTADAS PARA O TRABALHO A SEREM DESENVOLVIDAS

- Compreender as diversas fontes de financiamento de curto e longo prazo, bem como suas diversas formas de captação.
- Compreender a dinâmica de funcionamento de bancos de varejo, factorings, cooperativas de crédito e bancos de fomento e diferenciar suas formas de atuação junto às empresas.
- Analisar o processo de empréstimo de CDG e estabelecer quando é apropriada sua realização.
- Avaliar as operações de custódia de cheques junto a instituições financeiras e verificar sua taxa de desconto praticada.
- Compreender os descontos de duplicatas e títulos junto a instituições financeiras, além de calcular sua taxa de juros.
- Avaliar as operações de antecipação de recebíveis e verificar se a taxa de desconto financeiro é vantajosa para a empresa quando comparada com outras fontes.
- Analisar os produtos e serviços do sistema BNDES (Cartão BNDES, BNDES Automático, Operações Finame, etc.) e identificar as melhores oportunidades de captação de recursos para as empresas de acordo com seu perfil.
- Estabelecer os conceitos básicos sobre emissão de debêntures e discriminar seu processo legal e comercial.
- Analisar o processo de subscrição de ações ordinárias e preferenciais no mercado e calcular o custo de capital próprio.
- Calcular o custo médio ponderado de capital, pesquisando as diversas fontes de capital próprio e de terceiros existentes.

A definição das fontes de financiamento de uma empresa é uma das decisões mais importantes da Administração Financeira. Assim, uma das principais missões dos executivos de uma empresa é definir qual a estrutura ideal de capital próprio e de terceiros. Para isso, deve-se calcular o custo de cada tipo de capital disponível, qual o risco associado a este e em qual horizonte de tempo ele precisa ser devolvido ao seu cedente.

> **Conceitos:**
> - Capital – são os valores monetários, bens ou créditos investidos em uma empresa para viabilizar seu sistema de negócios e gerar retorno financeiro.
> - Fontes de financiamento – são as pessoas físicas ou jurídicas que realizaram investimentos financeiros ou materiais em uma determinada empresa por meio de operações legalmente reconhecidas pelo mercado.
> - Custo de capital – é o valor ou taxa cobrada por uma fonte de financiamento ao investir seus recursos em uma empresa, de modo a cobrir os riscos e gerar um ganho pelo investimento realizado.

As fontes de financiamento de uma empresa são divididas em capital próprio e de terceiros. O capital próprio é representado pelos investimentos realizados pelos sócios da empresa e é registrado no Patrimônio Líquido. Já o capital de terceiros é representado pelos financiamentos bancários, dívidas com fornecedores, emissão de debêntures, entre outros, e é registrado no Passivo Circulante e Exigível a Longo Prazo da empresa.

A Figura 4.1 apresenta um modelo de estrutura de capital. Fica evidente que quanto maior for o capital de terceiros a empresa terá maiores despesas financeiras. Por outro lado, o capital próprio também tem o seu custo, representado pela expectativa de retorno dos sócios da empresa. Portanto, a busca do equilíbrio constante dos capitais é uma das principais decisões gerenciais da empresa.

Fontes de financiamento e custo de capital

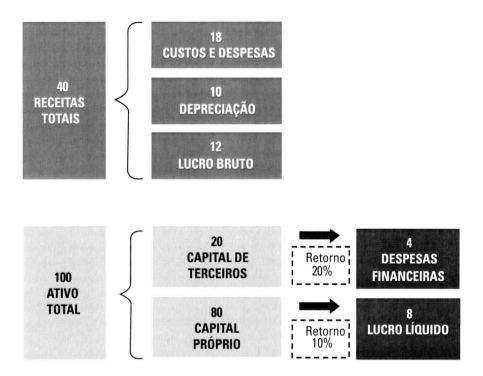

Figura 4.1 ■ Modelo de Estrutura de Capital

Figura 4.2 ■ Fluxo de Capitais na Empresa

4.1 Capital de Terceiros

Na operação regular de uma empresa, é muito comum a ocorrência de compras junto a fornecedores com prazos estendidos ou parcelamento dos pagamentos. Isso gera uma dívida junto a um terceiro e representa uma forma de capital de terceiros existente na empresa.

A empresa também pode apresentar um saldo negativo de caixa em um determinado dia, o que faz necessário um empréstimo de capital de giro ou uma antecipação de créditos de clientes junto a um banco para cobrir suas obrigações financeiras imediatas. Isso gera outra forma de capital de terceiros investidos na empresa.

> **Conceito:**
> Capital de Terceiros – é a parcela do capital que compreende todas as obrigações da empresa com pessoas físicas ou jurídicas exceto os seus próprios sócios, tais como fornecedores, empréstimos, financiamentos, etc.

O capital de terceiros possui diversas fontes e modalidades previstas na legislação. Cada fonte tem peculiaridades e um custo associado ao risco da operação e seu horizonte de tempo, podendo ser segregados em curto e longo prazo.

Os empréstimos de curto prazo têm o objetivo de financiar operações de até 360 dias para solucionar dificuldades de liquidez mais imediatas. Ao longo do prazo da operação com a instituição financeira, a empresa deve restituir o valor do empréstimo acompanhado de juros e encargos financeiros. Nessas operações, o credor exige ativos da empresa tomadora como garantia caso ele se torne inadimplente. Geralmente, essas garantias são recebíveis ou estoques de produtos. O credor adquire o direito de acionar a garantia mediante a execução de um contrato formalizado entre tomador e cedente de acordo com a legislação em vigor. Nesse contrato são especificadas as cláusulas sobre a execução da garantia, a taxa de juros da operação, os prazos de pagamento e as condições de parcelamento. A prática empresarial demonstra que a existência de garantias reduz riscos para a instituição financeira cedente do empréstimo. Porém isso depende muito da capacidade de liquidação do bem caucionado como garantia.

Já os empréstimos de longo prazo são as modalidades de empréstimo cuja operação é maior que um ano. Esses empréstimos são geralmente realizados por instituições financeiras como um empréstimo propriamente dito ou por meio da negociação de títulos da empresa tomadora, que é acompanhado por um banco de investimento e uma corretora de valores. Cada contrato traz diversas obrigações para cedentes e tomadores. As cláusulas mais comuns em contratos de empréstimos são:

- ✓ Certidões negativas de débitos com tributos federais, estaduais, municipais e encargos sociais;
- ✓ Manutenção de registros contábeis de acordo com a legislação em vigor;
- ✓ Apresentação periódica de demonstrações financeiras que permitam avaliar sua capacidade de pagamento; e
- ✓ Manutenção de instalações em condições condizentes com sua atividade final.

Outro ponto importante são as restrições impostas em cláusulas contratuais de empréstimos de longo prazo como forma de precaução do tomador, mediante uma operação que requer muito tempo para ser totalmente liquidado. As restrições contratuais permitem ao cedente monitorar as atividades empresariais do tomador e proteger de uma eventual inadimplência. As cláusulas restritivas mais utilizadas são:

- ✓ Limitações ou proibições de algumas modalidades de leasing;
- ✓ Manutenção dos executivos essenciais para garantir a normalidade da operação da empresa;
- ✓ Aquisição de ativo permanente com severas restrições;
- ✓ Restrições na distribuição de dividendos em dinheiro;
- ✓ Limitações ou proibições em fusões ou aquisições com outras empresas;
- ✓ Manutenção de um nível mínimo de capital circulante líquido;
- ✓ Os tomadores não podem descontar duplicatas ou recebíveis para gerar caixa;
- ✓ Restrição de novos empréstimos subsequentes para que não haja subordinação ao primeiro empréstimo; e
- ✓ Limitações ou proibições no aumento salarial de executivos.

O contrato também deve detalhar a taxa de juros real, os vencimentos das parcelas e os valores das prestações. O custo total do empréstimo é diretamente proporcional ao custo do dinheiro, o vencimento do empréstimo, o montante tomado e ao risco relacionado ao tomador. Os empréstimos de longo prazo são realizados com juros acumulados maiores do que em operações de curto prazo devido à expectativa futura da inflação, da preferência dos cedentes por empréstimos de curto prazo e da maior demanda por empréstimos a longo prazo.

O custo do dinheiro é a base para se determinar a taxa de juros real a ser cobrada. Geralmente, a taxa de juros de títulos do governo federal é tomada como base por apresentar baixo risco. Porém, para se calcular a taxa real de juros a ser cobrada do tomador, a instituição financeira acrescentará um prêmio de risco baseado no montante da operação e no risco assumido em determinado prazo de vencimento.

4.1.1 Cobrança CNR, Cheques pré-datados e Recebíveis de Cartões de Crédito

É o adiantamento de recursos feito pelos bancos às empresas sobre valores referenciados em duplicatas, notas promissórias, recebíveis de cartão de crédito e cobrança CNR, de forma a antecipar o fluxo de caixa. Nos últimos anos, tem se adotado a prática comercial da custódia de cheques e antecipação de recebíveis de cartões de crédito, em substituição às duplicatas e notas promissórias. Nestes casos, a empresa transfere o risco de recebimento de suas vendas a prazo ao banco e garante o recebimento imediato dos recursos que, teoricamente, só teria disponível no futuro. O banco, por sua vez, analisa os riscos dos títulos e aprova cuidadosamente as operações para evitar inadimplência. Como garantia, a empresa deve conceder ativos ao banco.

4.1.2 Empréstimos de Capital de Giro

São as operações tradicionais de empréstimos vinculadas a um contrato específico que estabelece prazo, taxas, valores e garantias necessárias e que atendem às necessidades de capital de giro das empresas. As operações de empréstimos são normalmente simples, entretanto, a apuração da taxa efetiva requer conhecimento de particularidades de mercado. Essa modalidade de empréstimo direto tem por objetivo tratar os déficits imediatos da tesouraria da empresa e normalmente tem taxas de juros e encargos elevados.

Exemplo: A Empresa Maringá S/A deseja realizar um empréstimo de CDG no valor de R$ 30.000,00. O banco oferece uma taxa de 2,5% ao mês. Sobre o valor do empréstimo, calcula-se também 0,4% de taxas sobre a operação e IOF. A amortização da dívida será em 12 pagamentos mensais iguais.

Utilizando a HP 12C	PV = 30.000,00 I = 2,5 + 0,4 = 2,9% ao mês N = 12 PMT = 2.995,90	A prestação será de R$ 2.995,90 e a taxa real é de 2,9% ao mês

4.1.3 Crédito Bancário Pré-aprovado

É uma operação pela qual uma instituição bancária coloca à disposição de uma empresa um valor prévio e automaticamente aprovado para solução de problema de liquidez imediata. Nos prazos e condições estabelecidos, a empresa deve restituir o valor acrescido de juros e encargos financeiros.

Essa modalidade de crédito pré-aprovado é muito importante para a empresa levantar capital de giro sempre que necessário para aproveitar uma oportunidade para comprar matérias-primas ou produtos de fornecedores com preços promocionais e em grandes quantidades. Também pode dar suporte financeiro à empresa em caso de falta de fundos em épocas de baixo faturamento onde compromissos com impostos e salários não podem ser adiados.

4.1.4 Empréstimo em Conta Corrente

São limites de crédito pré-aprovados que uma instituição financeira coloca à disposição de uma empresa em sua conta corrente. Assim, caso uma conta corrente da empresa fique devedora, o empréstimo é automaticamente acionado, incidindo juros e encargos financeiros normalmente elevados. Porém, essa modalidade soluciona problemas emergenciais que eventualmente podem acontecer na empresa.

4.1.5 Factoring de Duplicatas

Uma empresa de factoring é uma instituição financeira que adquire duplicatas a receber de empresas, antecipando capital de giro para elas. Não é uma operação de empréstimo, mas uma fonte de financiamento de curto prazo de empresas com falta de liquidez. Nessas operações de cessão financeira, o intermediário financeiro adquire as duplicatas provenientes de créditos concedidos pelas empresas aos seus clientes pela comercialização de produtos ou prestação de serviços.

A operação é feita geralmente com notificação formal de cobrança e os pagamentos são recebidos diretamente pela empresa de factoring, que assume os riscos de uma possível inadimplência.

O pagamento da empresa de factoring à empresa vendedora é feito de forma parcelada, havendo parte do montante liberado somente após o desconto da duplicata junto ao devedor. A empresa de factoring gerencia seus clientes em regime de conta corrente, em que a empresa vendedora das duplicatas tem disponibilizado o valor correspondente da operação.

4.1.6 Desconto de Duplicatas

É uma modalidade de empréstimo de curto prazo mediante o qual uma empresa tomadora disponibiliza duplicatas a receber de clientes como garantia para receber de uma instituição financeira um valor correspondente para compor seu capital de giro. É uma das fontes de financiamento de curto prazo mais utilizadas pelas empresas.

As duplicatas são listadas e selecionadas pela instituição financeira, onde há análise do histórico passado do cliente para se determinar o risco da operação e mesmo se os títulos são aceitáveis. Também são determinadas as datas de vencimentos e os valores.

O conjunto de duplicatas de baixo valor pode ser analisado de forma vinculada, ou seja, pelo risco médio de inadimplência que eles representam. Isso evita a burocracia de análises detalhadas de títulos de baixo valor.

Exemplo: A Empresa Maringá S/A deseja realizar uma operação de desconto de 10 duplicatas com vencimento para 60 dias, no valor de R$ 120.000,00. A taxa de desconto do banco é de 3% ao mês e a taxa da operação mais o IOF somam 0,5% ao mês.

Utilizando a HP 12C	FV = 120.000,00 I = 3% + 0,5% = 3,5% ao mês N = 2 meses (60 dias) PV = 112.021,28	O valor presente será de R$ 112.021,28 que será disponibilizado pelo banco para a empresa tomadora do empréstimo.

4.1.7 Garantias de Empréstimos baseadas no Estoque

O estoque de matérias-primas e produtos acabados é uma importante base de garantia depois da conta de clientes para as instituições financeiras. Isso se deve ao fato da possibilidade real de venda em caso de inadimplência da empresa tomadora, podendo a instituição financeira rapidamente recuperar parte ou o total do montante cedido à empresa cliente.

A característica mais importante do estoque a ser considerado como garantia para empréstimo é o seu potencial de comercialização e suas características.

Assim, produtos perecíveis como alimentos não são atraentes, pois se deterioram rápido e têm custo de estocagem relativamente alto. Outro ponto importante é se o produto tem preços estáveis no mercado e alta liquidez, evitando obsolescência, ferrugem, umidade, danos ou perdas.

4.1.8 Adiantamento sobre Contrato de Câmbio (ACC)

O ACC é uma operação de antecipação de recursos financeiros em moeda nacional ao exportador, baseada em até 100% da exportação futura de uma empresa. Esse adiantamento poderá ser concedido parcialmente. Dessa forma, a empresa pode equilibrar seu fluxo de caixa, mesmo tendo de comprar matérias-primas, manufaturar o produto e realizar todo o processo de exportação.

Os prazos para o adiantamento sobre contratos de câmbio podem ser flexíveis de acordo com as normas de cada instituição financeira, sendo no máximo de 360 dias antes do embarque da mercadoria ou da prestação do serviço. O financiamento tem encargos financeiros baseados em taxas de juros vigentes no mercado internacional.

4.1.9 Adiantamento sobre Cambiais Entregues (ACE)

É uma antecipação de recursos em moeda nacional (R$) ao exportador após o embarque da mercadoria para o exterior, mediante a transferência a uma instituição financeira dos direitos sobre a venda a prazo de até 100% da exportação de sua empresa. Dessa forma, a empresa obtém um financiamento à comercialização da exportação a taxas competitivas. A empresa pode antecipar os recursos financeiros na data do embarque da mercadoria ou da prestação do serviço até a data do vencimento, dependendo das condições da instituição financeira. Essa operação financeira é voltada a empresas exportadoras ou produtores rurais com negócios no exterior que necessitam de capital de giro para financiar sua produção e comercialização.

4.1.10 Nota de Crédito à Exportação (NCE)

É um título emitido por uma empresa exportadora em reais atualizada pela taxa do CDI ou em dólares, sendo administrado por uma instituição financeira. A NCE tem o objetivo de financiar a produção de bens destinados à exportação ou atividades de suporte essenciais à exportação.

Em uma operação com NCE, o exportador pode pedir que os valores sejam creditados sem intermediários aos seus fornecedores de bens e serviços ligados à exportação, desde que estes sejam comprovadamente fornecedores do produto final exportado.

Sua emissão deve estar lastreada em exportações e o cronograma de embarques deve ser informado à instituição financeira obrigatoriamente. A contratação da NCE poderá ser realizada somente se comprovada a venda a prazo ao exterior. O prazo máximo admitido será o de liquidação das cambiais.

4.1.11 Empréstimos com Alienação

É uma modalidade de empréstimos realizada por bancos comerciais e financiadoras que exigem a alienação de estoques como garantia. Neste caso, uma instituição financeira cedente empresta um valor para uma empresa e aceita como garantia a alienação do estoque. Para isso, a empresa tomadora deve ter um estoque consistente (volume, controle, validade, qualidade, variedade, etc.) e que não represente um valor muito significativo.

Uma vez aprovada a operação, o cedente pode adiantar valores com um percentual correspondente ao estoque médio registrado no balanço patrimonial da empresa tomadora.

4.1.12 Empréstimos com Alienação Fiduciária

Nesse tipo de operação, o valor do empréstimo é baseado no valor da mercadoria alienada junto ao cedente. Este, por sua vez, faz um adiantamento ao tomador. O cedente recebe formalmente um documento contendo a lista detalhada dos itens alienados como garantia de toda a operação. A empresa tomadora do empréstimo deve então realizar a comercialização da mercadoria e repassa o valor correspondente a cada venda para a instituição credora, que, por sua vez, realiza a quitação parcial da dívida.

4.1.13 Empréstimos com Certificado de Armazenagem

É uma operação de empréstimo mediante a qual uma instituição financeira assume o controle do estoque de um determinado bem armazenado, que foi dado como garantia. Geralmente, um terceiro designado pelo cedente é responsável pela armazenagem.

Os armazéns podem ser de uso geral, ou seja, de um tipo comum e usado para guarda de bens de vários clientes. O cedente normalmente se utiliza desse tipo de estocagem quando os bens podem ser movimentados facilmente e com baixos custos. Também podem ser agrícolas, onde a instituição financeira contrata uma empresa especializada para construir um armazém na empresa do tomador ou arrenda parte do seu depósito para guardar o bem caucionado.

4.1.14 Empréstimos de Longo Prazo – BNDES/FINAME

O Banco Nacional de Desenvolvimento Econômico e Social (BNDES) foi criado pela Lei nº 1.628, de 20 de junho de 1952, e atualmente é uma empresa pública federal de direito privado, de acordo com a Lei nº 5.662, de 21 de junho de 1971. É um órgão vinculado ao Ministério do Desenvolvimento, Indústria e Comércio com o objetivo de incentivar negócios que contribuam para o desenvolvimento econômico do país. O BNDES conta com o FINAME (Agência Especial de Financiamento Industrial), que financia a venda de máquinas e equipamentos, e o BNDESPAR (BNDES Participações), que possibilita a subscrição de valores mobiliários no mercado de capitais.

O BNDES financia empreendimentos industriais e de infraestrutura, dando apoio aos investimentos na agricultura, no comércio e serviço, nas micro, pequenas e médias empresas, e aos investimentos sociais, direcionados para a educação, saúde, agricultura familiar, saneamento básico, meio ambiente e transporte coletivo de massa. Suas linhas contemplam financiamentos de longo prazo para o desenvolvimento de projetos de investimentos e para a comercialização de máquinas e equipamentos novos, fabricados no país, bem como o incremento das exportações. Contribui, também, para a estrutura de capital das empresas privadas e para o desenvolvimento do mercado de capitais.

4.1.15 Cartão BNDES

É uma operação de crédito rotativo pré-aprovado para aquisição de produtos credenciados no BNDES para micro, pequenas e médias empresas com limite de crédito definido pelo banco emissor do cartão por cliente. A anuidade é definida pelo banco emissor e a taxa de juros é calculada em função da taxa divulgada pela Andima e calculada com base nas LTN.

A amortização pode ser em prestações mensais, fixas e iguais, com garantias negociadas entre o banco emissor e o cliente. Os fornecedores devem ser empresas fabricantes de máquinas, equipamentos e outros bens de produção, que tenham fabricação total ou parcial no Brasil. É uma modalidade muito utilizada e com baixas taxas de juros, o que torna a operação atraente para o tomador.

Exemplo: A Empresa Maringá S/A deseja adquirir equipamentos no valor total de R$ 1 milhão. Oitenta por cento desse valor pode ser financiado. A taxa de juros de longo prazo é de 3% ao ano e a taxa cobrada pelo banco mais o IOF é de 3,5% ao ano. O prazo para pagamento é de cinco anos com prestações mensais.

| Utilizando a HP 12C | PV = 800.000,00
I = 3% + 3,5% = 6,5% ao ano ou 0,526% ao mês
N = 60 meses
PMT = 15.581,14 | O valor da prestação será de R$ 15.581,14 em 60 parcelas mensais |

4.1.16 FINAME – Máquinas e Equipamentos

É uma operação de crédito realizada por meio de instituições financeiras credenciadas, para a produção e a venda de máquinas e equipamentos novos, de fabricação nacional, credenciados no BNDES. A taxa de juros é composta pelo custo financeiro, pela remuneração do BNDES, pela taxa de intermediação financeira e pela taxa da instituição financeira responsável pela operação junto ao tomador.

A receita operacional bruta da empresa é utilizada como critério para a apuração do porte da empresa tomadora. Os prazos de carência e de amortização são definidos em função da capacidade de pagamento do tomador e do seu grupo econômico, respeitado o prazo estabelecido pelo BNDES.

4.1.17 BNDES Automático

Essa modalidade de empréstimo realiza operações de grandes valores em intervalores de 12 meses, para aplicação em projetos de investimentos na implantação ou expansão da capacidade produtiva e modernização de empresas.

Também está inclusa a compra de equipamentos novos de fabricação brasileira, devidamente credenciados no BNDES, bem como a importação de máquinas novas inexistentes no Brasil. O BNDES automático é operado por meio de instituições financeiras credenciadas.

4.1.18 Emissão de Debêntures

São títulos de dívida de longo prazo, emitidos por S/As não financeiras de capital aberto com garantia de seus ativos. Sua finalidade principal é financiar projetos ou então alongar endividamento. São emitidas por qualquer sociedade por ações, com exceção de Instituições Financeiras, com a finalidade de captação de recursos financeiros de terceiros a médio e longo prazo para capital de giro e capital fixo.

Em última análise, é um empréstimo da empresa junto ao comprador do título. Esses títulos garantem ao comprador uma remuneração fixa por um período. Os juros são estabelecidos periodicamente, sendo o principal pago pelo emissor no vencimento da debênture. O prazo mínimo de resgate é de um ano e o valor máximo está limitado ao PL do emissor. A emissão e as condições são definidas em AGE.

As debêntures pagam juros por períodos determinados, acrescidos de correção monetária. Quase sempre os juros estão associados a um prêmio. O investidor recebe os juros que, ao final de um período, são comparados com o prêmio, se este for maior, recebe a diferença.

Os juros podem ser fixos ou repactuados a cada período de tempo (reduz o custo da emissão). Se não houver acordo na repactuação, as debêntures são resgatadas. Podem ser vendidos diretamente ou por meio de oferta pública. Este tipo de título é largamente utilizado pelas empresas de leasing, como captação de recursos para as suas operações.

As debêntures dão ao seu comprador o direito de receber juros, correção monetária e o valor nominal na data preestabelecida de vencimento para resgate. Assim, a debênture distingue-se da ação preferencial principalmente pela existência do prazo e do valor de resgate pela empresa.

Para a empresa, a debênture apresenta a vantagem de ser uma alternativa de obtenção de recursos de longo prazo baseada em um custo financeiro já definido. Em adição, não há obrigação em destinar os recursos financeiros captados com as debêntures para um determinado investimento na empresa. Outra vantagem é que elas são vendidas com maior ou menor facilidade em função das expectativas que o investidor em potencial tem do potencial e rentabilidade da empresa como garantia da remuneração pactuada.

Podem ser classificadas como simples, em que o credor recebe juros e correção monetária, ou composta (conversíveis), em que o credor pode optar pela conversão das debêntures em ações da empresa emitente. Em qualquer dos casos, podem ser nominativas ou endossáveis.

As debêntures possuem quatro tipos de garantia: real, na qual é concedido um penhor ou hipoteca; flutuante, na qual a garantia é composta pelos ativos da empresa; quirográfica, ou sem nenhum tipo de garantia; e subordinada, na qual o credor apenas tem preferência sobre os acionistas. As debêntures sem garantias são emitidas sem caução, representando uma reivindicação sobre o lucro da empresa. Adiante o quadro apresenta uma síntese dos principais tipos.

Quadro 4.1 ■ Tipos de Debêntures

Garantia	Tipo	Descrição
Sem Garantias	Gerais	Apresenta uma reivindicação legal sobre os ativos residuais da empresa cliente após terem sido atendidos os direitos dos demais credores com garantia.
	Subordinadas	São diretamente subordinadas a outros tipos de dívida. Na liquidação dos títulos, os investidores têm sua reivindicação atendida após os demais credores da empresa. Porém, essa reivindicação será atendida antes que dos acionistas ordinários e preferenciais.
	Lucros	O pagamento de juros é condicionado à apuração dos lucros. O risco nesse tipo de operação é alto para o investidor e, portanto, a taxa de juros precisa ser elevada.
Com Garantias	Hipoteca	A operação é garantida por uma propriedade ou imóvel. Neste caso, o valor do imóvel hipotecado é maior do que o valor das debêntures.
	Colateral	É quando as garantias são oferecidas sob forma de ações ou debêntures de outras empresas.
	Certificados de Garantias	Para aquisição de um equipamento, um pagamento inicial é feito pelo tomador ao agente beneficiário, que negocia certificados de garantias. A empresa paga o agente fiduciário que, por sua vez, repassa o valor dos dividendos aos investidores.

Exercício 1: A empresa Maringá S/A pretende lançar R$ 5.250.000,00 em debêntures abertas ao público, não conversíveis, com prazo de 2 anos e taxa de juros de 7% ao semestre. O deságio é de 2% e a comissão é de 4%. As despesas fixas são de R$ 50.000,00.

Semestre	Fluxo Financeiro	Valores
0	4.889.200	= [(5.250.000*98%)*96%] − 50.000
1	-367.500	= 5.250.000*7% = 367.500
2	-367.500	= 5.250.000*7% = 367.500
3	-367.500	= 5.250.000*7% = 367.500
4	-5.617.500	= 5.250.000*7% = 367.500 + 5.250.000

Utilizando a HP 12C	CFo = 4.889.200	O custo da operação é de
	CFj = −367.500	9,127% ao semestre ou
	Nj = 3	1,47% ao mês
	CFj = −5.617.500	
	IRR = 9,127% ao semestre	

4.1.19 Leasing / Arrendamento Mercantil

É uma operação financeira na qual o dono de um bem (arrendador) cede para outro (arrendatário) a sua utilização durante um período de tempo determinado. Basicamente, trata-se de uma operação de financiamento, com cláusula prevendo a possibilidade de recompra do objeto arrendado pelo arrendatário, mediante um valor residual previamente estipulado. É um contrato de aluguel onde a empresa de leasing compra o bem e aluga para uma empresa interessada. Assim, os pagamentos do leasing podem ser contabilizados na empresa como um custo ou despesa. Existe também a possibilidade de substituir o bem por outro mais moderno durante a vigência do contrato.

Pode-se fazer uma operação de Sale e Leasing Back, ou seja, a empresa vende o bem para a empresa de Leasing e simultaneamente arrenda de volta com opção de compra. É uma operação que gera uma despesa dedutível do imposto de renda, não impacta o ativo imobilizado e não necessita de desembolso da empresa. É recomendado para empresas que possuem grande carga fiscal.

O leasing operacional é negociado diretamente entre o produtor de um bem e o seu arrendador, sendo aquele responsável pela manutenção ou assistência (computadores, aviões, máquinas fotocopiadoras, etc.). Esse tipo de operação não envolve uma instituição financeira e não é regulamentada pelo Bacen. As prestações não têm a finalidade de amortizar o bem durante o contrato e a recompra do bem ao final desse período será objeto de negociação entre as partes. Já o leasing financeiro é uma operação de financiamento de médio e longo prazo para bens móveis ou imóveis. Esse tipo de operação é semelhante a um financiamento que utiliza o bem como colateral, sendo amortizado com um número de aluguéis periódicos, normalmente de acordo com a vida útil do bem.

4.2 Capital Próprio

Dentre as exigibilidades no passivo de uma empresa, está contida uma parcela de capital denominada Capital Próprio, na linguagem contábil chamada de Patrimônio Líquido. Este, por sua vez, é dividido em Reservas e Capital Social, o qual está dividido em ações. Nesse sentido, uma ação é um título emitido e comercializado por uma Sociedade Anônima e que representa a menor parcela do seu capital social.

O capital social de uma sociedade anônima é composto por ações preferenciais que têm preferência no recebimento dos lucros da empresa, e por Ações Ordinárias, que garantem aos seus proprietários o direito de comandar a empresa. A empresa será dirigida pelo acionista ou grupo que detiver a maioria das ações ordinárias. As ações ordinárias dão direito a voto na assembleia de acionistas e permitem aos acionistas participarem da gestão da empresa. Já as ações preferenciais não dão direito a voto, mas possuem preferência no recebimento dos lucros da empresa. Portanto, o investidor opta por participar da gestão ou por priorizar o recebimento de dividendos, equilibrando as relações de poder e de privilégios na empresa.

As ações do tipo nominativas possuem um certificado com o nome do acionista e sua transferência deve ser registrada formalmente. Já as ações do tipo escriturais não têm certificado e o controle é feito em uma conta de depósito em nome do investidor em uma corretora de títulos e valores mobiliários.

As ações são vendidas no Mercado de Balcão e no Mercado de Bolsa de Valores. No Brasil, a principal bolsa de valores é a BMF-Bovespa em São Paulo, que realiza pregões no formato eletrônico. A tomada de recursos por meio da emissão de ações também tem um custo. As operações de subscrição de capital, ou *underwriting*, são complexas e os custos são estabelecidos por uma série de fatores como comissões, propaganda, valor de mercado, valor patrimonial, etc.

O valor de mercado de uma ação é estabelecido em função da procura e não tem nenhuma relação com o Valor Patrimonial da Ação (VPA). Assim, algumas empresas têm suas ações vendidas abaixo do VPA (deságio) e outras, com valor acima do VPA (ágio). Essas oscilações dependem fundamentalmente da credibilidade da empresa junto aos seus investidores, que realizam estudos sobre o desempenho futuro de todos os setores econômicos, investindo naqueles com maior probabilidade de retornos atraentes na forma de distribuição de dividendos e crescimento do valor patrimonial.

4.2.1 Emissão de Ações Preferenciais

As ações preferenciais são aquelas que permitem aos seus titulares gozarem de vantagens sobre os proprietários de ações ordinárias. Os proprietários de ações preferenciais recebem os dividendos estipulados antes da distribuição do lucro aos portadores de ações ordinárias.

Neste caso, pode-se dizer que as ações preferenciais compartilham de características da dívida e do patrimônio líquido. No tocante à característica da dívida, a relação está no fato de que o dividendo preferencial é pré-especificado na emissão e pago antes do pagamento dos dividendos das ações ordinárias, já no que tange à característica do patrimônio líquido, temos o fato de que os pagamentos dos dividendos preferenciais não são dedutíveis do imposto de renda.

As ações preferenciais são consideradas uma forma de propriedade da empresa, obrigatoriamente elas devem vir acompanhadas da especificação dos dividendos. Tal especificação pode ser em valores monetários ou por uma taxa anual. Para se obter o custo de uma ação preferencial, é necessário determinar o quociente entre o dividendo da ação e o montante da venda da ação pela empresa menos os custos de lançamento, ou por meio da divisão dos dividendos preferenciais da ação pelo preço de mercado da ação preferencial. Essa abordagem considera que o dividendo é constante e que a ação preferencial não é passiva de resgate ou de conversão. Além disso, no tocante a ações que possuem seus dividendos especificados por taxa, para apurar o custo desta ação é necessário transformar a taxa em valores monetários. Considerando que os dividendos de ações são pagos com o fluxo de caixa da empresa, neste caso não há necessidade de se fazer ajustes em função do imposto.

A ação preferencial é frequentemente emitida por empresas públicas para aumentar seu capital próprio, sua alavancagem e mitigar riscos com empréstimos. A ação preferencial é usada também para captar fundos necessários por empresas com resultados de caixa ruins, pois as ações preferenciais são mais fáceis de negociar do que as ordinárias. Isso porque os investidores em ações preferenciais recebem a distribuição de dividendos antes dos acionistas ordinários.

O custo da ação preferencial é obtido pelo quociente do dividendo e o valor recebido pela venda da ação, podendo ser calculado pela fórmula Kp = Dp/Np, onde:

Kp = custo das ações

Dp = valor dos dividendos

Np = valor da ação líquido do custo de colocação

Exemplo: A Empresa Maringá S/A tem os seguintes dados em relação à emissão de suas ações preferenciais. O preço da ação é de R$ 85,00, seu custo de colocação é de R$ 3,00 e a rentabilidade é de 9% ao ano. A empresa possui R$ 2.500.000,00 de ações preferenciais.

$$Kp = \frac{85 * 9\%}{85 - 3} = \frac{7,65}{82} = 9,329\%$$

O custo de capital das ações preferenciais é de 9,329% ao ano ou 0,746% ao mês

4.2.2 Emissão de Ações Ordinárias

As ações ordinárias são aquelas que representam os títulos em poder dos proprietários de uma empresa. Um acionista ordinário recebe o valor residual após terem sido satisfeitas todas as outras reivindicações sobre o lucro e ativos da empresa.

As ações ordinárias de uma sociedade anônima podem ser de um único investidor, de um grupo pequeno de pessoas ou de um grande número de pessoas e instituições. Em pequenas e médias empresas, a estrutura acionária é restrita e as negociações de sua divisão patrimonial e de poder são realizadas no mercado de balcão.

Como regra geral, cada ação ordinária dá direito a um voto nas assembleias gerais de acionistas, onde são decididas questões estratégicas do negócio.

A distribuição de dividendos é deliberada pela diretoria da empresa e muitas empresas pagam em produtos, dinheiro ou em ações. O acionista ordinário não possui nenhuma garantia de receber qualquer distribuição periódica de lucros na forma de dividendos, sendo preterido em caso de falência. Isso ocorre porque a legislação prevê que, antes de os dividendos serem pagos aos acionistas ordinários, é dever da empresa quitar as dívidas com todos os credores (funcionários, impostos, fornecedores, clientes e acionistas preferenciais).

Porém, o histórico de distribuição da empresa permite a ele entender o potencial de geração de valor da empresa e os riscos associados ao negócio. Assim, todo bom investidor entende que, quando uma empresa tem bons resultados, a distribuição de dividendos é praticamente ilimitada, além da própria valorização das ações. Nesse sentido, o risco é inerente ao negócio e assumido pelos acionistas.

O investimento em ações ordinárias é comum para novos empreendimentos, pois considerando que é improvável que haja investidores com capital de terceiros ou com capital próprio devido ao alto risco, o investimento inicial de uma empresa geralmente é feito por seus proprietários com capital próprio sob a forma de aplicação em ações ordinárias. O Modelo de Gordon é utilizado na avaliação com crescimento constante e estabelece que o valor da ação é o valor atual dos dividendos previsto em horizonte infinito.

Po = D1 / (Ks − g)   isolando a taxa: **Ks = (D1 / Po) / g**

Onde:

Po = preço da ação

D1 = dividendo esperado no ano

Ks = taxa de retorno exigida

g = taxa anual de crescimento

Exemplo: Calcular o custo da emissão das ações ordinárias da empresa Maringá S/A, sendo que o valor de mercado da ação é de R$ 50,00, o dividendo esperado é de R$ 4,00. A empresa possui R$ 3.000.000,00 de ações ordinárias. A empresa apresentou o seguinte desempenho anual de dividendos pagos no passado:

ano 1 – R$ 2,97   ano 2 – R$ 3,12   ano 3 – R$ 3,33
ano 4 – R$ 3,47   ano 5 – R$ 3,62   ano 6 – R$ 3,80

Cálculo do G	Cálculo do Ks
% variação do ano 1 ao ano 6 usando a HP 12-C	$Ks = \dfrac{4,00}{50,00} + 5,589 = 13,589\%$
= 2,97 (enter)	
= 3,80%	
= 27,946% / 5 anos = 5,589% ao ano	O custo de capital das ações ordinárias é de 13,589% ao ano ou 1,067% ao mês

4.2.3 Lucros Retidos

Ocasionalmente, uma empresa pode realizar a retenção de parte dos lucros por uma decisão estratégica da sociedade. Esses recursos, que compõem o capital próprio da empresa, têm o mesmo custo das ações ordinárias sem o deságio ou despesas de colocação no mercado de capitais.

4.3 Custo Médio Ponderado de Capital – CMPC (WACC)

A determinação do custo de capital é fundamental para as decisões de compra ou aluguel de um bem, e para a definição da estrutura de capital. A performance da taxa de retorno determina o valor acionário da empresa, podendo aumentar ou diminuir o seu valor. Ao tomar uma decisão de captar recurso para investimento, aconselha-se levar em consideração o custo de capital e adequar o custo de capacitação com a rentabilidade esperada para a utilização dos fundos levantados.

Para determinar uma estrutura básica de custo de capital, deve-se considerar a relação de risco dos inúmeros fatores que afetam a organização, como risco econômico, medido por meio da relação entre expectativa do lucro operacional em função de variações no volume de vendas, que pode ser afetado pela aceitação e pela forma de financiamento de um projeto. Se um projeto possui grau de risco superior à média dos demais, geralmente os financiadores tendem a agregar prêmio ao risco e, no entanto, aumentam o custo do financiamento; pelo risco financeiro medido por meio da relação entre as variações no lucro operacional e pelo lucro por ação, além disso, pode ser afetado pela composição da estrutura de capital utilizada pela empresa.

Na medida em que financiamentos que possuem custo fixo, como as debêntures, os financiamentos de longo prazo e as ações preferenciais são utilizados, o custo financeiro da empresa aumenta, e, por consequência, o seu risco financeiro.

O custo de capital antes do imposto de renda, para as obrigações, pode ser feito por meio do uso da cotação de custo, do cálculo do custo ou da aproximação do custo. No tocante à cotação do custo, o valor líquido obtido com a venda de uma obrigação é equivalente ao valor de face, então, neste caso, pode-se dizer que o custo do imposto de renda é igual à taxa cupom. O cálculo do custo consiste em encontrar a taxa interna de retorno dos fluxos de caixa da obrigação. Este valor representa para o emitente o custo até o vencimento dos fluxos de caixa da dívida. O processo de aproximação do custo consiste em calcular o custo com base nos juros anuais, nos recebimentos líquidos com venda dos títulos e no número de anos até a data do recebimento.

Esse cálculo permite chegar a uma taxa aproximada que representa o custo de capital de terceiros antes do imposto de renda (IR), considerando que o custo específico de financiamento é medido depois do IR e que os juros de capital de terceiros podem ser deduzidos da apuração do IR. Então se pode afirmar que eles reduzem o capital tributável. Neste caso, o custo de capital de terceiros depois do IR é o resultado da multiplicação do custo antes do imposto de renda por um (a alíquota do IR).

O custo de capital, custo de oportunidade de capital ou custo médio ponderado de capital, definido como *Weighted Marginal Cost of Capital* (WACC), é a taxa capaz de trazer ao valor atual os lucros futuros da empresa. O valor atual dos lucros futuros depende do grau de risco sistemático ou não diversificável que a empresa apresenta, e se mantido constante esse risco, todo e qualquer investimento que gere retornos superiores ao custo de oportunidade de capital tende a aumentar a lucratividade e o valor da empresa.

O WACC é a média ponderada dos custos dos diversos componentes de financiamento, incluindo dívida, patrimônio líquido e títulos, e é utilizado para financiar as necessidades financeiras da empresa. Cada uma das fontes de capital da empresa tem o seu custo particular, algumas têm até custo zero ou negativo. O custo médio de capitais que financiam a empresa é dado pela ponderação. O grande objetivo da empresa é alcançar, em sua estrutura de capital, o menor custo médio de todas as fontes. Para saber a média dos custos, é preciso ter em mãos os custos de cada uma das fontes e sua participação relativa.

A ideia transmitida pelo cálculo do WACC é intuitiva, ou seja, se um novo projeto é capaz de gerar lucro suficiente para pagar os juros da dívida contraída para financiá-lo, sendo ainda capaz de gerar uma taxa de retorno superior à esperada sobre o capital investido, o projeto é bom. A taxa de retorno superior ao retorno esperado nada mais é do que uma extrapolação da taxa de retorno exigida pelos acionistas.

É indispensável considerar uma particularidade na utilização do modelo WACC. No que tange à vinculação das ponderações e do valor de mercado das ações, os pesos atribuídos ao patrimônio líquido e à dívida no cálculo do custo médio ponderado do capital devem ser referenciados em valor de mercado, e não em valor contábil, pois o custo de capital utilizado para medir o custo de emissão de títulos de financiamentos de projetos é emitido no valor de mercado, não em valor contábil.

Exemplo: Baseado nos exemplos já apresentados no presente capítulo, calcular o WACC da empresa Maringá S/A. A empresa reteve R$ 100.000,00 de lucro no período que tem o mesmo custo de capital das ações ordinárias.

Fonte	Valor da fonte	Part. %	Custo %	WACC ou CMPC
Duplicatas Descontadas	120.000,00	1,02%	3,500%	0,0357
Empréstimos de Capital de Giro	30.000,00	0,25%	2,900%	0,0073
Empréstimos de Longo Prazo	800.000,00	6,78%	0,526%	0,0357
Emissão de Debêntures	5.250.000,00	44,49%	1,470%	0,6540
Ações Preferenciais	2.500.000,00	21,19%	0,746%	0,1581
Ações Ordinárias	3.000.000,00	25,42%	1,067%	0,2712
Lucros Retidos	100.000,00	0,85%	1,067%	0,2712
Totais	11.800.000,00	100,00%		1,4332

O WACC é obtido pela multiplicação dos custos de cada fonte de capital próprio e de terceiros onerosos pela sua respectiva participação percentual no total de capitais da empresa. Depois, deve-se somar todos os produtos dessas multiplicações e, assim, o custo médio ponderado de capital da empresa é de 1,4332% ao mês.

4.4 Custo Marginal Ponderado de Capital (CMgPC)

Conceitua-se o custo marginal ponderado de capital (CMgPC) como a variação no WACC após uma alteração em sua estrutura de financiamento. Isso ocorre porque a estrutura de capitais de uma empresa é dinâmica e pode ser alterada no decorrer do exercício.

Os custos de capital e retornos esperados mudam em função do volume de financiamentos contraídos pela empresa. Assim, o custo de capital de terceiros e do capital próprio é uma função do volume de recursos capitados, ou seja, à medida que os recursos capitados crescem há um aumento do WACC da empresa. Algumas empresas utilizam o lucro retido para financiar novos projetos porque é uma fonte barata de capital.

O cálculo do CMgPC permite aos executivos tomarem decisões de financiamento e de investimento simultâneos. Quando há aumento no montante de financiamento de uma modalidade, seus custos tendem a influenciar o WACC. Outro ponto importante é que o cálculo do CMgPC está associado ao custo da nova estrutura de financiamento. Isso garante que os gestores tenham uma base comparativa para a tomada de decisões.

4.5 Alavancagem de Capital

> **Conceito:**
> É o uso de ativos ou recursos com custo fixo a fim de aumentar os retornos dos proprietários da empresa.

As variações na alavancagem resultam em mudanças no nível de retorno e do risco da operação. Geralmente alterações na alavancagem ocasionam alterações no risco e retorno obtido.

Existem três tipos de alavancagem. A alavancagem operacional é demonstrada pela relação entre a receita de vendas e o LAJIR (lucro antes dos juros e imposto de renda). Já a alavancagem financeira é demonstrada pela relação entre o LAJIR e o LPA (lucro líquido por ação ordinária da empresa). Finalmente, a alavancagem total é a relação entre receita de vendas e o LPA.

4.5.1 Alavancagem Operacional

> **Conceito:**
> É definida como o uso potencial dos custos operacionais fixos para aumentar os efeitos das mudanças nas vendas sobre os lucros da empresa.

É determinada pela relação entre o faturamento e o LAJIR. É a relação proporcional entre os custos fixos e os custos variáveis de uma empresa, a alavancagem operacional só existe quando uma empresa possui despesas e custos fixos que precisam ser cobertos independentemente do volume de produção e vendas, ou seja, é uma referência para o gerenciamento dos gastos fixos da organização, pois quanto maior a incidência de gastos fixos com relação aos gastos variáveis, maior a possibilidade de alavancagem operacional.

Os custos operacionais fixos da empresa afetam significativamente a alavancagem operacional. Neste caso, pode-se definir que quanto maior for o custo fixo de uma empresa, maior é seu grau de alavancagem operacional. O grau de alavancagem operacional (GAO) é calculado por meio da variação percentual do LAJIR, dividido pela variação percentual das vendas.

4.5.2 Alavancagem Financeira

> **Conceito:**
> É a capacidade da empresa para usar encargos financeiros fixos a fim de maximizar os efeitos das variações do LAJIR sobre o LPA.

Refere-se à relação entre o LAJIR e o LPA da empresa. Nas empresas que não possuem financiamentos e empréstimos, os sócios são os donos dos valores na tesouraria. Nas empresas tipo sociedades anônimas que emitem debêntures e ações, o fluxo financeiro é destinado aos credores das debêntures e aos acionistas.

O resultado de uma alavancagem financeira é compreendido como o valor residual após os pagamentos das despesas de uma operação de captação de recursos por meio de um financiamento. Neste caso, quanto maior for o endividamento de uma empresa quanto à alavancagem financeira, maior deve ser o seu risco e o seu retorno. O grau de alavancagem financeira (GAF) é calculado por meio da variação percentual da LPA dividido pela variação percentual da LAJIR.

4.5.3 Alavancagem Total

> **Conceito:**
> A alavancagem total avalia o efeito combinado da alavancagem operacional e da alavancagem financeira com base no risco da organização, o enfoque utilizado é semelhante ao utilizado para apuração dos outros tipos de alavancagem.

A alavancagem total utiliza a base dos custos fixos, operacionais e financeiros para apurar as variações do faturamento sobre o lucro líquido por ação. Ela pode ser definida como o impacto total dos custos fixos presentes na estrutura operacional financeira. A alavancagem total é uma variável da alavancagem operacional e financeira, pois quanto maior for o grau de alavancagem operacional e financeira, maior será o grau de alavancagem total, e quanto menor for o grau de alavancagem operacional e financeira, menor será o grau de alavancagem total. O grau de alavancagem total (GAT) é multiplicativo e pode ser calculado por meio do grau de alavancagem operacional dividido pelo grau de alavancagem financeira.

Exemplo: A Empresa Umuarama Ltda. deseja estruturar seu DRE e calcular a Alavancagem Operacional, Financeira e Total para uma variação de 50% na produção a partir da base de 1.000 unidades com um preço unitário de venda de R$ 50,00. O Imposto de Renda, Contribuição Social e o Adicional de IR somam 35%.

Mão de Obra Direta – 13.000,00   Matéria-Prima 1 – 15.000,00

Aluguel da Fábrica – 4.600,00   Manutenção Preventiva – 310,00

Matéria-Prima 2 – 4.500,00   Despesas Financeiras – 300,00

Dividendos de Ações Preferenciais – 2.000,00

Cenários	-50%	Atual	+50%
Receita Total	25.000,00	50.000,00	75.000,00
Mão de Obra	-6.500,00	-13.000,00	-19.500,00
Matéria-Prima 1	-7.500,00	-15.000,00	-22.500,00
Matéria-Prima 2	-2.250,00	-4.500,00	-6.750,00
Margem de Contribuição	8.750,00	17.500,00	26.250,00
Aluguel de Fábrica	-4.600,00	-4.600,00	-4.600,00
Manutenção Preventiva	-310,00	-310,00	-310,00
Lucro antes dos Juros e IR (LAJIR)	3.840,00	12.590,00	21.340,00

% Alavancagem Operacional	-69,50%	Atual	69,50%
Despesas Financeiras	-300,00	-300,00	-300,00
Imposto de Renda	-1.239,00	-4.301,50	-7.364,00
Dividendos das Ações Preferenciais	-2.000,00	-2.000,00	-2.000,00
Lucro após Dividendos	301,00	5.988,50	11.676,00
Lucro por Ação (900 ações)	0,334	6,654	12,973
% Alavancagem Financeira	-94,97%	Atual	94,97%

Aplicando as fórmulas de alavancagem, obtêm-se os seguintes resultados, conforme quadro a seguir:

CÁLCULO DO GRAU DE ALAVANCAGEM

GAO = 69,50% / 50,00% = 1,39 – Para cada 1% de variação na Receita, há 1,39% de variação no LAJIR.

GAF = 94,97% / 69,50% = 1,37 – para cada 1% de variação no LAJIR há 1,37% de variação no LPA

GAT = 94,97% / 50,00% = 1,90 – para cada 1% de variação na receita, há 1,90% de variação no LPA

Assim, pode-se concluir que quanto maior o grau de alavancagem, maior o risco associado ao negócio. Se por um lado, em épocas de crescimento o lucro será mais que proporcional ao crescimento das vendas, em épocas de recessão, o prejuízo também será mais que proporcional à queda nas vendas.

Resumo do Capítulo

Uma empresa necessita sempre analisar e controlar a sua estrutura de capitais e os custos associados à sua captação. As fontes de financiamento da operação são diversas e se dividem em curto e longo prazo.

As principais fontes de financiamento de curto prazo são empréstimos de capital de giro, desconto de duplicatas, factoring de duplicatas, empréstimos com alienação de estoques, adiantamentos de exportação e empréstimos com certificado de armazenagem.

As principais fontes de financiamento de longo prazo são financiamentos, emissão de debêntures com e sem garantia, ações ordinárias e preferenciais, e lucros retidos.

O cálculo da alavancagem permite que a empresa saiba qual o impacto da variação das receitas nos resultados operacional e financeiro da empresa.

CAPÍTULO 5

ANÁLISE DE INVESTIMENTOS

COMPETÊNCIAS ORIENTADAS PARA O TRABALHO A SEREM DESENVOLVIDAS

- Compreender os fundamentos de Engenharia Econômica e sua aplicação mediante a utilização de técnicas e métodos.
- Calcular o fluxo de caixa de projetos, identificando cada componente em estudos de viabilidade econômico-financeiros.
- Estabelecer o investimento inicial (Capital Expenditure) e demonstrar sua inserção no fluxo de caixa de um projeto.
- Estruturar um fluxo de caixa de projeto, demonstrando as entradas, as saídas e o valor residual de caixa.
- Compreender o conceito de valor presente líquido e aplicar o método em cálculos de projetos de negócios.
- Descrever o conceito de taxa interna de retorno e aplicar o método em cálculos de projetos de negócios.
- Comparar os resultados de um projeto pela TIR e pelo VPL, apontando qual a melhor alternativa para análises técnicas.
- Interpretar o conceito de valor anual uniforme equivalente e aplicar o método em cálculos de projetos de negócios.
- Compreender o conceito de *payback* simples e descontado e aplicar o método em cálculos de projetos de negócios.
- Apontar os impactos da depreciação e dos impostos no cálculo da viabilidade econômico-financeira de um projeto.
- Estabelecer decisões gerenciais de produção e vendas utilizando os conceitos e técnicas de análise custo volume lucro.

5.1 Fluxo de Caixa de Projetos de Investimentos

O fluxo de caixa de projetos de investimentos é uma ferramenta financeira utilizada para se tomar decisões de investimentos de capital, que são os gastos realizados em ativos permanentes para a empresa, tais como construções civis, máquinas, equipamentos, softwares, etc. Tais investimentos necessitam de estudos financeiros de modo a garantir que haja um retorno atraente ao investimento realizado.

Assim, para se avaliar a viabilidade financeira das alternativas de investimentos de capital, deve-se estimar os fluxos de caixa do projeto, que correspondem ao desembolso inicial de caixa e as entradas subsequentes como retorno do investimento realizado.

O fluxo de caixa de um projeto representa os fluxos adicionais (entradas ou saídas) esperados como resultado de um novo investimento de capital. É válido lembrar que são utilizados os fluxos financeiros e não os registros contábeis para os cálculos, pois os primeiros influem diretamente na capacidade de a empresa pagar suas contas e adquirir ativos.

Principais Componentes do Fluxo de Caixa

Investimento inicial – é a saída incremental inicial de caixa que determina o início de um projeto.

Entradas de caixa operacionais – são as entradas incrementais periódicas de caixa após a dedução dos impostos que devem perdurar durante todo o projeto.

Valor residual – é a entrada de caixa após a dedução dos impostos no final do projeto, proveniente da venda de um ativo velho.

A elaboração de fluxos de caixa de projetos é feita diretamente no caso de um investimento novo em um bem de capital na expansão ou criação de uma nova unidade de negócios. Nesse caso, o investimento inicial, as entradas de caixa operacionais e o fluxo de caixa residual são calculados após o efeito do imposto de renda conforme quadro a seguir.

Quadro 5.1 ■ Fluxo de Caixa de Projeto de Expansão

Fluxo de Caixa de Projetos	Projeto de Crescimento Máquina Nova
Investimento Inicial	(13.750)
Ano x1	5.000
Ano x2	4.900
Ano x3	4.700
Ano x4	4.500
Ano x5	4.300
Valor Residual	1.700

No caso de fluxos de caixa de projetos de renovação, ou troca de uma máquina ou equipamento por outro novo, a empresa deve determinar as entradas e saídas de caixa adicionais que resultarão dessa substituição. O investimento inicial é calculado pela diferença entre o valor da compra do novo ativo e o valor líquido da venda do ativo velho, conforme o seguinte quadro.

Quadro 5.2 ■ Fluxo de Caixa de Projeto de Substituição

| Fluxo de Caixa de Projetos | Projeto de Renovação |||
	Máquina Nova	Máquina Velha	Fluxo de Caixa Adicional
Investimento Inicial	(12.000)	3.000	(9.000)
Ano x1	5.000	3.000	2.000
Ano x2	5.000	2.500	2.500

Quadro 5.2 ■ Fluxo de Caixa de Projeto de Substituição (*continuação*)

Fluxo de Caixa de Projetos	Projeto de Renovação		
	Máquina Nova	Máquina Velha	Fluxo de Caixa Adicional
Ano x3	5.000	2.000	3.000
Ano x4	5.000	1.500	3.500
Ano x5	5.000	1.000	4.000
Valor Residual	2.000	1.000	1.000

Neste caso, as entradas de caixa são calculadas pelo saldo agregado entre as entradas de caixa operacionais provenientes da operação da máquina nova e as entradas de caixa que eram obtidas com a máquina velha. O valor residual no final do projeto é calculado deduzindo os fluxos de caixa após o IR obtidos na venda da máquina nova comparada com a máquina velha.

5.2 Investimento Inicial (Capital Expenditure)

O investimento inicial é a saída de caixa que ocorre no início de um projeto, também conhecido como capital expenditure (capex). O capex refere-se ao desembolso de caixa que deve ser feito em um provável investimento de capital. Ele é calculado pelo saldo de todas as entradas e saídas que ocorrem no início do projeto. Os itens a serem considerados ao se determinar o investimento inicial relacionado a um projeto são:

- ✓ os custos de instalação do novo ativo comprado;
- ✓ o valor cobrado pela venda do ativo velho; e
- ✓ as alterações no capital circulante líquido, que representam um ganho adicional.

Quadro 5.3 ■ **Cálculo do Investimento Inicial**

Valor da Compra do Ativo Novo	-200.000
Custos de Instalação	-20.000
Custo do Novo Ativo Instalado	-220.000
Venda do Ativo Velho	50.000
Imposto de Renda	-10.000
Variação do Capital Circulante Líquido	-15.000
Investimento Inicial	-195.000

O custo do novo ativo instalado é obtido por meio da soma do seu valor de compra com os respectivos gastos de instalação. O custo do novo ativo é a saída líquida de caixa na sua compra. Geralmente se considera compra de uma máquina ou equipamento pelo seu valor real de compra a preço de mercado. Já os custos de instalação são gastos imprescindíveis para que a máquina ou equipamento esteja em condições de trabalhar. Assim, a empresa deve somar o valor de compra do ativo ao seu gasto de instalação para se calcular o valor a ser depreciado contabilmente ao longo do tempo.

5.3 Entradas Operacionais de Caixa

São os ganhos líquidos resultantes das atividades produtivas da empresa ou os resultados positivos provenientes de um investimento de capital de longo prazo. Esses ganhos ou resultados esperados de um investimento de capital são registrados nas entradas de caixa operacionais regulares do projeto de investimento.

As entradas de caixa devem ser calculadas após o imposto de renda. Caso haja duas ou mais propostas de investimentos de capital que sejam mutuamente excludentes, deve-se comparar e escolher a melhor alternativa de investimento. É importante que as projeções de entradas de caixa sejam consistentes e fundamentadas para se avaliar corretamente a melhor alternativa.

É importante lembrar que as entradas de caixa representam recursos financeiros disponíveis e não o lucro contábil. Para se converter o lucro líquido em fluxo de caixa operacional, adiciona-se a depreciação e a variação da necessidade de capital de giro conforme quadro a seguir.

Quadro 5.4 ■ Modelo Simplificado de Fluxo de Caixa

FLUXO DE CAIXA	Ano 1	Ano 2	Ano 3	Ano 4	Ano 5
Receitas Líquidas	2.520	2.520	2.520	2.520	2.520
(-) Custos de Produção e Despesas Operacionais	(2.300)	(2.210)	(1.930)	(2.200)	(2.300)
(=) LAJIR	220	310	590	320	220
(-) Depreciação	(50)	(50)	(50)	(50)	(50)
(=) LAIR	170	260	540	270	170
(-) Imposto de Renda e Contribuição Social	(58)	(88)	(184)	(92)	(58)
(=) Lucro Líquido	112	172	356	178	112
(+) Depreciação	50	50	50	50	50
(+/-) Variação da Necessidade de Capital de Giro	20	25	(22)	10	(15)
Entrada de Caixa Operacional	182	247	384	238	147

É importante lembrar que as entradas de caixa devem ser incrementais, ou seja, a diferença entre as entradas obtidas pelas máquinas e equipamentos antigos e as novas adquiridas no projeto em análise. O importante é justamente os ganhos adicionais proporcionados por um projeto, comparado com a situação atual.

5.4 Valor Residual de um Projeto

É resultante da venda de uma máquina ou um equipamento velho que não mais interessa para a produção da empresa. É a entrada de caixa adicional no final de um projeto após a dedução do imposto de renda (em caso de ganho de capital), além da entrada de caixa operacional regular do último ano do projeto. O valor residual deve sempre ser registrado, pois influencia diretamente os resultados de caixa de um projeto, uma vez que permite realizar a análise do investimento integralmente. Ele pode ser calculado conforme o seguinte esquema:

(+) Venda do ativo novo no final do projeto (deduzido a despesa com sua remoção)
(-) Imposto de renda sobre o ganho de capital

MENOS
(+) Venda do ativo velho no final do projeto (deduzido a despesa com sua remoção)
(-) Imposto de renda sobre o ganho de capital
(+/-) Variação da necessidade de capital de giro (NCG)

IGUAL
(=) Fluxo de Caixa (Valor) Residual

O valor recebido com a venda dos ativos velhos deve ser deduzido das despesas de remoção após a finalização do projeto. Para projetos de troca de máquinas e equipamentos, devem ser incluídos os valores recebidos com a venda dos ativos velhos e novos. Para expansão de uma empresa mediante a compra de novas máquinas, não há nenhum processo de venda do ativo velho, logo, não há valor a ser registrado.

O imposto de renda deve ser considerado na venda do ativo novo e do velho em projetos de substituição, e somente sobre o novo ativo em projetos de expansão. O cálculo do imposto de renda se aplica sempre que o ativo for vendido por um valor diferente de seu valor contábil. Se os recebimentos líquidos esperados pela venda de um ativo forem valores superiores ao seu valor contábil, há ganho de capital e pagamento de IR. Quando o recebimento líquido da venda de ativos velhos for menor que o seu valor contábil, gera-se um crédito de IR. Quando o preço de venda dos ativos velhos for igual ao seu valor contábil, não haverá incidência de IR.

A existência de novos investimentos promove alterações nas operações e na necessidade de capital de giro (NCG) da empresa, pois haverá pagamentos e recebimentos adicionais a prazo. Com a finalização do projeto, o capital de giro incremental não será mais necessário, podendo ser aplicado em outras atividades da empresa. Pode haver projetos onde não há alterações na NCG, quando direitos e obrigações se realizam em regime de caixa e à vista. O cálculo do valor residual obedece ao mesmo processo utilizado no investimento inicial.

5.5 Técnicas de Análise de Investimentos

As técnicas de análise de investimentos de capital são utilizadas pelas empresas para a seleção de projetos que irão gerar valor para suas operações. No exercício de sua profissão, os executivos da área financeira frequentemente se deparam com a escolha de alternativas que envolvem estudos econômicos e financeiros.

A escolha feita sem que o custo do capital seja considerado adequadamente pode levar a resultados errôneos. Somente um estudo econômico pode confirmar a viabilidade de projetos de forma tecnicamente correta. Nesse contexto, a Engenharia Econômica objetiva a análise econômica de decisões sobre investimentos. E tem aplicações bastante amplas, pois os projetos de investimentos poderão ser para pessoas físicas, empresas ou instituições governamentais.

Decisões estratégicas como executar o transporte de materiais manualmente, comprar uma empilhadeira ou adquirir um caminhão a prazo ou à vista são exemplos de problemas estudados em Engenharia Econômica.

5.6 Método do Valor Presente Líquido (VPL)

É uma técnica estruturada de análise de orçamentos de capital. Pode ser conceituado também como um método determinístico de análise de investimentos cujo objetivo é somar as entradas operacionais do fluxo de caixa de um projeto ao seu investimento inicial (capex), utilizando uma taxa mínima de atratividade (TMA) para descontá-los financeiramente ao seu valor presente. Sua fórmula básica é:

$$VPL = -I + \sum_{j=0}^{n} FV_j \times \frac{1}{(1+i)^j}$$

Segundo esse método, um projeto é viável se apresentar VPL positivo. No caso de dois ou mais projetos alternativos, escolhe-se aquele que tiver maior valor. O VPL é considerado o principal método para analisar projetos de investimentos, pois sua utilização efetiva para a tomada de decisões gerenciais permite atingir a principal meta do executivo financeiro, que é a geração de valor para o acionista.

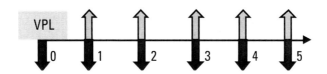

Pelo método VPL, quando o valor calculado é zero, os fluxos de caixa do projeto são suficientes somente para a recuperação do capital investido, apenas igualando a taxa de retorno mínima exigida. Se o VPL for positivo, significa que o projeto proporciona um saldo de caixa suficiente para financiar os gastos e gerar um retorno maior que o mínimo exigido pela empresa.

O método VPL é utilizado geralmente para análise de investimentos de capital únicos e de curto prazo, ou que tenham poucos períodos, desde que o valor anual não seja tão relevante para o processo de decisão. O VPL realiza o cálculo do valor presente das entradas de caixa incrementais do projeto descontadas pelo custo de capital do investimento. Ela evidencia o ganho líquido do projeto apresentando um resultado concreto da relação custo *x* benefício de um projeto.

No caso de seleção de projetos, em primeiro lugar aceita-se todos aqueles que têm VPL maior que zero, pois nesses a empresa obterá um retorno financeiro maior que o custo do capital. Todos os projetos com VPL negativos devem ser excluídos. Finalmente, se for necessário escolher somente um projeto entre muitos, escolhe-se aquele com maior VPL entre todas as alternativas apresentadas.

Exemplo: Uma empresa estuda a instalação de um gerador de eletricidade. Sem o gerador, atualmente o custo da empresa com eletricidade é de $ 280.000 anuais. O gerador necessita um investimento inicial de $ 1.400.000 com custo mensal de $ 79.000 de combustível e manutenção. Sua TMA é de 10% e a vida útil do gerador é de 10 anos. Verificar a viabilidade do projeto.

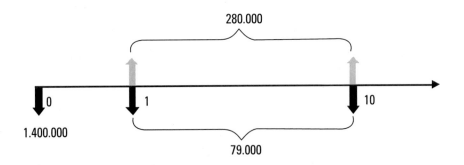

Utilizando a calculadora HP-12C:
Cfo = 1.400.000
Cfj = 280.000 – 79.000 = 201.000
nj = 10 anos
i = 10%
NPV = –164.942,01   Resposta: O projeto não é viável, pois o VPL é menor que zero (R$ 164.942,01).

5.7 Método da Taxa Interna de Retorno (TIR)

O método TIR apresenta o ganho financeiro de um projeto em termos percentuais por período. Ele representa a taxa de retorno obtida pelo VPL das entradas de caixa e do valor residual comparando-se ao investimento inicial de um projeto. Por outra abordagem, é a taxa de desconto que faz com que o VPL de um projeto seja zero ao alinhar o valor presente das entradas de caixa ao investimento inicial. Sua formulação matemática é:

$$VPL = 0 \Rightarrow I = \sum_{j=0}^{n} FV_j \times \frac{1}{(1+TIR)^j}$$

A TIR é o saldo financeiro em termos percentuais que se obtém ao investir em um determinado projeto. É um índice percentual, ou seja, uma TIR de 10% significa que obteve 10% de ganho financeiro a cada período de tempo determinado sobre o investimento realizado em um projeto. Se a TIR for maior que o custo de capital, o projeto é aceito. Se for menor, rejeita-se o projeto. Esse critério permite que a empresa obtenha pelo menos o custo de capital desejado como retorno do investimento realizado.

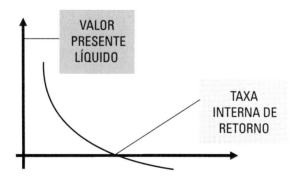

O método TIR permite ao executivo financeiro analisar se o retorno do projeto de investimento em termos percentuais é compatível com a expectativa dos acionistas. Quando os projetos apresentam TIR elevada, é muito provável que os projetos sejam prontamente aprovados. Caso contrário, eles serão rejeitados imediatamente. Muitas empresas adotam políticas rígidas para aprovação de projetos, pois em um ambiente de recursos financeiros limitados, somente os casos com ganho financeiro real serão considerados prioritários e executados. Assim, a TIR é um valioso instrumento de avaliação financeira que permite decidir em termos quantitativos a viabilidade ou não de um projeto.

Exemplo: A Empresa Araucária Ltda. deseja lançar um produto, cuja demanda projetada é de 30.000 unidades e seu preço unitário R$ 10,00. O novo produto aumentaria os custos nos equipamentos existentes em R$ 4.000,00 anualmente e necessitaria de um investimento em equipamentos novos de R$ 300.000,00 com vida útil de 5 anos. O valor residual após este período seria de R$ 20.000,00 e o custo de manutenção de R$ 10.000,00 anuais. A mão de obra e a matéria-prima seriam de R$ 4,00 e R$ 3,00 respectivamente. Outros custos anuais representam 3% do investimento inicial. Se a TMA é de 10% ao ano, o novo produto deve ser lançado?

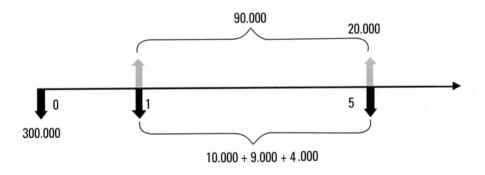

Utilizando a calculadora HP-12C:
CFo = –300.000
CFj = 90.000 – 10.000 – 4.000 – 9.000 = 67.000
Nj = 5 anos
IRR= 3,8%   Resposta: O projeto não é viável, pois a TIR é menor que a TMA (3,8% < 10%).

5.8 Análise Comparativa Entre os Métodos VPL e TIR

Os métodos de análise de investimentos VPL e TIR têm como objetivo avaliar e selecionar alternativas diferentes de projetos de investimentos, em decorrência das projeções de fluxo de caixa. Assim, os resultados estimados do fluxos de caixa determinarão se os projetos serão aprovados ou excluídos de acordo com o cálculo do VPL e da TIR.

O cálculo do VPL depende fundamentalmente do custo de capital ou da taxa mínima de atratividade (TMA). Já a TIR é uma taxa de retorno financeiro por si só. Portanto, os métodos VPL e TIR podem gerar resultados diferentes ao se comparar dois projetos. Como consequência, um projeto aprovado com VPL positivo pode ter uma TIR menor que a TMA, e assim ser considerado não vantajoso.

A TIR e o VPL podem apresentar resultados conflitantes devido à magnitude e o tempo de duração do projeto, ou seja, as divergências de resultados são provenientes das diferenças na grandeza e no timing dos fluxos de caixa. Porém, vários outros fatores explicam as divergências como a possibilidade de reinvestimento das entradas de caixa que ocorrem antes do fim do projeto.

Pelo método VPL, as entradas de caixa são reinvestidas baseadas em uma taxa mínima de atratividade equivalente ao custo de capital da empresa. Já a TIR pressupõe que a taxa de reinvestimento é a própria TIR. Nesse caso, é vital que a TMA seja somada à taxa de risco para o cálculo do VPL.

Em relação ao método TIR, é importante executar uma revisão periódica quando o resultado projetar taxas de retorno muito elevadas, pois a possibilidade de esse resultado ser sustentável a longo prazo é bem improvável, devido à conjuntura econômica. Assim, recomenda-se a revisão periódica dos termos do fluxo de caixa projetado alinhando os resultados com base conservadora, de modo a mitigar riscos financeiros. Neste caso, deve-se analisar os resultados dos projetos passados da empresa e as perspectivas reais de negócios no futuro, para se entender se novos investimentos poderão ter a mesma taxa de retorno.

Sob o ponto de vista técnico, o melhor método para a análise de investimentos é o VPL, pois está fundamentado no fato de que as entradas operacionais de caixa durante o projeto são reinvestidas tomando-se como base o custo de capital da empresa. Em contrapartida, o método TIR está fundamentado no fato de que os reinvestimentos são realizados tomando como base uma taxa de retorno projetada com expectativas atuais sobre o futuro. É importante lembrar que a TIR é somente uma boa projeção da taxa de retorno futura que a empresa pode obter sobre suas entradas de caixa se tudo correr dentro das previsões. Assim, tecnicamente, o método VPL trabalha com uma taxa mais conservadora baseada em seu custo de capital (a TMA), o que torna o processo mais seguro e provável de acontecer.

No mercado financeiro, alguns executivos utilizam o método TIR pela sua facilidade ao ser comparado com as taxas de juros, rentabilidade de títulos e índices de lucratividade de empresas divulgadas pela mídia especializada. Neste caso, a TIR é sem dúvida o método indicado, pois o método VPL não apresenta uma base de comparação adequada.

5.9 Método Payback Time

O *Payback Time* é um método de análise de investimentos baseado no tempo de retorno de cada projeto. Ele realiza o cálculo do período de tempo do retorno financeiro do um projeto de investimento, tomando como base o capex e as entradas de caixa. O *payback* nos moldes clássicos é uma técnica básica de orçamento de capital que não considera o valor do dinheiro no tempo. Se o tempo de *payback* for menor que o máximo determinado pela empresa para que haja retorno financeiro satisfatório, o projeto é executado. Se o tempo de *payback* projetado for maior, o projeto é recusado.

A utilização do *payback* é muito difundida em pequenas e médias empresas devido à sua facilidade de entendimento e cálculo, sendo praticável mesmo por executivos não muito experientes em finanças. O *payback* também serve para analisar a gestão de riscos de um projeto, pois quanto mais tempo a empresa necessitar para obter o retorno do capital investido, maior a probabilidade de ocorrência de eventos que possam acarretar redução do retorno financeiro esperado. Assim, quanto menor o tempo de *payback*, menor o grau de risco direto do projeto.

O *payback* também pode complementar as análises de investimentos realizadas pelos métodos TIR e VPL, sendo mais um parâmetro importante de decisão gerencial.

O ponto fraco principal do *payback* é sua impossibilidade de se determinar o período exato de tempo para se chegar ao retorno financeiro necessário dos projetos, por não trabalhar com fluxos de caixa descontados ao valor presente. Assim, não se pode avaliar a geração real de saldo de caixa atualizado financeiramente e o retorno efetivo para a empresa.

Outro ponto fraco é que o método não detalha ou analisa as entradas de fluxos de caixa e o valor residual que ocorrem após a marcação do período de *payback*. Esses valores podem ser relevantes e podem determinar diversas linhas de decisões gerenciais vitais.

Dessa maneira, o método *payback* é a justa medição do tempo de retorno de um projeto comparado com o tempo máximo aceitável pela empresa. Neste momento, o fluxo de caixa do projeto tem saldo igual a zero, pois todas as entradas de caixa cobrem o investimento inicial.

5.9.1 Payback Descontado

O *payback* descontado é um aperfeiçoamento do *payback* tradicional, em que os fluxos de caixa recebem tratamento financeiro e são descontados a uma taxa de retorno financeira para se descobrir o seu valor presente. Assim, evitam-se as distorções com a questão do valor do dinheiro no tempo e a qualidade dos resultados e a tomada de decisão são sensivelmente aumentadas.

Mesmo em períodos onde a economia sinaliza baixas taxas de inflação e de juros no mercado financeiro, o dinheiro não permanece com o mesmo poder de compra ao longo do tempo. Assim, o *payback* descontado mede o tempo necessário para que as entradas de caixa sejam descontadas a uma taxa de retorno financeiro para se calcular o valor presente e se igualar ao investimento inicial. A taxa de retorno utilizada pode ser o custo de capital da empresa, utilizada como taxa mínima de atratividade, somada a uma taxa de risco.

Exemplo: A Empresa Bons Tempos Ltda. apresenta dois projetos de fluxo de caixa e vida útil de 7 anos. Sendo a TMA de 14% ao período, calcule o *Payback Time* simples e o descontado das alternativas e indique a melhor.

	PROJETO A				PROJETO B			
No.	PB Simples	Saldo	PB Descontado	Saldo	PB Simples	Saldo	PB Descontado	Saldo
0	(820,00)	(820,00)	(820,00)	(820,00)	−820	(820,00)	(820,00)	(820,00)
1	150,00	(670,00)	131,58	(688,42)	180	(640,00)	157,89	(662,11)
2	170,00	(500,00)	130,81	(557,61)	180	(460,00)	138,50	(523,61)
3	190,00	(310,00)	128,24	(429,37)	180	(280,00)	121,49	(402,12)
4	210,00	(100,00)	124,34	(305,03)	180	(100,00)	106,57	(295,55)
5	210,00	110,00	109,07	(195,96)	180	80,00	93,49	(202,06)
6	210,00	320,00	95,67	(100,29)	180	260,00	82,01	(120,05)
7	210,00	530,00	83,92	(16,37)	180	440,00	71,94	(48,11)

Ambos os projetos atingem o *payback time* simples no 5º período, porém nenhum deles apresenta valor positivo durante a vida útil pelo *payback* descontado. Isso demonstra a importância do valor do dinheiro no tempo para o *payback* que pode determinar ou não a viabilidade de um projeto.

5.10 Método do Valor (Custo) Anual Uniforme Equivalente (VAUE/CAUE)

O método Valor Anual Uniforme Equivalente (VAUE) permite a determinação exata de um resultado fundamentada na recuperação do capital investido ao longo do tempo. O método procura calcular uma série uniforme anual equivalente do fluxo de caixa do projeto de investimento descontado a uma TMA estipulada. É um aperfeiçoamento do método VPL, pois seu objetivo final é apresentar o ganho líquido anual que um projeto de investimento poderá gerar ao longo de toda sua duração. É direcionado para análise de projetos de longo prazo e para comparação e seleção de alternativas de projetos com durações diferentes. Sua fórmula básica é:

$$VAUE = VPL \times \frac{(1+i)^n \times i}{(1+i)^n - 1}$$

O VAUE permite comparar dois ou mais projetos de investimentos de capital, tomando como base o retorno periódico ou anualizado que cada alternativa oferece. Escolhe-se o projeto com maior retorno periódico ou anual, conforme figura a seguir.

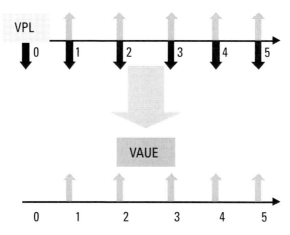

Figura 5.1 ■ Processo de Cálculo do VAUE

O método VAUE proporciona ao executivo financeiro o cálculo do momento ideal para a troca de uma máquina ou equipamento, pois a análise do investimento pressupõe que quanto mais longa for a duração de um projeto de investimento, menor será o seu custo, pois as saídas de caixa serão diluídas por um período de tempo maior.

Contudo, os custos operacionais com manutenção de máquinas velhas são crescentes. Assim, a vida útil de um projeto de investimento se encerra quando o custo operacional se tornar inviável.

Se o VAUE for maior que zero, o projeto de investimento é viável. No caso de comparação de projetos de investimentos alternativos, o melhor projeto é aquele que tiver maior VAUE, pois isso evidencia que ele gera maior saldo positivo de caixa a cada período ou anualmente ao longo de sua duração.

O método VAUE é direcionado para estudos comparativos entre projetos de investimentos com duração diferente. Quando os projetos possuem vidas úteis iguais, o VAUE sempre confirmará o mesmo resultado financeiro do método VPL. Neste caso, os projetos de investimento de capital são tratados como substituição de ativos, significando que, após o fim do seu fluxo de caixa, o ativo será substituído e um novo fluxo de caixa será iniciado, pois o foco é avaliar o ganho líquido periódico ou anual e não o ganho líquido total no final do projeto.

Semelhantemente ao método VPL, para se calcular o VAUE é necessário obter informações precisas sobre o capex, o valor residual de venda do ativo velho, a duração do projeto, os custos operacionais e o custo de capital da empresa.

Exemplo: A Indústria Campo Largo Ltda. apresenta os projetos A e B. Dada a TMA de 10% a.a., calcule qual a melhor alternativa.

Item	Projeto A	Projeto B
Custo Inicial	40.000,00	50.000,00
Vida Útil	8 anos	12 anos
Valor Residual	12.000,00	10.000,00
Receitas Líq. Anuais	7.000,00	9.000,00

Análise de investimentos 153

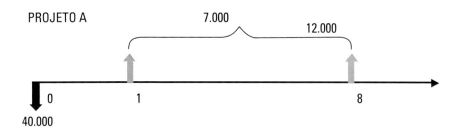

Utilizando a HP 12-C

i – 10%
CFo = –40.000
CFj = 7.000
Nj = 7
CFj = 19.000
NPV = 2.942,57

PV = 2.942,57
N = 8
i = 10%
PMT = 551,57
O projeto A apresenta um valor anual uniforme equivalente de R$ 551,57.

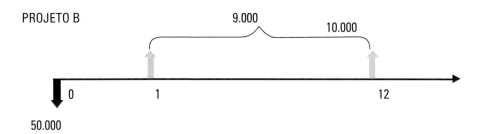

Utilizando a HP 12-C
i – 10%
CFo = –50.000
CFj = 9.000
Nj = 11
CFj = 19.000
NPV = 14.509,54

PV = 14.509,54
N = 12
i = 10%
PMT = 2.129,47
O projeto B apresenta um valor anual uniforme equivalente de R$ 2.129,47. Desta maneira, o projeto B é melhor do que o A.

5.11 Índice Benefício Custo (IBC)

É uma técnica de análise de investimentos que indica a alternativa que maximiza o retorno pela unidade de valor investido. Assim como o VAUE, o IBC é utilizado para comparar alternativas com investimentos diferentes e vida útil diferentes também.

Nesse método, o importante é maximizar a geração de entradas líquidas de caixa com o menor investimento possível em dado período de tempo determinado pelo projeto. Quanto maior for o valor presente das receitas líquidas (ganhos) e menor for o valor presente do investimento feito, mais favorável será o IBC do projeto.

> IBC = VALOR PRESENTE DAS RECEITAS LÍQUIDAS / VALOR PRESENTE DO INVESTIMENTO

Se o IBC for maior que 1, o projeto é vantajoso. Caso o IBC seja menor que 1, o projeto é desvantajoso. Um IBC maior que 1 demonstra que para cada R$ 1,00 investido na operação da empresa há de fato um retorno positivo.

5.12 Influência da Depreciação e do Imposto de Renda (IR)

O estudo do impacto da depreciação e do IR na análise de investimentos se aplica no Brasil em empresas enquadradas no regime de tributação do lucro real. Para isso, as empresas devem formalizar e registrar seu contrato social, onde é descrita a finalidade de sua constituição, o qual apresenta a relação de atividades que serão exercidas e que determinarão o enquadramento da empresa perante suas obrigações com as autoridades federais, estaduais e municipais para fins de tributação. No caso do lucro real, as despesas com depreciação são consideradas custos ou despesas, sendo passíveis de dedução do lucro apurado no exercício. Com isso, a empresa paga efetivamente menos imposto de renda e contribuição social.

A depreciação é contabilmente definida como o gasto equivalente ao desgaste de uma determinada máquina, equipamento ou imóvel, seja por deterioração ou desgaste. Como custo ou despesa, a depreciação pode ser abatida das receitas, diminuindo o lucro tributável e, consequentemente, o IR, que possui efeito direto no fluxo de caixa.

Por isso, o estudo da influência da depreciação em relação ao imposto de renda e o seu impacto no fluxo de caixa se torna importante. A depreciação não apresenta saída de caixa, porém reduz o lucro e, por sua vez, o imposto de renda a pagar. Isso ocorre por que para a análise de investimentos de projetos, o foco é o saldo de caixa após o pagamento dos impostos.

Assim, projetos viáveis podem se tornar impraticáveis após a inclusão de impostos e depreciação. A existência de impostos altera substancialmente a perspectiva de rentabilidade e pode influenciar significativamente a decisão final da implantação do projeto.

A depreciação real é a decréscimo gradativo do valor de uma máquina, equipamento ou imóvel resultante do seu desgaste efetivo pelo uso, pela ação da natureza ou obsolescência normal. A depreciação também é a dedução constante do valor contábil do mesmo ativo devido ao prazo decorrido desde a sua compra até o seu tempo de utilização final.

O tempo de vida útil real de um bem é geralmente maior que o tempo de depreciação contábil linear. O valor contábil de uma máquina ou equipamento é igual ao seu valor histórico de compra deduzida das parcelas de depreciações anuais.

Se um bem for vendido por um valor acima do seu valor contábil, essa diferença será contabilizada com lucro e haverá pagamento de imposto de renda sobre um ganho de capital. Se o equipamento for vendido por um valor inferior ao seu valor contábil, registra-se uma perda que diminuirá o lucro tributável. A venda de um ativo permanente não deve fazer parte dos resultados da empresa, somente o ganho ou perda de capital.

É importante mencionar que, quando uma empresa compra uma máquina usada de outra empresa, será iniciado um novo processo de depreciação sobre este equipamento, mesmo que ele já tenha sido totalmente depreciado na empresa vendedora.

Exercício: Uma companhia está estudando a compra de uma frota de caminhões por R$ 18 milhões. Espera-se receitas de fretes da ordem de R$ 8 milhões/ano e custo operacional de R$ 4 milhões/ano. A vida útil da frota está estimada em 8 anos, no fim dos quais o valor residual será de R$ 3 milhões. Supondo que a vida útil legal é de 5 anos, a alíquota de IR igual a 35% e a TMA de 13% a.a. Calcule o VPL dos fluxos de caixa antes e depois do IR.

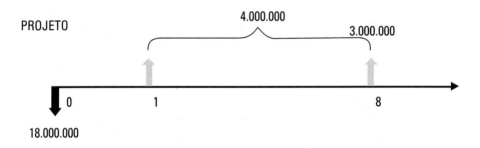

Ano	Fluxo antes do IR	IR + CSLL + Adicional IR	Fluxo depois do IR
0	-18.000.000	-	-18.000.000
1	4.000.000	1.400.000	2.600.000
2	4.000.000	1.400.000	2.600.000
3	4.000.000	1.400.000	2.600.000
4	4.000.000	1.400.000	2.600.000
5	4.000.000	1.400.000	2.600.000
6	4.000.000	1.400.000	2.600.000
7	4.000.000	1.400.000	2.600.000
8	7.000.000	2.450.000	4.550.000

Utilizando a HP 12-C

i – 13%
CFo = –18.000.000
CFj = 4.000.000
Nj = 7
CFj = 7.000.000
NPV = 2.323.560,76   O projeto apresenta um valor presente líquido de R$ 2.323.560,76 antes do IR.

i – 13%
CFo = –18.000.000
CFj = 2.600.000
Nj = 7
CFj = 4.550.000
NPV = –4.789.685,50   O projeto apresenta um valor presente líquido de – R$ 4.789.685,50 depois do IR.

Assim, constata-se que um projeto analisado antes do impacto do IR + CSLL + Adicional pode ter um resultado completamente diferente após sua dedução. Portanto, é essencial que a análise de investimentos seja muito criteriosa e atenta quanto ao impacto dos tributos sobre os resultados de cada projeto.

Resumo do Capítulo

Os principais componentes de um fluxo de caixa de análise de projetos de investimentos de capital são compostos pelo investimento inicial, as entradas de caixa operacionais e o valor residual.

Os métodos mais importantes de análise de investimentos são o Valor Presente Líquido (VPL), a Taxa Interna de Retorno (TIR), o Payback, o Valor Anual Uniforme Equivalente (VAUE) e o Índice Benefício Custo (IBC)

O impacto da depreciação e seu reflexo no imposto de renda devem ser considerados na análise de investimentos, pois podem alterar decisivamente os resultados obtidos.

CAPÍTULO 6

ANÁLISE DE DEMONSTRAÇÕES FINANCEIRAS

COMPETÊNCIAS ORIENTADAS PARA O TRABALHO A SEREM DESENVOLVIDAS

- Analisar e interpretar os resultados financeiros e econômicos utilizando a análise vertical e horizontal e os índices de rentabilidade, atividade, endividamento e liquidez da empresa.
- Diagnosticar a situação financeira, econômica e patrimonial da empresa, emitindo um parecer sobre sua capacidade de geração de resultados.
- Compreender os fundamentos e práticas financeiras atuais utilizando o Modelo Dinâmico de Michel Fleuriet para Análise de Demonstrativos Financeiros.
- Calcular a Necessidade de Capital de Giro e diagnosticar a situação financeira atual da empresa.
- Associar o Prazo Médio de Pagamento ao Prazo Médio de Recebimentos para constatar se há equilíbrio entre a política de crédito e a política de compras da empresa, garantindo um saldo de caixa apropriado.
- Apontar o valor do Capital de Giro da empresa e verificar sua adequação as necessidades financeiras de curto prazo.
- Analisar o valor da Tesouraria e apontar estratégias financeiras de curto prazo para garantir um saldo de caixa adequado para as operações da empresa.

A análise de demonstrações financeiras é uma das principais funções dos executivos que trabalham na área. Dela surge um diagnóstico preciso da situação econômico-financeiro da empresa, utilizando diversos indicadores importantes para se entender as relações de causa e efeito das decisões tomadas pela Alta Administração em determinado exercício.

6.1 Análise do Relatório da Administração aos Acionistas

Para garantir transparência e o claro entendimento das demonstrações financeiras, as S/As são obrigadas a fornecer um relatório anual aos seus acionistas. Esse relatório deve sintetizar e registrar as atividades financeiras da empresa a cada exercício concluído.

Geralmente ela se inicia com uma mensagem do presidente ou do conselho de administração para os acionistas e esta vem acompanhada das principais demonstrações financeiras de resultados. A mensagem também evidencia a filosofia, as estratégias e a gestão dos executivos, bem como os planos para o ano seguinte e seus possíveis impactos nos resultados financeiros.

6.2 Técnicas de Análise de Balanços

Originada em Instituições Financeiras, a análise de balanços surgiu como pré-requisito para tomadores de empréstimos. Na época do seu surgimento, os dados eram analisados superficialmente e as ideias eram vagas. A análise de balanços ganhou importância e evoluiu quando se tornou obrigatória para qualquer concessão de crédito.

A Análise de Balanços tradicional ocupa-se em analisar o passado da empresa, visto que as demonstrações financeiras baseiam-se em dados já realizados. Esse fato provém da ideia de que, analisando o passado, pode-se interferir no futuro da empresa.

O executivo financeiro utiliza as demonstrações financeiras para extrair informações. Essas informações geradas relatarão o endividamento, a liquidez, a tesouraria, a necessidade de capital, a evolução de cada conta contábil de uma empresa.

Os relatórios de análise de balanços devem ser compreensíveis para todos os colaboradores da empresa, de modo a ajudar o maior número possível de executivos da empresa a tomar decisões tanto estratégicas quanto operacionais.

6.3 Métodos Estáticos

O entendimento das variações da riqueza realizada na comparação de dois inventários em momentos distintos evidencia a importância da Análise de Demonstrações Financeiras ou Análise de Balanços. Algumas das mais importantes atividades da empresa, tais como o controle das operações a prazo de compra e venda de mercadorias, a avaliação gerencial da eficiência administrativa, a comparação do desempenho com os concorrentes, o processo de otimização da situação econômico-financeira, etc., vem consolidar a necessidade imperiosa da Análise de Demonstrações Financeiras. As atuais técnicas de demonstrações financeiras são:

- ✓ Análise por Indicadores financeiros e econômicos.
- ✓ Análise Horizontal e Vertical.
- ✓ Análise Dinâmica.

6.3.1 Análise Vertical (AV)

O primeiro propósito da AV é mostrar a participação relativa de cada item de uma demonstração financeira em relação a determinado total referencial. Para se calcular os percentuais da coluna da Análise Vertical (AV), divide-se o valor de determinada rubrica que queremos calcular pelo valor base e multiplicamos por 100. O valor base do BP é o Ativo e o Passivo Total e no DRE é a Receita Líquida de Vendas.

AV = Conta Contábil x 100
      Total do Grupo de Contas

6.3.2 Análise Horizontal (AH)

O propósito da Análise Horizontal (AH) é permitir o exame da evolução histórica de uma série de valores. Na AH tomamos o 1º exercício como base 100 e estabelecemos a evolução dos demais exercícios comparativamente a essa base inicial. Para calcular os demais exercícios, utilizamos a seguinte fórmula:

AH = Conta Contábil ano X2 x 100
      Conta Contábil ano X1

6.3.3 Índice de Endividamento ou de Estrutura de Capital

Os índices que evidenciam a situação financeira são Estrutura de Capitais e Liquidez, e o que evidencia a situação econômica é o Índice de Rentabilidade. Os índices de estrutura de capital apresentam a participação do capital de terceiros em relação ao total de ativos, ao capital dos sócios e também uma comparação entre o total de ativos e o patrimônio líquido (PL).

Uma grande participação do capital de terceiros na empresa não é um indicador favorável, pois significa um alto nível de endividamento. Valores altos no ativo permanente da empresa também não são bem vistos, pois significa baixa capacidade de a empresa realizar caixa rapidamente. Seus principais indicadores são:

    ✓ Endividamento Geral – demonstra qual é a participação de capitais de terceiros no total da empresa.

- ✓ Participação de Capital de Terceiros – relaciona o total de capital de terceiros com o capital dos sócios.
- ✓ Imobilização do Patrimônio Líquido – é a porcentagem do capital próprio comprometido com ativos permanentes.
- ✓ Capital Circulante Líquido (CCL) – demonstra o saldo entre ativo e passivo circulante.
- ✓ Capitalização – avalia se a empresa possui recursos próprios suficientes para sua segurança financeira.

As fórmulas aplicadas são demonstradas no quadro a seguir:

Quadro 6.1 ■ Índices de Endividamento ou da Estrutura de Capital

Endividamento Geral %	(Capital de Terceiros x 100) / Ativo Total
Participação de Capital de Terceiros %	(Capital de Terceiros x 100) / Patrimônio Liquido
Imobilização do Patrimônio Líquido %	(Ativo Permanente x 100) / Patrimônio Líquido
CAPITAL CIRC. LÍQUIDO (CCL)	CCL = Ativo Circulante – Passivo Circulante
Capitalização	Patrimônio Líquido/ Ativo Total + Duplicatas Descontadas

6.3.4 Índices de Liquidez

A liquidez é definida como a capacidade de a empresa honrar seus compromissos financeiros. Os índices de liquidez apresentam as relações entre ativo e passivo da empresa, permitindo avaliar a capacidade da empresa de liquidar seus compromissos de mesmo horizonte de tempo. Quanto maior, o índice é considerado melhor. Um índice acima de um significa que os ativos superam os passivos, o que é positivo.

Cabe à área financeira harmonizar as entradas e saídas de caixa, evitando um saldo negativo na tesouraria que não possa ser financiado:

isso é falta de liquidez. Um dos principais desafios do executivo de finanças é controlar a liquidez da empresa. A análise financeira da liquidez permite avaliar a eficiência da gestão e sua capacidade de cumprir seus compromissos. Sendo seus principais indicadores:

- ✓ Geral – mostra a capacidade de pagamento da empresa a longo prazo;
- ✓ Imediato – demonstra a capacidade de pagamento no curtíssimo prazo;
- ✓ Corrente – demonstra a capacidade de pagamento da empresa a curto prazo; e
- ✓ Seca – evidencia a capacidade da empresa em honrar suas dívidas, sem a utilização de estoques.

As fórmulas aplicadas no cálculo dos índices de liquidez são demonstradas no quadro a seguir.

Quadro 6.2 ■ Índices de Liquidez

Liquidez Geral	(Ativo Circulante+Ativo não Circulante) / (Passivo Circulante+Passivo não Circulante)
Liquidez Imediata	Disponível + Aplicação Financeira / Passivo Circulante
Liquidez Corrente	Ativo Circulante / Passivo Circulante
Liquidez Seca	(Ativo Circulante-Estoques) / Passivo Circulante

6.3.5 Índices de Atividades

Os índices de atividade, por sua vez, permitem mensurar a velocidade dos negócios da empresa. Um prazo médio de cobrança alta e um prazo médio de pagamento baixo são desfavoráveis à empresa e podem gerar falta de caixa. Quanto maior o giro e menor o prazo médio de estoques, melhor para a empresa, pois evidencia fluxo de fundos em constante movimentação e não parado. Os principais indicadores são:

- ✓ Prazo Médio de Renovação de Estoques (PMRE) – apresenta o número de dias em média no qual se efetua a renovação dos estoques;
- ✓ Prazo Médio de Cobrança (PMC) – evidencia o número de dias em média no qual se efetua a cobrança dos clientes;
- ✓ Prazo Médio de Pagamentos (PMP) – demonstra o número de dias em média no qual se efetuam os pagamentos aos fornecedores da empresa;
- ✓ Índice de Produtividade Operacional (IPO) – avalia a relação entre as receitas e o ativo permanente da empresa para verificar a efetividade da tecnologia aplicada na produção; e
- ✓ Índice de Produtividade Geral (IPG) – estima a efetividade da utilização dos ativos da empresa na geração de receitas.

As fórmulas aplicadas no cálculo dos índices de atividade são demonstradas no quadro a seguir.

Quadro 6.3 ■ Índices de Atividade

Prazo Médio de Renovação de Estoques (em dias)	(Estoques Médios x 360) / CPV
Prazo Médio de Cobrança (em dias)	(Clientes Médios x 360) / Receita Líquida
Prazo Médio de Pagamento (em dias)	(Fornecedores Médios x 360) / Compras (CPV + EF – EI)
Índice de Produtividade Operacional (IPO)	Receita Bruta / (Ativo Permanente – Investimentos)
Índice de Produtividade Geral (IPG)	Receita Bruta / (Total Ativo + Duplicatas Descontadas – Investimentos)

6.3.6 Índices de Rentabilidade

Os índices de rentabilidade permitem avaliar a relação entre o lucro da empresa e o investimento realizado pelos sócios, a receita do período e os ativos da empresa. Quanto maior esse índice, melhor para a empresa. Os principais índices de rentabilidade são:

- ✓ Giro do Ativo – expressa o número de vezes que as vendas representam em relação ao ativo total da empresa;
- ✓ Margem Líquida – representa o ganho líquido porcentual sobre as vendas líquidas;
- ✓ Rentabilidade do Ativo – procura demonstrar a representatividade do lucro líquido em relação ao ativo total;
- ✓ Rentabilidade do PL – procura demonstrar a representatividade do lucro líquido em relação ao PL; e
- ✓ Índice de crescimento das receitas – avalia o dinamismo da empresa, verifica se ela está crescendo, se está estagnada, se está em decadência ou se está retraindo estrategicamente. Quanto maior o índice, melhor a situação da empresa.

As fórmulas aplicadas no cálculo dos índices de rentabilidade são demonstradas no quadro a seguir.

Quadro 6.4 Índices de Rentabilidade

Giro do Ativo	Receita Líquida / Ativo Total Médio
Margem Líquida	(Lucro Líquido x 100) / Receita Líquida
Rentabilidade do Ativo	(Lucro Líquido x 100) / Ativo Total Médio
Rentabilidade do Patrimônio Líquido	(Lucro Líquido x 100) / PL Médio
Índice de crescimento das receitas	(Receita Bruta do Ano / Receita Bruta do Ano Anterior – 1) x 100

6.3.7 Termômetro de Kanitz

O termômetro de Kanitz é um método desenvolvido pelo Professor Stephen Charles Kanitz e possui a finalidade de medir o fator de insolvência das empresas. Tomando como base o Balanço Patrimonial e o DRE de uma empresa, realizam-se cálculos de cinco fatores denominados Xs e aplica-se na equação do fator de insolvência, conforme quadro adiante. O resultado da equação do Termômetro de Kanitz evidencia o nível de solvência da empresa. Quanto menor o resultado obtido, pior a situação financeira da empresa.

Quadro 6.5 Termômetro de Kanitz

Termômetro de Kanitz	$X1 = (LL/PL) \times 0,05$
	$x2 = $ Liquidez Geral $\times 1,65$
	$X3 = $ Liquidez Seca $\times 3,55$
	$x4 + $ Liquidez Corrente $\times 1,06$
	$X5 = $ (Exigível Total/PL) $\times 0,33$
	Fator de Insolvência $= x1 + x2 + x3 - x4 - x5$

Depois, verifica-se onde o resultado obtido se enquadra em uma escala padrão. A partir deste enquadramento, poderá ser avaliado se a empresa está solvente, na penumbra ou insolvente. O Termômetro de Kanitz é destinado à análise financeira de indústrias e comércios, não sendo aplicado para análise de instituições financeiras.

6.3.8 Fórmula Dupont

A Fórmula Dupont permite avaliar a sua taxa de retorno em relação aos ativos existentes na empresa. A fórmula apresenta em um único esquema de cálculo os indicadores que formam a taxa de retorno da empresa, baseado no cálculo da margem líquida e do giro do ativo. A fórmula desse indicador é:

> **FÓRMULA DUPONT = MARGEM LÍQUIDA X GIRO DO ATIVO**

Por meio desse método, é possível determinar os fatores que mais contribuíram na formação da referida taxa, tais como CPV, Despesas, Lucro Líquido, Ativo Total, Vendas, etc. Desta maneira, é possível se realizar uma análise, detectando problemas específicos em determinadas contas, estabelecendo uma linha de ação para minimizá-los ou mesmo solucioná-los.

6.4 Análise Dinâmica de Demonstrações Financeiras

A Análise Dinâmica define que, para analisar os ciclos do Balanço Patrimonial, é necessário verificar o período de movimentação de suas contas. Algumas, que apresentam uma movimentação lenta, podem ser denominadas permanentes (Permanente pelo lado do Ativo e o PL pelo lado do Passivo). Outras contas apresentam um movimento contínuo que podem ser como operacionais (Estoques pelo lado do Ativo e Fornecedores pelo lado do Passivo). Existe ainda um terceiro grupo de contas que mostra um movimento descontínuo, denominado financeiro (Caixa e Bancos pelo lado do Ativo e Duplicatas Descontadas pelo lado do Passivo).

Quadro 6.6 ■ Balanço Patrimonial Reclassificado

Natureza	Ativo	Passivo
Financeiro ou errático	Circulante Caixa Bancos Aplicações	Circulante Empréstimos de Curto Prazo Duplicatas Descontadas Dividendos
Operacional ou cíclico	Clientes Estoques de Matéria-Prima Despesas Antecipadas	Fornecedores Impostos a Pagar Salários a Pagar

Quadro 6.6 ■ Balanço Patrimonial Reclassificado (*continuação*)

Natureza	Ativo	Passivo
Permanente	**Não Circulante** Empréstimos a Terceiros Títulos a Receber **Permanente** Investimentos Imobilizado Diferidos	**Não Circulante** Financiamentos a LP Debêntures **Patrimônio Líquido** Capital Social Reservas Lucros ou Prejuízos

6.4.1 Necessidade de Capital de Giro (NCG)

A necessidade de capital de giro (NCG) é o valor necessário para que a empresa possa cumprir seus compromissos financeiros de curto prazo de natureza operacional, ou seja, manter as atividades principais da empresa funcionando adequadamente.

Quando as saídas de caixa no ciclo financeiro ocorrem antes das entradas de caixa, a operação da empresa cria uma necessidade de aplicação de fundos, evidenciada no Balanço por uma diferença positiva entre os valores das contas operacionais do Ativo e do Passivo. Chama-se de Ativo Operacional a soma das contas cíclicas do Ativo, e de Passivo Operacional a soma das contas cíclicas do Passivo.

A NCG pode eventualmente apresentar-se negativa. Neste caso, no ciclo financeiro, as saídas de caixa ocorrem depois das entradas de caixa. A NCG, quando positiva, reflete uma aplicação permanente de fundos que, normalmente, deve ser financiada com os fundos permanentes utilizados pela empresa. A NCG é definida pela expressão:

NCG = Ativo Operacional (AO) − Passivo Operacional (PO)

A NCG também pode ser calculada tomando-se como base a receita anual e o ciclo financeiro, conforme segue:

> NCG = Ciclo Financeiro X (Receita Anual /360)

A variação da NCG depende do ciclo de caixa e do seu nível de vendas. Em última análise, estes determinam os prazos de rotação e valores das contas de Ativo e Passivo Operacionais da empresa. Parte da NCG varia diretamente com o nível de vendas (NCG sazonal). O restante da NCG não atingida pela volatilidade denomina-se NCG de Longo Prazo.

O quadro a seguir demonstra a variação da NCG. No ano de 2010, a variação foi muito grande, pois a empresa foi constituída nesse ano, e o aporte de capital para giro é integral. Já nos demais anos, a variação será somente a diferença em relação ao ano anterior.

Quadro 6.7 ▪ Variação da NCG

Análise da NCG	2010	2011	2012	2013	2014
Ciclo Financeiro (em dias)	35	35	35	35	35
Receita Líquida Diária (Receita Líquida /360)	3.966,67	4.244,33	4.541,44	4.859,34	5.199,18
NCG (Ciclo Financeiro x Receita Líquida Diária)	(138.833,33)	(148.551,67)	(158.950,28)	(170.076,80)	(181.982,18)
Variação da NCG	(138.833,33)	(9.718,33)	(10.398,62)	(11.126,52))	(11.905,38)

Pode-se listar três estratégias de financiamento da NCG a serem adotadas por uma empresa:

- ✓ **Agressiva** – a NCG de Longo Prazo é financiada com o CDG e a NCG sazonal é financiada pela Tesouraria, sem ociosidade de recursos financeiros;
- ✓ **Conservadora** – a NCG LP e a Sazonal são financiadas com o CDG tendo ociosidade ocasional; e

✓ **Intermediária** – O CDG financia a NCG LP e parte da Sazonal com baixa ociosidade.

6.4.2 Capital de Giro (CDG)

O Capital de Giro (CDG) é representado pela diferença entre o Ativo Circulante e o Passivo Circulante. De modo geral, apenas um percentual dos fundos da empresa é utilizado para financiar a NCG, pois grande parte desses fundos financia investimentos de capital permanentes, tais como: terrenos, edificações, máquinas e alguns itens do Ativo Não Circulante.

O Ativo Permanente é obtido pela soma das contas não operacionais do Ativo. O Passivo Permanente é calculado pela soma das contas operacionais do Passivo. Assim a formulação do CDG é a diferença entre o Passivo Permanente e o Ativo Permanente.

> CDG = Passivo Permanente – Ativo Permane

O CDG positivo significa que a empresa financia seu Ativo Permanente com recursos de longo prazo. O CDG negativo demonstra que ela está financiando o Ativo Permanente com recursos de curto prazo, aumentando o risco de insolvência.

A variação do capital de giro pode se dar pelos seguintes motivos:

✓ Crescimento – Empréstimos LP (ex.: bancos de fomento), aporte de capital pelos sócios ou acionistas, redução do ativo não circulante e venda de ativos permanente;
✓ Redução – aplicação em coligadas ou controladas, aquisição de ativo imobilizado e destruição de valor representada por prejuízos no exercício.

6.4.3 Saldo de Tesouraria (T)

Denomina-se de Ativo Financeiro a soma das contas erráticas do Ativo e do Passivo, portanto, o Saldo de Tesouraria define-se como a diferença entre o Ativo e o Passivo Financeiro. O Saldo de Tesouraria também representa um valor residual correspondente a diferença entre o CDG e a NCG conforme fórmulas a seguir:

$$T = \text{Ativo Financeiro} - n\text{Passivo Financeiro}$$

$$T = CDG - NCG$$

Se o CDG for insuficiente para financiar a NCG, o Saldo de Tesouraria será negativo. Neste caso, o Ativo Financeiro será menor que o Passivo Financeiro, indicando que a empresa financia parte da NCG e ou Ativo Permanente com fundos de curto prazo, aumentando o seu risco de insolvência.

Se o Saldo de Tesouraria for positivo, a empresa tem à sua disposição fundo de curto prazo que poderá ser aplicado no mercado financeiro, aumentando as receitas financeiras. É importante observar que um saldo de tesouraria positivo e elevado não significa necessariamente uma condição desejável para as empresas. Pode representar a perda de oportunidades de investimento propiciadas por sua estrutura financeira.

Exemplo – O Balanço Patrimonial da Empresa Palmeiras S/A, ao final de x1, apresentava o seguinte resultado:

Análise de demonstrações financeiras 173

Quadro 6.8 ■ Balanço Patrimonial da Empresa Palmeiras S/A

ATIVO	Ano x1	Ano x0	PASSIVO	Ano x1	Ano x0
Circulante	9.016	9.071	**Circulante**	7.940	9.480
Caixa e Bancos	2.000	2.300	Fornecedores	2.000	3.700
Aplicações financeiras	150	1.800	Financiamentos	1.500	3.100
Clientes	3.800	300	Impostos sobre Vendas	300	100
Provisão de Devedores Duvidosos	(114)	(9)	Salários a pagar	3.200	2.000
Duplicatas Descontadas	(1.520)	(120)	IR a Pagar	200	120
Estoques de Produtos Acabados	4.200	4.600	Contribuição Social	240	160
			Outras	500	300
Outros	500	200			
			Não Circulante	3.700	2.700
Não Circulante	5.200	3.600			
Permanente	3.550	2.750	**Patrimônio Líquido**	6.126	3.241
Investimentos	2.300	2.000			
Imobilizado	1.000	650	Capital Social	5.000	2.600
Diferido	250	100	Reservas	826	520
			Lucros Acumulados	300	121
Total	17.766	15.421	Total	17.766	15.421

As receitas de vendas nos períodos observados apresentaram os seguintes resultados: x1 = $ 7.800 e x = $ 6.500. Reclassificando as contas do Balanço, tem-se o seguinte quadro:

Quadro 6.9 ■ Balanço Patrimonial Reclassificado da Empresa Palmeiras S/A

ATIVO	Ano x1	Ano x0	PASSIVO	Ano x1	Ano x0
Financeiro	2.650	4.300	**Financeiro**	3.720	3.640
Caixa e Bancos	2.000	2.300	Financiamentos	1.500	3.100
Aplicações	150	1.800	Duplicatas Descontadas	1.520	120
Outros	500	200	Outros	500	300
			IR a Pagar	200	120
Operacional	7.886	4.891			
Clientes	3.800	300	**Operacional**	5.740	5.960
Provisão Devedores Duvidosos	(114)	(9)	Fornecedores	2.000	3.700
			Salários a pagar	3.200	2.000
Estoques de Produtos Acabados	4.200	4.600	Impostos sobre Vendas	300	100
			Contribuição Social	240	160
Permanente	8.750	6.350			
Não Circulante	5.200	3.600			
Permanente	3.550	2.750	**Permanente**	9.826	5.941
			Não Circulante	3.700	2.700
			Patrimônio Líquido	6.126	3.241
Total	19.286	15.541	Total	19.286	15.541

É importante observar que, apesar de ser uma conta dedutível de Clientes no Ativo, as duplicatas descontadas representam um capital de terceiros, cuja remuneração compõe as despesas financeiras da empresa. Deste modo, deve-se reclassificar as Duplicatas Descontadas no Passivo Financeiro, com o sinal passando de negativo no ativo para positivo no passivo.

Calculando a NCG conforme segue, pode-se entender qual a diferença entre o ativo e o passivo operacionais e se há desequilíbrios significativos. No caso do ano x0, a NCG fornecia fundos excedentes para aplicação financeira. Já em x1, a empresa necessitava de capital de giro para financiar sua operação.

Necessidade de Capital de Giro	x1	x0
Ativo Operacional	7.886	4.891
Passivo Operacional	5.740	5,960
NCG	2.146	(1.069)

Se o CDG for insuficiente para financiar a NCG, o Saldo de Tesouraria será negativo, indicando que a empresa financia parte da NCG e ou Ativo Permanente com fundos de curto prazo, aumentando o seu risco de insolvência.

Capital de Giro	x1	x0
Passivo Permanente	9.826	5.941
Ativo Permanente	8.750	6.350
CDG	1.076	(409)

No presente exemplo, a Tesouraria do ano x0 era positiva e piorou consideravelmente em x1, ficando negativa. Neste caso, a empresa necessitará emprestar recursos financeiros para equilibrar sua tesouraria.

Saldo de Tesouraria	x1	x0
Ativo Financeiro	2.650	4.300
Passivo Financeiro	3.720	3.640
Tesouraria	(1.070)	660

A NCG depende fundamentalmente do ciclo financeiro da empresa e do nível de atividade. Esses fatores determinam os prazos e valores das contas do Ativo e Passivo Operacionais da empresa. No quadro que segue, a empresa paga seus fornecedores em 205 dias e recebe de seus clientes em 16 no ano de x0. Já no ano de x1, a empresa paga os fornecedores em 92 dias e recebe em 170 em x1. O longo ciclo financeiro evidencia a causa da tesouraria negativa em x1.

Quadro 6.10 ■ Cálculo dos Prazos Médios das Contas Operacionais em Dias

Item	x1	x0	Cálculo
Prazo Médio de Estoques	194	255	= (Estoques*360) / Receitas = (4.200 * 360) / 7.800 = 194 dias
Prazo Médio de Cobrança	170	16	= ((Clientes − Devedores Duvidosos)*360)/ Receitas = (3.800 − 114) * 360 / 7.800 = 170 dias
Prazo Médio de Pagamento	92	205	= (Fornecedores*360) / Vendas = (2.000 * 360) / 7.800 = 92 dias

De forma esquemática, os quadros a seguir apresentam as duas principais situações que a Tesouraria pode enfrentar. O primeiro caso é quando a tesouraria é positiva.

ATIVO FINANCEIRO	PASSIVO FINANCEIRO
ATIVO OPERACIONAL	PASSIVO OPERACIONAL
ATIVO PERMANENTE	PASSIVO PERMANENTE

TESOURARIA POSITIVA

Quanto o ativo financeiro da empresa é maior que o passivo financeiro, o saldo da tesouraria é positivo e a empresa possui recursos para realizar aplicações e manter uma reserva para eventualidades. Essa é a situação desejada de todas as empresas.

No segundo caso, a Tesouraria é menor que zero, ou seja, negativa. Neste caso, a empresa precisa captar recursos para equilibrar seu caixa e conseguir pagar seus fornecedores no prazo estipulado.

ATIVO FINANCEIRO	PASSIVO FINANCEIRO
ATIVO OPERACIONAL	PASSIVO OPERACIONAL
ATIVO PERMANENTE	PASSIVO PERMANENTE

TESOURARIA NEGATIVA

Quanto o ativo financeiro da empresa é menor que o passivo financeiro, o saldo da tesouraria é negativo e a empresa necessita de aporte de capital dos sócios ou de captação de empréstimos no mercado financeiro. Essa situação é crítica e indesejável, pois as taxas de juros cobradas em empréstimos de curto prazo são elevadas.

Isso ocorre porque se a NCG aumentar mais do que o CDG, a empresa terá necessidade de captar recursos de curto prazo para financiar suas operações. A seguinte figura demonstra o Efeito Tesoura, onde o crescimento acentuado da NCG acima da CDG cria uma necessidade crescente de recursos financeiros e pode levar a empresa à insolvência.

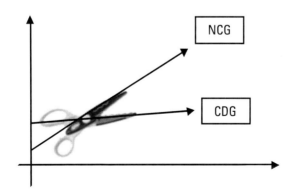

Figura 6.1 ■ Efeito Tesoura

O efeito tesoura é caracterizado por uma queda crescente na tesouraria e um aumento constante da NCG, que pode ser originado pelos seguintes eventos:

- ✓ Crescimento muito rápido das vendas, com o mesmo ciclo financeiro e sem crescimento do CDG;
- ✓ Grandes investimentos no Ativo Permanente com retorno de longo prazo ou baixos retornos;
- ✓ Crescimento do número de dias do ciclo financeiro;
- ✓ Baixos lucros com impacto direto no caixa;
- ✓ Política de Dividendos inadequada, com grande distribuição de lucros, comprometendo seu autofinanciamento;
- ✓ Acúmulo de estoques sem giro ou em excesso.

Quanto mais agressiva a política de vendas e mais rápido o crescimento da empresa, pior o seu saldo de tesouraria. Isso ocorre porque a NCG cresce na mesma proporção que as vendas e, portanto, acentua a falta de caixa da empresa. O quadro a seguir apresenta os resultados de tesouraria de uma política agressiva e de uma política moderada.

No primeiro caso, apesar de as vendas crescerem de forma exponencial, o resultado de caixa é negativo, pois o ciclo financeiro é muito longo, além da capacidade de financiamento da empresa. No segundo caso, a política moderada se traduz em crescimento mais modesto, porém com ciclo financeiro menor e capacidade de financiamento melhor. Já uma política conservadora apresenta resultados de tesouraria bem interessantes.

Quadro 6.11 ■ Políticas de Vendas

Política Agressiva	ano 1	ano 2	ano 3	ano 4	ano 5
Receita de Vendas	1.000	2.000	4.500	8.000	16.000
Ciclo Financeiro (em dias)	85	85	85	85	85
Necessidade de Capital de Giro	236	472	1.063	1.889	3.778
Capital de Giro	250	450	650	850	1.050
Saldo de Tesouraria	14	-22	-413	-1.039	-2.728
Capital próprio	200	200	200	200	200
Empréstimos / Aplicações	**14**	**-22**	**-413**	**-1.039**	**-2.728**

Política Moderada	ano 1	ano 2	ano 3	ano 4	ano 5
Receita de Vendas	1.000	1.800	3.500	5.500	9.000
Ciclo Financeiro	75	75	75	75	75
Necessidade de Capital de Giro	208	375	729	1.146	1.875
Capital de Giro	250	450	650	850	1.050
Saldo de Tesouraria	42	75	-79	-296	-825
Capital próprio	200	200	200	200	200
Empréstimos / Aplicações	**42**	**75**	**-79**	**-296**	**-825**

Política Conservadora	ano 1	ano 2	ano 3	ano 4	ano 5
Receita de Vendas	1.000	1.600	3.000	4.800	7.500
Ciclo Financeiro	60	60	60	60	45
Necessidade de Capital de Giro	167	267	500	800	938
Capital de Giro	250	450	650	850	1.050
Saldo de Tesouraria	83	183	150	50	113
Capital próprio	200	200	200	200	200
Empréstimos / Aplicações	**83**	**183**	**150**	**50**	**113**

Resumo do Capítulo

O presente capítulo apresentou os principais conceitos e técnicas de análise de demonstrações financeiras.

As técnicas estáticas devem ser combinadas com as dinâmicas para uma completa análise da situação financeira da empresa. A empresa precisa priorizar a gestão do PMP, PMRE e PMC. Sem esse equilíbrio, a empresa sofrerá com falta de recursos suficientes em caixa.

Não basta a empresa faturar muito e gerar lucro a todo custo. Se ela não tiver a NCG equilibrada com sua CDG, a tesouraria da empresa será negativa e poderá gerar um grande problema financeiro. O crescimento desenfreado da empresa pode levá-la à falência por falta de capital de giro.

O quadro adiante representa um resumo dos indicadores financeiros apresentados no capítulo.

Índices	Nome	Fórmula
Estrutura de Capital	Endividamento Geral %	(Capital de Terceiros x 100) / Ativo Total
	Participação de Capital de Terceiros %	(Capital de Terceiros x 100) / Patrimônio Líquido
	Imobilização do Patrimônio Líquido %	(Ativo Permanente x 100) / Patrimônio Líquido
	CAPITAL CIRC. LÍQUIDO (CCL)	CCL = AC – PC
Liquidez	Liquidez Geral	(Ativo Circulante + Ativo Não Circulante) / (Passivo Circulante + Passivo Não Circulante)
	Liquidez Corrente	Ativo Circulante / Passivo Circulante
	Liquidez Seca	(Ativo Circulante – Estoques) / Passivo Circulante

Índices	Nome	Fórmula
Atividade	Prazo Médio de Renovação de Estoques (em dias)	(Estoques Médios x 360) / CPV
	Prazo Médio de Cobrança (em dias)	(Clientes Médiosx360) / Receita Líquida
	Prazo Médio de Pagamento (em dias)	(Fornecedores Médiosx360) / Compras (CPV + EF – EI)
	Giro de Estoques (n° de vezes/ano)	CPV / Estoques Médios
	Giro do Ativo	Receita Líquida / Ativo Total Médio
Rentabilidade	Margem Líquida	(Lucro Líquido x 100) / Receita Líquida
	Rentabilidade do Ativo	(Lucro Líquido x 100) / Ativo Total Médio
	Rentabilidade do Patrimônio Líquido	(Lucro Líquido x 100) / PL Médio

Termômetro de Kanitz

X1 = (LL / PL) x 0,05

X2 = Liquidez Geral x 1,65

X3 = Liquidez Seca x 3,55

X4 = Liquidez Corrente x 1,06

X5 = (Exigível Total / Patrimônio Líquido) x 0,33

Fator de Insolvência = x1+x2+x3-x4-x5

Fórmula DuPont = Margem Líquida X Giro do Ativo

CAPÍTULO 7

GESTÃO DE CUSTOS

COMPETÊNCIAS ORIENTADAS PARA O TRABALHO A SEREM DESENVOLVIDAS

- Compreender os conceitos fundamentais sobre Gestão de Custos e sua aplicação nas empresas mediante a utilização de princípios, métodos e sistemas e a realização de cálculos de preço de venda dos produtos e serviços de uma empresa.
- Diferenciar os conceitos básicos de gastos, custos, despesas, investimentos, desembolso, perdas e como segregar cada evento contábil na rotina diária de uma empresa.
- Estabelecer os princípios de custeio de absorção parcial, absorção total e custeio direto para calcular o custo bom, a ineficiência e a ociosidade de uma empresa.
- Identificar e diferenciar os métodos de custeio por apropriação, por acumulação e gerenciais, além de apontar apropriadamente sua forma de aplicação nos processos operacionais da empresa.
- Elaborar um modelo e aplicar o método de custeio por processo ou série em uma atividade industrial.
- Conceber um modelo teórico de um método de Ordem de Produção ou Serviços para aplicação em uma indústria com produção sob encomenda.
- Aplicar o conceito de *activity based costing* (ABC) na construção de modelos teóricos e práticos na apuração de custos das áreas de uma empresa.
- Realizar análises de custo, volume e lucro de uma empresa, interpretando seus resultados e tomando decisões sobre produção e vendas.
- Compreender os conceitos básicos sobre custo alvo e sua aplicação nas operações empresariais.
- Calcular o preço de venda de produtos e serviços no atacado e no varejo, observando questões de custos, despesas e tributos.
- Compreender a importância e a utilização do índice de markup divisor e multiplicador na formação de preço de venda de produtos e serviços.
- Analisar a formação de preço de venda baseado no mercado para atacado e varejo, comparando com o método do índice markup.

7.1 Contabilidade de Custos

Toda empresa competitiva necessita ter seus resultados financeiros planejados e organizados de modo a proporcionar aos seus executivos a correta tomada de decisões. Uma das mais importantes fontes de informações para essa tomada de decisões é a Contabilidade de Custos.

> **Conceito:**
> É um ramo da Contabilidade Geral, constituído de conceitos, princípios, métodos e técnicas para o planejamento, apuração e controle dos gastos das empresas industriais, comerciais e prestadoras de serviços, permitindo ao executivo financeiro a tomada de decisões efetiva.
>
> É também um desdobramento das funções de Controladoria da empresa, responsável por acumular, organizar, analisar e interpretar os gastos das unidades de negócios, dos produtos, dos estoques, dos serviços, da distribuição e das atividades administrativas e comerciais de modo a controlar os resultados operacionais e determinar o lucro da empresa.

A Contabilidade de Custos também utiliza conceitos e ferramentas extracontábeis para o registro, organização, análise, interpretação e diagnóstico das informações sobre gastos relacionadas a compras, estoques, produção, distribuição, comercialização e administração da empresa.

A Contabilidade de Custos acumula os custos e as despesas da empresa e os organiza em relatórios gerenciais selecionando informações importantes para atingir três objetivos principais: a determinação do lucro do exercício, o controle das operações empresariais e a tomada de decisões gerenciais.

Assim, a Contabilidade de Custos fornece informações para:

- ✓ A apuração dos custos de produção, das unidades de negócios e dos produtos e serviços da empresa;

- ✓ A redução racional e efetiva dos custos das áreas e processos, melhorando os resultados financeiros;
- ✓ A determinação dos custos dos estoques para o cálculo do estoque mínimo e do lote mais econômico de compras;
- ✓ Estabelecimento dos orçamentos de resultados;
- ✓ O controle das operações da empresa com a identificação de problemas e a elaboração dos planos para solução;
- ✓ O levantamento dos custos com a ociosidade, ineficiência, perdas, devoluções, pedidos não atendidos, etc.;
- ✓ A análise da viabilidade econômica financeira para a substituição de uma máquina ou equipamento.

Existem alguns princípios que regem a Contabilidade de Custos em sua aplicação diária nas empresas:

- ✓ <u>Reconhecimento da Receita</u> – O reconhecimento contábil da receita será feito na transferência da titularidade do bem adquirido pelo cliente ou a prestação efetiva do serviço.
- ✓ <u>Regime de Competência</u> – Após o reconhecimento da receita, deduz-se dela todos os gastos realizados para disponibilizar o bem ou serviço ao cliente.
- ✓ <u>Base Histórica</u> – as compras de materiais diretos, tais como matérias-primas e embalagens são contabilizadas por seu valor original de compra.
- ✓ <u>Critérios Padronizados</u> – deve-se utilizar somente um critério padrão de rateio de gastos indiretos na contabilização de custos e despesas no mesmo exercício.
- ✓ <u>Base Conservadora</u> – realizar procedimentos conservadores na contabilização de fatos não definitivos, como na constituição de provisões de devedores duvidosos ou mesmo de impostos.
- ✓ <u>Relevância</u> – os bens de pequeno valor devem ser contabilizados como resultado no período de sua compra em contas de gastos gerais da fábrica ou do escritório e não necessitam de tratamento mais detalhado.

A Contabilidade de Custos trabalha de maneira semelhante a um Sistema de Informações Gerenciais, que recebem dados, organiza-os de forma lógica e gera informações financeiras consistentes para os executivos tomarem decisões. Assim, o analista de custos deve ser um profissional apto para estruturar um sistema de custos onde os dados estejam sistematizados e disponíveis para analisar os problemas operacionais, além de gerar soluções rápidas e eficazes para a empresa. O processo de gerenciamento de custos pode ser dividido em três fases:

- ✓ Coleta de Dados – é a fase da seleção de dados, da identificação das fontes confiáveis na empresa, do tratamento a ser dado à base de dados;
- ✓ Sistema de Processamento de Dados – é a atuação propriamente dita dos sistemas de custos, constituídos de princípios, métodos e critérios para se processar os dados provenientes de todas as áreas da empresa; e
- ✓ Geração de Informações – nessa etapa final, geram-se as informações on-line no sistema e a formatação de relatórios que podem ser impressos ou disponibilizados digitalmente para os executivos da empresa.

7.2 Conceitos Básicos

> **Conceito:**
> Gasto é um compromisso financeiro assumido por uma empresa na aquisição de bens ou serviços, o que sempre resultará em uma variação patrimonial qualitativa e quantitativa. Dependendo da destinação do gasto, ele poderá se tornar um investimento, um custo ou uma despesa.

Os dois tipos básicos de gastos são:

- ✓ Para investimento em ativos permanentes – quando determinado bem servirá para a manufatura de produtos; e
- ✓ Para produção – quando determinado bem for consumido na linha de produção ou em serviços de suporte.

Tipos de Gastos Empresariais

Custo – é o consumo de um fator de produção, medidos em termos monetários para a obtenção de um produto, serviço ou uma atividade que poderá ou não gerar renda. É uma medida monetária dos sacrifícios que a empresa tem de realizar para alcançar seus objetivos. Seu objetivo maior é a geração de informações sobre custeio de produtos, serviços e atividades. Os custos podem ser calculados por padrões, centros de responsabilidade, atividades, esforço, etc. É necessário um processo de avaliação de desempenho e processo de melhoria contínua.

Despesa – é um gasto realizado no escritório da empresa em atividades administrativas, comerciais, financeiras e operacionais que não estejam relacionadas diretamente à produção. As despesas são sempre o consumo de um recurso para obtenção de uma receita. Exemplos: aluguel do escritório, materiais de expediente, pessoal administrativo, encargos financeiros, propaganda, transporte, etc.

Investimento – são os gastos realizados na compra de bens ou serviços que são contabilizados no ativo permanente da empresa. Esses gastos geralmente servem para compor as unidades fabris da empresa com máquinas, equipamentos, bens móveis, prédios próprios, veículos, etc.

Desembolso – é o pagamento efetivo de um gasto com a aquisição de um bem ou um serviço que provoca uma saída registrada no fluxo de caixa da empresa.

Perda – é o recurso material da empresa desperdiçado com alagamentos, incêndios, obsolescência, deterioração, etc., gerando um prejuízo para os resultados financeiros da empresa.

7.3 Classificação dos Custos

Os custos podem ser classificados em grandes grupos de acordo com suas características:

a) Em relação à sua natureza:

- ✓ Diretos – podem ser atribuídos de forma direta a cada produto ou serviço prestado;
- ✓ Indiretos – aqueles que necessitam de esquemas ou critérios de rateio para alocação aos produtos e serviços;
- ✓ Próprios – são aqueles diretamente atribuíveis a determinado produto ou serviço;
- ✓ Rateados – são custos indiretos que são alocados aos setores e aos produtos mediante o uso de critérios de rateio;
- ✓ Comuns – são os custos das áreas que servem para a fabricação de mais de um produto.

b) Para controle do processo empresarial:

- ✓ Controláveis – são aqueles que são planejados e autorizados por um executivo competente;
- ✓ Contínuos – são aqueles em que os executivos não necessitam aprovar a cada lote ou dia a sua execução;
- ✓ Padrão – são utilizados como parâmetros em operações padronizadas de produtos fabricados em série;
- ✓ Estimados – são os custos pré-calculados e utilizados em estudos de viabilidade, orçamentos, etc.;
- ✓ Históricos – custos reais incorridos e registrados contabilmente;
- ✓ Fixos – são aqueles que não se alteram em função do volume de produção, exceto pela expansão da unidade industrial;
- ✓ Variáveis – são aqueles que se alteram proporcionalmente ao volume de produção ou vendas;
- ✓ Semivariáveis – são constituídos de custos parcialmente fixos e parcialmente variáveis (Ex.: manutenção);

- ✓ Escalonados – são aqueles que permanecem fixos até certo nível de atividade e depois sobem a outro patamar de gastos como um degrau.

c) Para apuração de resultados:
- ✓ Custo de transformação – é a soma da Mão de Obra Direta (MOD) e do Custo Indireto de Fabricação (CIF);
- ✓ Custo de Produto Fabricado (CPF) – é a soma da Mão de Obra Direta (MOD), das Matérias-Primas (MP) e do Custo Indireto de Fabricação (CIF);
- ✓ Custo de Produto Vendido (CPV) – é o total de custos apurados dos itens vendidos em uma indústria em determinado período de tempo. É a soma do estoque inicial com o custo fabril menos o estoque final de um período;
- ✓ Custo de Mercadoria Vendida (CMV) – é o total de custos das vendas em uma empresa de natureza comercial de atacado ou varejo;
- ✓ Custo de Serviços Prestados (CSP) – é o total de custos relacionados à operação de uma empresa prestadora de serviços;
- ✓ Totais – são os custos gerais de todos os produtos manufaturados de uma empresa em determinado período de tempo;
- ✓ Unitários – são os custos totais de uma empresa divididos pela capacidade produtiva ou pelos produtos aprovados para a venda em determinado período de tempo.

7.4 Apuração de Custos

7.4.1 Custos com Materiais Diretos

O custo com materiais diretos é composto por matérias-primas e embalagens. O gerenciamento de ambos é muito importante, pois há situações em que o custo unitário das embalagens supera o custo unitário das matérias-primas. Os materiais diretos são comprados e utilizados no processo de manufatura e contabilizados aos produtos utilizando seu valor original de aquisição.

O valor dos materiais é composto por todos os gastos incorridos (transportes, segurança, armazenagem, impostos de importação, gastos com liberação alfandegária, etc.) para a colocação do ativo em condições de uso (equipamentos, matérias-primas, ferramentas, etc.) ou em condições de venda (mercadorias).

As atividades relacionadas à administração eficiente dos estoques de materiais diretos podem ser divididas em quatro itens:

- ✓ Planejamento – implica a definição da quantidade e a periodicidade das compras por meio de lotes econômicos e dos estoques mínimos de segurança, etc.;
- ✓ Execução – representa a compra e a estocagem propriamente ditas, que demandam muito esforço físico na movimentação de materiais;
- ✓ Controle – define como realizar o controle operacional do processo de compras, a recepção dos itens, a alocação correta no estoque, as requisições das linhas de produção;
- ✓ Análise – permite a apuração do desempenho na administração de materiais da empresa, envolvendo seus custos, velocidade na movimentação, índice de disponibilidade de itens, exatidão do inventário, etc.

É importante ressaltar que os descontos por pagamentos antecipados aos fornecedores na compra de matérias-primas são contabilizados como receitas financeiras. Já os descontos comerciais obtidos junto aos fornecedores por grandes volumes de compras são considerados como fator redutor do próprio valor da compra. Para realizar a apuração de um inventário de estoques, deve-se tomar alguns cuidados para garantir a exatidão das quantidades e endereçamento físico das matérias-primas e dos produtos acabados.

Os inventários permanentes e periódicos permitem apurar se o total de itens apontados em seu sistema de controles de materiais corresponde ao existente fisicamente nas prateleiras e porta-pallets. Em empresas com deficiências em controles, é possível a existência de desvios de materiais, estoques antigos deteriorados ou fora de linha, etc. É importante lembrar que especialmente em grandes indústrias o item estoques pode representar a parcela mais importante do capital de giro e, portanto, merece rígidos controles de entrada, alocação e saída.

7.4.2 Métodos de Avaliação de Estoques

Para que seja possível estabelecer o valor dos estoques e o custo das matérias-primas utilizadas nas linhas de produção, são utilizados em todo o mundo diversos métodos de avaliação de estoques.

Quando uma determinada matéria-prima for comprada para uso específico em uma linha de produção, o registro do custo é feito sem dificuldade no sistema de custos. Porém, quando os materiais são comprados em diversas datas e com preços diferentes em cada ocasião, surge a necessidade de utilizar um método que permita a avaliação de estoques e alocação dos custos nas linhas de produção da forma mais apropriada possível. Existem quatro métodos clássicos para isso:

a) Primeiro que entra, primeiro que sai (PEPS) ou First in, first out (FIFO) – por esse método, o material é contabilizado pelos valores históricos, sendo que o lote mais antigo de materiais diretos será requisitado primeiro na linha de produção e o lote mais recente por último, levando consigo seus respectivos custos e assim sucessivamente. Atualmente já existem porta-pallets e prateleiras apropriadas para que fisicamente o estoque também acompanhe a definição contábil do PEPS.

b) Último que entra, primeiro que sai (UEPS) ou Last in, first out (LIFO) – nesse método, o último lote de materiais diretos adquirido é o primeiro a ser requisitado na linha de produção, gerando um processo oposto ao PEPS. Assim, no UEPS os custos mais recentes são contabilizados primeiramente os produtos acabados e as compras mais antigas são registradas por último.

c) Média Ponderada Móvel (MPM) – a MPM ou CPM (custo médio ponderado) atualiza o custo médio a cada nova compra de materiais de forma a dar mais peso ao preço de compra dos maiores lotes de forma ponderada. Por esse método, o custo dos materiais requisitados pela linha de produção é registrado pelo custo unitário mais atualizado.

d) Média Ponderada Fixa (MPF) – método utilizado quando a empresa calcula o preço médio apenas após a finalização de um período ou de um exercício para os produtos acabados desse mesmo período de tempo. Para isso, é necessário calcular o custo total das compras do período e na sequência apropriar o custo dos materiais consumidos.

Exemplo: A Metalúrgica Rolândia Ltda. apresenta os seguintes dados referentes ao mês de janeiro, com relação à aquisição de fios de cobre número 25, e deseja calcular pelos quatro métodos os custos de estoque.

Quadro 7.1 ■ Relatório de Posição de Estoque de Fio de Cobre nº 25

Dia	COMPRAS Quantidade Kg	Custo Unitário	Valor Total	Requisição de Materiais
5	1.500	11,00	16.500,00	
15	2.000	12,00	24.000,00	
19				2.000
23	1.500	13,00	19.500,00	
28				1.500

Conforme Quadro 7.2, pela Média Ponderada Móvel, o custo dos materiais utilizados na produção será de R$ 41.570,36. Por este método, o custo médio é atualizado a cada nova compra e a cada nova requisição da linha de produção, o último custo médio atualizado é utilizado para contabilizar o custo da matéria-prima do período.

Quadro 7.2 ■ Média Ponderada Móvel

Dia	Compra de Materiais (kg)	Valor do Estoque	Custo Unitário	Requisição de Materiais	Custo Total
19	3.500	40.500,00	11,57	2.000	23.142,86
28	1.500	17.355,00	11,57		
	1.500	19.500,00	13,00		
		Média	12,29	1.500	18.427,50
				Total do Mês	41.570,36

Conforme Quadro 7.3, pela Média Ponderada Fixa, o custo dos materiais utilizados na produção será de R$ 42.000,00. Por este método, o custo médio é formado no final do período e serve para contabilizar o custo da matéria-prima desse mesmo período.

Quadro 7.3 ■ Média Ponderada Fixa

Dia	Compra de Materiais (kg)	Valor do Estoque	Custo Unitário	Requisição de Materiais	Custo Total
Mês	5.000	60.000,00	12,00		
19			12,00	2.000	24.000,00
28			12,00	1.500	18.000,00
				Total do Mês	42.000,00

Conforme Quadro 7.4, pelo PEPS, o custo dos materiais utilizados na produção será de R$ 40.500,00. Por este método, cada nova requisição de materiais da produção tem seu custo associado ao valor da compra mais antiga realizada do item, até que o lote de materiais comprados por esse valor se esgote. Na sequência, busca-se o segundo lote comprado com valor de compra mais antigo para se contabilizar e assim sucessivamente.

Quadro 7.4 ■ PEPS

Dia	Compra de Materiais (kg)	Valor do Estoque	Custo Unitário	Requisição de Materiais	Custo Total
19	1.500		11,00	1.500	16.500,00
	2.000		12,00	500	6.000,00
28	1.500		12,00	1.500	18.000,00
				Total do Mês	40.500,00

Conforme Quadro 7.5, pelo UEPS, o custo dos materiais utilizados na produção será de R$ 43.500,00. Por este método, o custo dos materiais requisitados pela produção sempre será realizado pelo valor da última compra até que o lote comprado se esgote. Na sequência, registra-se o segundo lote de materiais comprados pelo segundo valor mais atualizado existente e assim por diante.

Quadro 7.5 ■ UEPS

Dia	Compra de Materiais (kg)	Valor do Estoque	Custo Unitário	Requisição de Materiais	Custo Total
19	2.000		12,00	2.000	24.000,00
28	1.500		13,00	1.500	19.500,00
				Total do Mês	43.500,00

7.4.3 Cálculo e Classificação da Mão de Obra

O valor da folha de pagamento da área de produção constitui o valor total da mão de obra geral de uma indústria. Essa mão de obra pode ser dividida em direta e indireta.

A mão de obra direta é constituída pelos custos com o trabalho de pessoas que atuam diretamente na manufatura do produto. A caracterização de que a mão de obra é direta se dá quanto há possibilidade de alocação dos gastos realizados a cada linha de produto específica. Um torneiro mecânico confeccionando uma peça é um bom exemplo de mão de obra direta. Outros exemplos de mão de obra direta são soldador, eletrotécnico, cortador, pintor, pedreiro, montador, etc.

No caso de um coordenador de produção que lidera um grupo de trabalho que opera diversas máquinas para manufaturar diversos produtos, não há possibilidade de contabilizar o seu gasto de forma direta. Deve-se então utilizar critérios de rateio para lançar o valor para cada área coordenada por ele e das linhas de produtos de sua responsabilidade. Neste caso, o coordenador é caracterizado como mão de obra indireta (MOI). Exemplos de MOI: almoxarife, equipe de manutenção, auxiliar de serviços gerais, analista de qualidade, equipe de planejamento e controle da produção, etc.

Os contratos no Brasil são de 44 horas semanais de trabalho de acordo com a Consolidação das Leis do Trabalho (CLT). Assim, o operário fica à disposição da empresa durante todo esse tempo, mesmo que não tenha sido alocado para uma atividade produtiva em alguns turnos. Assim, o contrato de trabalho produz um desembolso fixo mensal, independentemente da produção e da alocação do profissional na linha de produção.

Portanto, é importante segregar a MOD e a MOI na Folha de Pagamento. A MOD corresponde ao esforço e ao tempo gasto direta e efetivamente na linha de produção. Caso um funcionário fique ocioso ou seja alocado em atividades de manutenção, seu custo deve ser alocado como MOI.

O custo da mão de obra é calculado com a soma dos encargos sociais. O primeiro passo é calcular o valor anual do salário do funcionário. A esse valor acrescentam-se os repousos semanais remunerados, as férias anuais, o 13º salário, os valores relativos do INSS e do FGTS, o Seguro de Acidente do Trabalho (SAT), os feriado e vários outros encargos previstos na legislação ou nas convenções coletivas de trabalho. O cálculo é complexo e cada categoria profissional tem peculiaridades a serem consideradas. Na sequência, deve-se calcular o número de horas de trabalho anuais. Finalmente, calcula-se o custo hora da mão de obra ao se dividir o gasto anual pelo número de horas de trabalho também anuais.

7.4.4 Custos Indiretos de Fabricação (CIF) e Esquemas de Rateio

Os custos indiretos de fabricação (CIF), também denominados *overhead*, são todos os gastos relacionados com a produção da empresa e que não podem ser diretamente alocados a cada produto. O planejamento e o controle do CIF é um dos maiores desafios das empresas na atualidade, devido ao crescimento do nível de automação dos processos produtivos, o que aumenta a participação do CIF na composição dos custos dos produtos fabricados. O CIF é representado por uma variedade muito grande de itens. Os mais importantes são:

- ✓ materiais indiretos (MAI) – graxa, lubrificantes, pastilhas, etc;
- ✓ valor do aluguel e taxa de condomínio da fábrica;
- ✓ auxiliares de almoxarifado;
- ✓ consertos – máquinas, equipamentos e do prédio da unidade industrial;
- ✓ mão de obra indireta (MOI) – funções auxiliares à produção;

- ✓ manutenção – preventiva e corretiva de máquinas e equipamentos;
- ✓ depreciação – máquinas, equipamentos e do prédio da unidade industrial;
- ✓ seguros de fábrica – incêndio, empresarial, lucros cessantes, etc.;
- ✓ energia elétrica da fábrica;
- ✓ água utilizada na unidade de produção;
- ✓ estragos e perdas, etc.

O CIF pode ser classificado em relação:

- ✓ Ao volume de produção – fixos, variáveis e semi-variáveis;
- ✓ À forma de controle – controláveis e contínuos;
- ✓ Aos setores produtivos – dividindo a fábrica em setores, a empresa poderá apropriar o CIF de forma mais exata com melhor controle das operações.

O registro do CIF é realizado em diversas áreas da empresa. O custo dos aluguéis e seguros podem ser controlados pela área administrativa. Já a manutenção e os reparos podem ser gerenciados pela própria área de produção. Finalmente, a mão de obra indireta pode ter seus gastos controlados pela área de recursos humanos.

É responsabilidade da contabilidade registrar os gastos em uma rubrica contábil denominada Custos Indiretos de Fabricação, buscando os dados necessários em todas as áreas afins. Tal processo deve ser preferencialmente por meio de sistemas integrados de gestão e uso de recursos computacionais.

Devido a sua complexidade, o registro do CIF na contabilidade pode ter desdobramentos em subcontas estruturados em planos de contas organizados e sistematizados. Os lançamentos detalhados formam o livro razão analítico da conta geral de CIF que permite estudar cada rubrica de custo separadamente, por tipo, setor, diretoria, etc. Isso viabiliza uma análise mais precisa e a tomada de uma ação gerencial eficiente focada em pontos específicos onde possam haver problemas.

É importante lembrar que o CIF só pode ser alocado de forma indireta aos setores e depois aos produtos por meio de esquemas de rateio ou estimativas de gastos. Todos os critérios de rateio apresentam um nível maior ou menor relativo ao grau de precisão. Cabe à empresa escolher o esquema que melhor represente a rastreabilidade do CIF e sua aplicação no processo produtivo.

O CIF é um custo comum a diversas áreas produtivas e sempre haverá certa arbitrariedade na definição de rateios por não haver uma solução melhor para o CIF. Porém ela pode ser em níveis bem aceitáveis. Para que o rateio funcione, é necessário identificar quais são os critérios mais adequados para a distribuição dos custos das áreas de manufatura para os produtos.

Exemplo: A Paranacity Indústria e Comércio Ltda. possui as seguintes informações sobre o seu processo produtivo. Realizar o rateio do CIF com base em horas-máquinas, matéria-prima A, em número de funcionários e em custo direto total. Apurar o lucro de cada linha de produto e analisar as diferenças em cada critério.

Itens	Linha Básica	Linha Luxo	Linha Exportação	Total
Matéria-Prima A	70.000,00	95.000,00	82.000,00	247.000,00
Matéria-Prima B	30.900,00	99.500,00	74.200,00	204.600,00
MOD	40.000,00	13.000,00	7.000,00	60.000,00
Custos Diretos Totais (a+b+c)	140.900,00	207.500,00	163.200,00	511.600,00
Custos Indiretos de Fabricação				479.600,00

Itens	Linha Básica	Linha Luxo	Linha Exportação	Total
Total (d+e)	140.900,00	207.500,00	163.200,00	511.600,00
Número de Funcionários	19	18	23	60
Horas-máquinas utilizadas	2.800	3.160	4.040	10.000

Um dos objetivos do analista de custos é definir se a empresa vai adotar um único critério de rateio para todas as áreas ou se utilizará diferentes taxas, segundo as características do produto ou do processo.

Se a fábrica for de pequeno porte, é aconselhável utilizar um critério único de rateio. Para processos produtivos mais complexos, recomenda-se a utilização de um conjunto de critérios de acordo com a característica do CIF.

A apuração com base nas horas-máquina utilizadas faz com que a linha luxo seja a mais cara para a empresa, conforme o seguinte quadro. Para isso, realiza-se o cálculo da participação percentual das horas-máquinas de cada linha em relação ao total de 10.000 da empresa. No exemplo que segue, a linha básica detém 28% das horas-máquina, a luxo 31,6% e a exportação 40,4%.

Itens	Linha Básica	Linha Luxo	Linha Exportação	Total
Matéria-Prima A	70.000,00	95.000,00	82.000,00	247.000,00
Matéria-Prima B	30.900,00	99.500,00	74.200,00	204.600,00
MOD	40.000,00	13.000,00	7.000,00	60.000,00
Custos Diretos Totais	140.900,00	207.500,00	163.200,00	511.600,00

Itens	Linha Básica	Linha Luxo	Linha Exportação	Total
Custos Indiretos de Fabricação	134.288,00	151.553,60	193.758,40	479.600,00
Total	275.188,00	359.053,60	356.958,40	991.200,00

Já o rateio baseado no número de funcionários faz com que a linha luxo fique mais cara ainda, conforme quadro a seguir. Para isso, utiliza-se também o cálculo do percentual de participação de cada linha no total de 60 funcionários da empresa.

Itens	Linha Básica	Linha Luxo	Linha Exportação	Total
Matéria-Prima A	70.000,00	95.000,00	82.000,00	247.000,00
Matéria-Prima B	30.900,00	99.500,00	74.200,00	204.600,00
MOD	40.000,00	13.000,00	7.000,00	60.000,00
Custos Diretos Totais	140.900,00	207.500,00	163.200,00	511.600,00
Custos Indiretos de Fabricação	72.432,26	233.236,56	173.931,18	479.600,00
Total	213.332,26	440.736,56	337.131,18	991.200,00

Portanto, não existe um único critério de rateio correto, mas sim aquele que permite a melhor relação entre o CIF e a operação, ou seja, o que melhor representa o consumo do CIF em cada linha com mais exatidão.

O processo de rateio do CIF é complexo e exige um bom estudo antes de sua implantação, pois envolve conceitos de contabilização, de organização setorial, de modelos de mensuração, da natureza e do comportamento de cada item que compõe o CIF.

7.4.5 Apuração de Despesas Operacionais

As Despesas Operacionais são aquelas necessárias para vender os produtos, administrar a empresa e financiar as operações. Elas podem ser subdivididas em despesas com vendas, administrativas, financeiras e outras despesas operacionais.

As Despesas Comerciais ou com Vendas abrangem comissões da equipe comercial sobre as vendas realizadas, gastos com propaganda, despesas com marketing, folders, cartazes, campanhas promocionais, com clientes incobráveis, etc.

Já as Despesas Administrativas são aquelas realizadas para a gestão da empresa, tais como salários do pessoal administrativo, aluguel de escritórios, materiais de expediente, água e luz do escritório, assinatura de jornais e revistas, limpeza e conservação, telefonia, despesas com tecnologia de informação, etc.

As Despesas Financeiras correspondem à remuneração de capitais de terceiros, tais como aos juros pagos sobre empréstimos, custódia de cheques, antecipação de recebíveis, desconto de títulos que são realizados em bancos.

Finalmente as outras despesas operacionais abrangem os prejuízos de aplicações em outras empresas.

7.5 Métodos de Custeamento

Um método de custeamento pode ser definido como um processo sistêmico que permite a alocação e a organização dos dados sobre os custos da empresa, de acordo com o tipo de produção que ela possui, permitindo sua análise e tomada de decisões. Os métodos oficiais refletem os custos segundo a estrutura funcional da empresa.

Para a determinação do custo, a Contabilidade de Custos apresenta três métodos de custeamento principais:

a) **Oficiais de apropriação** – são métodos utilizados para produção em série com larga escala de produtos padronizados, permitindo o lançamento dos custos a cada linha de produtos e setores.

b) **Oficiais de acumulação** – são métodos utilizados para produtos feitos por encomenda ou em lotes específicos de produção, em que é possível acumular custos específicos para cada novo lote ou encomenda.

c) **Gerenciais de análise** – são utilizados para a análise gerencial de custos, sem a necessidade de obedecer à legislação vigente. Ex.: Custeio Baseado em Atividades (ABC) e Unidade de Esforço de Produção (UEP).

A escolha do método de custeio está diretamente relacionada ao tipo de processo produtivo que ela possui e se os produtos resultados desse processo são manufaturados de forma contínua ou intermitente. Daí se estabelecem métodos de apropriação, acumulação ou simplesmente para análise gerencial.

Alguns exemplos de processos de produção contínua são as indústrias de cimento, petroquímicas, usinas sucroalcooleiras, automobilística, de alimentos, etc. Já as empresas que trabalham por encomenda podem ser construtoras, indústrias de móveis planejados, empresas de projetos em engenharia, metalúrgicas de rebobinamento de motores e geradores elétricos, alfaiataria, etc.

Pelos métodos de acumulação, cada custo é contabilizado em sua respectiva ordem de produção ou serviço. Cada ordem de produção somente para de receber custos quando a produção da encomenda for finalizada, mesmo com o término de um exercício fiscal.

Já nos métodos de apropriação, os custos são registrados em suas respectivas contas contábeis, que são encerradas no final de cada dia, semana, mês, semestre ou ano. Assim, a apuração dos resultados das contas é realizada no fim de cada período contábil, pois os custos são calculados pela média do período, em que é dividido o custo total pela quantidade produzida.

Em ambos os casos, o CIF é contabilizado aos diversos setores e depois são alocados aos produtos baseado nas ordens de produção ou nas linhas de produção em série.

> **Exemplo:** Uma alfaiataria recebeu a encomenda de um terno no estilo inglês de um cliente executivo. O alfaiate cobra 50% do valor da encomenda no início do trabalho e os demais 50% no término do trabalho. Com isso, ele pode comprar o tecido e os aviamentos para a confecção da encomenda. O alfaiate tira as medidas exatas do cliente e anota todos os detalhes necessários, como cor e padronagem do tecido, detalhes do acabamento, etc. Após uma prova intermediária feita pelo cliente alguns dias depois, alguns ajustes são feitos para a confecção final. Finalmente, após 10 ou 12 dias um terno sob medida, ou taylor made, está pronto. Esse é um exemplo simplificado de um produto feito por encomenda.

Finalmente, os métodos gerenciais de análise são aqueles que se sobrepõem à definição clássica de custeio de produtos e serviços. Esses métodos pressupõem que o processo produtivo de uma empresa é formado por um conjunto de atividades organizadas e executadas por meio de vários setores. Essa visão permite que os processos sejam analisados, custeados e aperfeiçoados por meio da melhoria de desempenho na execução das atividades.

Assim, tanto o ABC quanto a UEP têm por objetivo custear processos ou o esforço de produção necessário realizado de forma interdepartamental. Neste caso, o ABC pode ser visto como uma ferramenta para análise dos fluxos de todos os custos. Para isso, a empresa precisa ter os processos bem definidos.

7.5.1 Método de Custeio por Processo ou Centros de Custos

É um método centrado em determinar os gastos e os resultados das áreas funcionais e dos produtos da empresa, tendo como objetivo a apropriação de custos de empresas com linhas de produção em série, com fabricação contínua de grandes volumes, demanda constante e produtos padronizados e massificados (Exemplos: refinarias de petróleo, tecelagens, serrarias, moinhos, siderúrgicas, frigoríficos, etc.).

O custo unitário não é apurado individualmente, mas calculado pela divisão do custo total de um dado período de tempo, pelas unidades produzidas no mesmo período. A produção é realizada em diversos centros de custos separadamente e o custo unitário determinado por esses centros.

Periodicamente, a Contabilidade de Custos deve elaborar relatório financeiro da área de produção com seus respectivos custos totais e unitários por linha e por produto. Assim, os custos dos produtos em processo são organizados e apropriados nos setores ou centros de custos principais e de suporte. Cada centro de custos está relacionado diretamente como um processo específico da linha de produção. O valor acumulado em cada linha de produção deve ser dividido pelo número de unidades produzidas nessas fases para a obtenção do custo unitário.

As vantagens desse método são:

- ✓ A área de manufatura tem conhecimentos técnicos específicos sobre o produto e seu custo unitário;
- ✓ O CIF é controlado pela estrutura de áreas e departamentos constituídos; e
- ✓ O trabalho burocrático é menor, pois se utilizam custos unitários médios e custo padrão para os produtos.

As desvantagens desse método são:

- ✓ Os custos unitários são médios e históricos e não apontam problemas diários pontuais de forma eficaz;
- ✓ A apuração do estágio dos produtos em processo é feita somente no final do período contábil;
- ✓ O controle das quebras e refugos na produção não é apontado de forma eficiente e eficaz; e
- ✓ Os critérios de rateio do CIF podem apresentar um baixo grau de confiabilidade e serem passíveis de questionamento.

Exemplo: A Indústria Têxtil Andirá S/A. utiliza um método de custeio por processo e utiliza o princípio de absorção total em seu sistema de custos. Foram apurados os seguintes dados relativos ao mês de maio de x0:

a) Cálculo da Margem de Contribuição (und)

	Edredons	Cobertores
Preço Unitário de Venda	45,00	42,00
Custo Unitário de Matérias-Primas	18,00	22,50
Custo Unitário de Mão de Obra Direta	6,00	6,00
Custos Indiretos de Fabricação Variáveis	4,00	2,00

O CIF variável é aplicado a cada produto pelo número de horas-máquina utilizado para cada produto.

b) Os Custos Indiretos de Fabricação Fixos estão distribuídos adiante por setor e devem ser rateados aos produtos de acordo com o volume de vendas no período que foi de 280 Edredons e 200 Cobertores. O Setor de Etiquetagem apurou R$ 420,00 de custos trabalhando somente na produção de cobertores.

Área de Corte – 200,00   Área de Costura – 600,00

Seção de Controle de Qualidade
           – 300,00   Setor de Acabamento – 500,00

Item	Edredons	Cobertores
Mão de Obra Direta (MOD)	5.040,00	4.500,00
Matérias-Primas (MP)	1.680,00	1.200,00
Custos Indiretos de Fabricação - variável (CIF)	1.120,00	400,00
Custos Variáveis Totais (CVT)	**7.840,00**	**6.100,00**
Área de Corte	116,67	83,33
Área de Costura	350,00	250,00
Seção de Controle de Qualidade	175,00	125,00
Setor de Acabamento	291,67	208,33
Setor de Etiquetagem	-	420,00
Custos Fixos Totais (CFT)	**2.033,34**	**1.586,66**

Baseado nesses dados é possível estruturar o seguinte Demonstrativo de Resultado Gerencial para o período:

Demonstrativo de resultado	Edredons	Cobertores
a) Receita	**12.600,00**	**8.400,00**
b) Custos Variáveis Totais	-7.840,00	-6.100,00
c) Margem de Contribuição (a-b)	4.760,00	2.300,00
d) Custos Fixos Totais	2.033,34	1.586,66
e) Lucro Bruto (c-d)	**2.725,66**	**713,34**
Índice de Lucratividade	21,63%	8,49%

Constata-se que o índice de lucratividade dos edredons é muito superior aos cobertores. Assim, a empresa pode estabelecer uma estratégia financeira de focar a venda de edredons como seu principal produto. Também pode realizar a revisão do preço de venda de cobertores, de modo a melhorar o índice de lucratividade, desde que isso não afete negativamente sua demanda. Para ambos os produtos, é necessário um acompanhamento rigoroso de todo os custos, especialmente os fixos, mantendo sua estrutura enxuta e eficiente. O critério de rateio do CIF fixo por volume de vendas pode gerar distorções, pois não reflete com exatidão o esforço de produção de cada item. Neste caso, recomenda-se a constante análise e busca de melhores critérios.

7.5.2 Método de Custeio por Ordem de Produção (OP)

É um método no qual cada item de custo é registrado e acumulado diretamente em ordens específicas de produção, emitidas pela unidade industrial da empresa. Cada ordem de produção aberta recebe um código interno de controle da empresa. Todos os documentos relacionados com os fatores de produção devem ser ligados às ordens de produção por meio desses códigos. As OPs são emitidas para o início da execução do serviço, devendo ser devidamente autorizado pelo executivo competente. Este sistema permite que a empresa relacione a receita obtida em uma OP com os custos realizados para a produção ou realização do serviço.

O Método OP identifica lotes diferentes de produtos durante o processo de fabricação. A ordem de produção ou de serviços é utilizada para acumular a MOD, a MP e o CIF calculado por meio de uma taxa de absorção. Pelo término da ordem de produção, pode-se saber o custo real de fabricação do período. O sistema é dispendioso e exige muito trabalho burocrático de registro de cada gasto em cada OP. É utilizado para produção intermitente, não padronizada ou não repetitiva. O método apresenta as seguintes vantagens:

- ✓ Proporciona um bom controle de custos sem a necessidade de um inventário físico dos materiais ou produtos;
- ✓ Permite avaliar produtos, seus respectivos custos diretos e margens de contribuição;
- ✓ Uma OP anterior pode servir como referência para estimar custos futuros de encomendas semelhantes;
- ✓ Os registros parciais das OPs permitem faturamentos parciais dos clientes; e
- ✓ O controle de produção é mais eficiente, pois o início da OP deve ser formalmente autorizado pelo gestor da área.

Já as desvantagens são as seguintes:

- ✓ O processo burocrático é grande para registro de cada gasto em cada OP; e
- ✓ Somente será conhecido o custo total real ao término da produção da encomenda.

Exemplo: A Indústria Marialva Ltda. produz equipamentos eletrônicos, segundo as especificações dos clientes, utilizando o Método de Custeio por Ordem de Produção. No início do mês passado, os dados da empresa eram:

Estoque Inicial de Produtos em Processo				
OP Nº	MOD	MP	CIF	Total
31	8.000	10.000	6.000	24.000
32	5.100	8.000	4.100	17.200

MP usada durante o mês de Fev/0x			MOD Aplicada no mês de Fev/0x			
Requisição Nº	OP Nº	Custo MP	OP Nº	Nº de Horas	Custo/ Hora	Custo MOD
8	31	18.200,00	31	200	22,50	4.500,00
9	32	9.500,00	32	230	22,50	5.175,00
10	33	15.500,00	33	180	22,50	4.050,00
11	34	500,00	34	120	22,50	2.700,00

Durante o mês de fevereiro, a taxa de absorção do CIF utilizada pela empresa é equivalente a 80% do valor da MOD do período.

OP Nº 31	MOD	MP	CIF	TOTAL
jan/0x	8.000	10.000	6.000	24.000
fev/0x	4.500	500	3.600	8.600
TOTAL	12.500	10.500	9.600	32.600

OP Nº 32	MOD	MP	CIF	TOTAL
jan/0x	5.100	8.000	4.100	17.200
fev/0x	5.175	18.200	4.140	27.515
TOTAL	10.275	26.200	8.240	44.715

OP Nº 33	MOD	MP	CIF	TOTAL
fev/0x	4.050	9.500	3.240	16.790
				0
TOTAL	4.050	9.500	3.240	16.790

OP Nº 34	MOD	MP	CIF	TOTAL

fev/0x	2.700	15.500	2.160	20.360
				0
TOTAL	2.700	15.500	2.160	20.360

No final do mês de fevereiro, o CIF real foi apurado e comparado com o CIF estimado do período conforme quadro a seguir. A variação do CIF no período foi de – R$ 3.210,00.

CIF apurado no final de fev/0x	
Aluguel da Fábrica	5.500,00
Seguro das Máquinas	1.850,00
Depreciação	1.500,00
Manutenção Preventiva	1.500,00
Gerente de Produção	6.000,00
Total CIF Real	16.350,00
Total CIF Aplicado	13.140,00
Variação do CIF no mês	(3.210,00)

As Ordens de Produção 31 e 32 foram completadas e vendidas no período gerando uma Receita Líquida de R$ 112.000,00, conforme quadro a seguir. Como o cliente somente pagou por 90% da encomenda, o Custo de Produto Vendido também representa 90% das OPs 31 e 32. O restante permanecerá como estoque de produto acabado até que o cliente retire o restante da encomenda (transferência de titularidade do bem), autorizando seu faturamento.

a) Receita Líquida	112.000,00
b) Mão de Obra	20.497,50
c) Matéria-Prima	33.030,00
d) Custo Indireto de Fabricação	16.056,00
e) Variação CIF	3.210,00
f) CPV (b+c+d+e)	72.793,50
g) Lucro Bruto (a-f)	39.206,50

É importante ressaltar que a variação do CIF no período deve ser incorporada na apuração do lucro bruto do período. Assim, caso a empresa tenha uma taxa de absorção do CIF muito baixa, corre o risco de cobrar do seu cliente um valor aquém do necessário para gerar o lucro bruto desejado para as peças produzidas e encomendas entregues. Portanto, a taxa de absorção do CIF deve ser constantemente revista e atualizada em bases conservadoras.

7.5.3 Método de Custeio por Unidades de Esforço de Produção (UEP)

O Método UEP foi desenvolvido originalmente na França pelo engenheiro Georges Perrin, que o denominou GP. Foi introduzido no Brasil pelo engenheiro Franz Allora e aplicado junto com Ernst Otto Kamp em diversas empresas de vários setores das regiões centro-sul.

O método consiste na elaboração e utilização de uma unidade de medida dos esforços e recursos aplicados na produção de vários produtos. É necessário que esta medida seja padronizada para que possa servir de denominador comum a todos os produtos. Nesse caso, o principal objetivo é simplificar os processos de cálculo e alocação de custos a vários produtos, e mensurar a produção de diversos itens no mesmo período, para que se possa com isso administrar a produção, controlar custos e avaliar resultados. O método das UEPs segrega a área de produção em Postos Operativos (POs) e elege um produto-base, cujo custo servirá de parâmetro para medir os equivalentes de produção dos demais.

O método estabelece na empresa uma unidade para mensurar uma produção diversificada. Dessa maneira, o executivo poderá analisar custos, capacidade, rendimento, ociosidade e produtividade. A UEP mensura o esforço necessário para transformar matérias-primas em produtos acabados.

Trata-se de medida específica da indústria e serve para avaliar a eficiência da manufatura de produtos diferentes baseados em um só padrão: a UEP. Cada produto despende uma quantidade de UEPs, que varia de acordo com o esforço realizado para obtenção do produto. A soma das UEPs de todos os produtos representa a produção total. Por não sofrer com o impacto da inflação, o custo de produção de períodos diferentes pode ser comparado sem problemas. A sua aplicação tem se estendido a mais de uma centena de indústrias brasileiras de todos os portes, envolvendo setores como calçados, metalúrgico, têxtil, móveis, cristais, etc.

Para se chegar aos valores monetários das UEPs dividem-se os custos de transformação (MOD+CIF) pelo número de UEPs correspondentes à produção total da empresa em determinado período.

7.5.4 Gestão Total de Custos

Nos dias atuais, muitas empresas têm baseado suas estratégias competitivas em investimentos em tecnologia de processos visando redução de custos, aumento da qualidade e redução do tempo de atendimento aos clientes. Esses novos desafios empresariais ocasionaram a concepção de novos métodos de gerenciamento de custos denominado Gestão Total de Custos (GTC). Pelo conceito, a gestão de custos deixa de ser uma atividade meramente operacional, vinculada à Contabilidade Geral ou à Administração Financeira da empresa, para receber priorização e tratamento diferenciado a nível estratégico. Desse tratamento dependem diretamente os resultados das empresas. Pode ser dividido em três fases:

7.5.4.1 Análise de Processo do Negócio

Nessa fase inicial, deve-se mapear o processo e avaliar sua qualidade, velocidade, custos, ociosidade e atividades que não agregam valor, utilizando ferramentas para o estudo do processo e melhoria contínua. Ele serve para orientar planos de redução de custos, do tempo de processamento e de melhoria da qualidade dos produtos. Nesse caso, a gestão de processos é tida com a atividade principal, cujas técnicas conhecidas como elaboração de diagramas de blocos, *flowcharts* e diagramas Pert são muito utilizados. Nos últimos anos, os profissionais encarregados da melhoria das atividades e processos considerados críticos dentro de grandes corporações têm sido muito requisitados.

7.5.4.2 *Activity Based Costing* (ABC)

É um método gerencial que surgiu na década de 80 na Universidade de Harvard devido ao aumento expressivo da automação industrial e da participação do CIF nos custos totais da empresa. Ele tem como objetivo principal apurar os custos das atividades produtivas e depois registrá-las nos produtos e serviços, com o firme propósito de melhorar a gestão de processos internos da empresa.

Uma atividade pode ser conceituada como um conjunto de ações coordenadas que utilizam pessoas, materiais, tecnologia e recursos financeiros para a produção de bens ou serviços. Ela é composta por um conjunto de tarefas direcionadas para um determinado resultado. Os processos são conjuntos de atividades relacionadas e interdependentes.

Em um primeiro passo, o ABC calcula o custo das atividades mapeadas na Análise do Processo do Negócio, utilizando um esquema de rateio baseado em direcionadores de custos primários. Na sequência, o custo de cada atividade é contabilizado aos produtos ou serviços utilizando direcionadores de custos secundários, conforme figura a seguir.

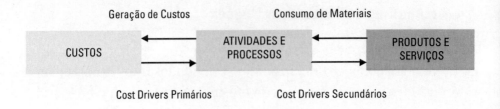

Figura 7.1 ■ O Processo de Custeio ABC

Na abordagem do ABC, uma empresa é formada por um conjunto de processos constituídos por atividades que transformam matérias-primas em produtos acabados. Pelo ABC, os fatores que ocasionam os custos de produção podem ser planejados e gerenciados. Assim, quanto maior o conhecimento das características de cada processo, maior a possibilidade de os gestores tomarem decisões para reduzir seus custos de forma inteligente e eficiente. Assim, o método organiza de forma sistemática o gerenciamento dos processos empresariais e as ações específicas para otimizá-los e como consequência haverá redução expressiva de custos.

7.5.4.3 Melhoria Contínua nos Processos

Para que os custos da empresa sejam reduzidos de forma inteligente, sem comprometer seu desempenho, é imprescindível a adoção de um processo de melhoria contínua em todos os processos. Isso implica a utilização de conceitos e técnicas para mapear processos e identificar gargalos, rupturas, ineficiências, ociosidades e quebras, ou seja, custos ruins que encareçam toda a operação. A aplicação de conceitos e técnicas de Qualidade Total (Ciclo PDCA/SDCA), o treinamento das equipes e investimentos em máquinas e equipamentos também é muito importante na busca da melhoria contínua. Assim, a empresa pode lançar metas de melhorias e sistematicamente elevar seu nível de qualidade nos processos, registrando cada sucesso em seus procedimentos padronizados nos manuais internos. Com isso, a empresa acumula uma série de conhecimentos sobre seus processos, o que é vital para elevar a produtividade aos padrões necessários para garantir sua competitividade no mercado.

7.5.5 Compatibilização da Departamentalização com o Método ABC

Um dos principais desafios dos executivos financeiros que desejam utilizar o ABC é sua compatibilização com os modelos tradicionais de custeio, geralmente baseados em departamentos e centros de custos. De fato, o método ABC pode ser utilizado com técnicas de departamentalização com o objetivo de calcular o custo das atividades nos departamentos e, a partir disso, realizar a melhoria contínua dos processos internos.

Para isso, é importante entender que um departamento é a menor unidade operacional de uma empresa que seja significativa para o controle de custos. Sua estrutura contém gastos com pessoal, materiais e máquinas, e é comandado por um líder de equipe, geralmente um coordenador. Na gestão de custos, a departamentalização representa o trabalho de se planejar e controlar os custos indiretos da empresa, mediante sua alocação nos departamentos por meio de um esquema de rateio.

Assim, o CIF deve ser alocado aos departamentos com base nos critérios de rateio estabelecidos e registrados no sistema de custos. Cada departamento, por sua vez, receberá uma codificação interna da empresa que permitirá a sua identificação no sistema contábil e de custos. Tal mecanismo é muito utilizado em grandes corporações com muitas áreas ou unidades de negócio que necessitam de análises de performance individualizadas para avaliar sua viabilidade econômico-financeira ao longo de determinado período.

Cada departamento tem um responsável que deve elaborar seu orçamento de custos a cada exercício e regularmente prestar contas do resultado efetivamente realizado. Os departamentos produtivos podem ser classificados em dois grandes grupos:

- ✓ Produção – são os setores que transformam matérias-primas em produtos acabados, por meio de processos de manufatura em linhas de produção; e
- ✓ Suporte à Produção – são os setores que realizam serviços de apoio às atividades principais de produção, tais como Engenharia, Qualidade, Pesquisa e Desenvolvimento, Planejamento e Controle da Produção.

Geralmente, um departamento é um centro de custos em que são contabilizados os CIFs. Caso seja um departamento de suporte à produção, devem-se lançar seus custos para os departamentos de produção mediante utilização de critérios de rateio e posteriormente lançar aos produtos finais da empresa. O quadro a seguir apresenta três etapas para compatibilizar o método ABC com a estrutura departamental de uma empresa.

Aplicação do Método ABC na Estrutura de Departamentos

- ✓ Identificar as macroatividades de cada departamento utilizando conceitos da análise de processo do negócio.
- ✓ Atribuir os custos às atividades de acordo com a alocação direta, rastreamento ou rateio. Para cada atividade deve-se atribuir um respectivo direcionador de custos para se apurar os resultados por atividade e posteriormente por produto.
- ✓ Promover melhoria contínua nos departamentos e em suas respectivas atividades.

Exemplo: A Louveira Seguros e Previdência S/A possui uma unidade de negócios de previdência privada aberta e comercializa os planos PGBL e VGBL. Os planos passam pelos setores e atividades conforme segue. Elabore um relatório de custos por atividade e um demonstrativo de resultados por produto.

Dados de Vendas e Custos Diretos	PGBL	VGBL
Receita Líquida de Planos	49.500,00	39.900,00
Pessoal Próprio	11.000,00	12.000,00
Materiais de Expediente Diretos	5.230,00	4.770,00

Custos Indiretos	R$
Limpeza e Conservação	1.450,00
Call Center	3.800,00
Área Técnica	3.500,00
Energia Elétrica	1.900,00
Depreciação de Bens Móveis	4.500,00
Aluguel	8.000,00
Gerente de Operações	4.200,00
TOTAL	27.350,00

O segundo passo é definir as macroatividades em cada área funcional da empresa, conforme quadro que segue. Para isso, recomenda-se a constituição de um comitê de custos interdepartamental, formado por executivos com conhecimento da operação da empresa, bem como boas noções de custos. Para todos os CIF será selecionado pelo comitê um *cost driver* mais apropriado, de acordo com sua rastreabilidade, ou seja, sua capacidade direta de influenciar a realização de um custo.

CIF/Setores	Setor	Setor de subscrição		Setor de Benefícios			PCO	TOTAL
CIF/Atividades	Atividade / Cost Driver Primários	Subscrever Risco	Emitir Plano	Resgatar Plano	Transferir Reservas	Conceder Benefícios	Controlar Operação	
Gerente de Operações	Nº Funcionário	4	8	8	8	8	4	40
Call Center	Atendimentos	12	18	50	12	8	0	100
Aluguel	Área m²	60	100	80	150	100	10	500
Técnica, Energia Elétrica, Depreciação	Horas/Operação	100	100	600	700	500	0	2000
Limpeza e Conservação	Acionamentos	3	3	4	4	4	2	20

Na sequência, atribui-se a cada atividade a sua parcela correspondente do CIF e apura-se o custo total de cada atividade. Com isso, a empresa pode entender quais são as atividades mais caras e como pode sistematicamente tentar reduzir seus gastos, melhorando seus processos operacionais.

Descrição	Atividade / Cost Driver Primários	Subscrever Risco	Emitir Plano	Resgatar Plano	Transferir Reservas	Conceder Benefícios	Controlar Operação	Total
Limpeza e Conservação	Acionamentos	217,50	217,50	290,00	290,00	290,00	145,00	1.450,00
Call Center	Atendimentos	456,00	684,00	1.900,00	456,00	304,00	–	3.800,00
Área Técnica	Horas/Operação	175,00	175,00	1.050,00	1.225,00	875,00	–	3.500,00
Energia Elétrica	Horas/Operação	95,00	95,00	570,00	665,00	475,00	–	1.900,00
Depreciação de Bens Móveis	Horas/Operação	225,00	225,00	1.350,00	1.575,00	1.125,00	–	4.500,00
Aluguel	Área m²	960,00	1.600,00	1.280,00	2.400,00	1.600,00	160,00	8.000,00
Gerente de Operações	Nº Analistas	420,00	840,00	840,00	840,00	840,00	420,00	4.200,00
TOTAL DA ATIVIDADE		2.548,50	3.836,50	7.280,00	7.451,00	5.509,00	725,00	27.350,00

Na etapa seguinte, deve-se utilizar *cost drivers* secundários para alocar o custo das atividades para cada produto à empresa, utilizando o mesmo critério de rastreabilidade.

Atividades/Produtos	Cost Drivers Secundários	Produto PGBL	Produto PGBL	Total
Subscrever Risco	No. Propostas	400	600	1.000
Emitir Plano	No. Propostas	400	600	1.000
Resgatar Plano	Horas/Pessoal	1.750	1.250	3.000
Transferir Reservas	Horas/Pessoal	550	450	1.000
Conceder Benefícios	Horas/Pessoal	650	350	1.000
Controlar Operação	No. Planos	12.000	13.000	25.000

Finalmente, apuram-se os resultados gerenciais da empresa no período.

DRE GERENCIAL	PGBL	VGBL	TOTAL
Receita Líquida de Planos	49.500,00	39.900,00	89.400,00
Pessoal Próprio	11.000,00	12.000,00	23.000,00
Materiais Diretos	5.230,00	4.770,00	10.000,00
Custos Diretos	16.230,00	16.770,00	33.000,00
Subscrever Risco	1.019,40	1.529,10	2.548,50
Emitir Plano	1.534,60	2.301,90	3.836,50
Resgatar Plano	4.246,67	3.033,33	7.280,00
Transferir Reservas	4.098,05	3.352,95	7.451,00
Conceder Benefícios	3.580,85	1.928,15	5.509,00
Controlar Operação	348,00	377,00	725,00
Custos Indiretos	14.827,57	12.522,43	27.350,00
Lucro Bruto	18.442,43	10.607,57	29.050,00

É importante ressaltar que a apuração do lucro bruto de cada produto se torna mais exato, pois o método permite que cada produto receba uma parcela do CIF mais bem estudada e calculada. Com isso, a tomada de decisão gerencial ganha em qualidade e precisão.

7.6 Princípios de Custeio

7.6.1 Classificação dos Princípios de Custeio

Os princípios de custeio são utilizados associados a um método de custeio para formar um Sistema de Custos. Um dos mais importantes motivos para se pesquisar os princípios de custeio está na possibilidade de se calcular a ociosidade e a ineficiência do processo produtivo, atribuindo ou não os custos fixos à produção, à capacidade produtiva, ou mesmo não realizar a atribuição para fins gerenciais. Os princípios podem ser classificados em:

a) Custeio por Absorção Total – São contabilizados os custos fixos relacionados com a produção aprovada para a venda (real) excluindo-se as perdas, a ineficiência e a ociosidade (custo ruim). Nesse caso, a produção real não é sobrecarregada pelo custo da baixa qualidade.

Custo Unitário = Custos Variáveis Unitários + (Custo Fixo Total / Produção Real)

---

b) Custeio por Absorção Parcial – Nesse princípio os custos fixos totais devem ser rateados pela capacidade total de produção instalada na empresa.

> Custo Unitário = Custos Variáveis Unitários + (Custo Fixo Total / Capacidade)

c) Custeio Variável ou Direto – Considera o custo variável do produto como base para análises da margem de contribuição e decisões gerenciais de vendas e produção. Os custos fixos são considerados custos gerais do exercício.

> Custo para Análise da Margem de Contribuição = Custos Variáveis Unitários

7.6.2 Quantificando a Ociosidade e a Ineficiência

Um dos maiores desafios da gestão de custos é a identificação do custo bom. Denomina-se custo bom aquele que realmente agrega valor ao processo ou ao produto da empresa. É a soma de gastos com fatores de produção que realmente geram produtos em níveis aceitáveis de qualidade para comercialização.

Para obtê-lo, é necessário o desenvolvimento de uma cadeia de fornecedores com qualidade e confiabilidade, evitando o perigo da escolha de fornecedores exclusivamente pelo fator preço, pois o barato pode sair muito caro. Podem-se listar como itens críticos os fornecedores de embalagens, a engenharia de produtos e os serviços logísticos.

O custo ruim pode ser classificado como ineficiência ou ociosidade. A ineficiência trata dos custos existentes por falta da produtividade adequada do processo operacional, seja por causa de pessoas ou máquinas.

> Ociosidade = Capacidade − Utilização

Já a ociosidade é o custo das máquinas e equipamentos parados por falta de produção. É a capacidade instalada não utilizada por falta de demanda ou programação de produção errada.

> Ineficiência = Utilização – Produção Boa

Exemplo: A Industrial Marialva Ltda. fabrica dois produtos e apura seus custos pelo método por processos. A grande dificuldade da empresa é saber se os recursos estão sendo utilizados eficientemente. Calcule os custos de produção dos dois produtos pelos princípios da absorção parcial e total para os dois meses analisados e classifique em eficientes e/ou ineficientes os gastos incorridos no período, calculando as margens de lucro obtidas com cada produto. A empresa utiliza o Custeio por Absorção Parcial e calcula seu preço de venda acrescentando uma margem de 30% sobre seus Custos Variáveis e Fixos Unitários.

Itens	Sapatos	Botas
Custo Variável Unitário	29,00	24,00
Custo Fixo Total	14.900,00	22.800,00
Capacidade Produtiva Real (unidade/hora)	6	5
Horas de Trabalho Mensais (Capacity Plan)	200	200
Produção Realizada em Unidades		
Maio	1.050	750
Junho	750	550
Horas de Trabalho Alocadas da Mão de Obra Direta		
Maio	188	195
Junho	175	175

Na primeira etapa, são apurados os custos unitários pelos princípios de absorção parcial. Já na segunda etapa, são levantados os custos da absorção parcial e total. É possível notar o aumento da diferença do custo unitário entre um princípio e outro, analisando-se os resultados de cada mês.

1ª Etapa	Sapatos	Botas
Custo Variável Unitário	29,00	24,00
Custo Fixo Unitário (CFT / Capacidade Mês)	12,42	22,80
Capacidade Unitário (CVU + CFU)	41,42	46,80
Capacidade Produtiva Real	1.200	1.000

2ª Etapa	Custo Unitário Sapatos		Custo Unitário Botas	
Meses	Ab. Total	Ab. Total	Ab. Total	Ab. Total
Maio	43,19	41,42	54,40	46,80
Junho	48,87	41,42	65,45	46,80

Na terceira etapa, estruturam-se os cálculos da capacidade, utilização e produção. A capacidade é calculada pela capacidade de fabricação de unidades horas multiplicado pelas horas máquina disponíveis. Já a utilização são as horas de mão de obra alocadas multiplicado pela capacidade em horas máquina. Finalmente, a produção boa é a quantidade de produtos próprios para comercialização contada no final da linha de produção.

3a etapa	Sapatos			Botas		
Meses	Capacidade	Utilização	Produção	Capacidade	Utilização	Produção
Maio	1.200	1.128	1.050	1.000	975	750
Junho	1.200	1.050	750	1.000	875	550
Meses	Ociosidade	Ineficiência	Custo Bom	Ociosidade	Ineficiência	Custo Bom
Maio	894,00	968,50	43.487,50	570,00	5.130,00	35.100,00
Junho	1.862,50	3.725,00	31.062,50	2.850,00	7.410,00	25.740,00
Totais	2.756,50	4.693,50	74.550,00	3.420,00	12.540,00	60.840,00

No presente caso, as botas no mês de junho apresentam prejuízo, pois como a demanda é pequena e os custos fixos são elevados, cada unidade vendida carrega uma parcela maior do custo fixo total, que nesse caso é acima das receitas de vendas.

Sapatos	Preço	A. Parcial	A. Total	Margem
Maio	53,84	41,42	43,19	10,65
Junho	53,84	41,42	48,87	4,98

Botas	Preço	A. Parcial	A. Total	A. Total
Maio	60,84	46,80	54,40	6,44
Junho	60,84	46,80	65,45	−4,61

Assim, os prejuízos apurados em cada unidade de botas vendidas no mês de junho atestam que um processo de custeamento e precificação baseado em capacidade sem o monitoramento da demanda real pode levar ao cálculo errado do custo unitário dos produtos, e consequentemente de sua precificação.

7.7 Custo Alvo

O custo alvo é determinado e calculado pela diferença entre o preço do produto no mercado e sua respectiva margem de lucro definida pelos sócios da empresa. O preço de mercado é definido pelo valor que o cliente percebe e atribui ao bem ou serviço oferecido pela empresa. A margem de lucro representa o retorno sobre o capital investido dentro da expectativa dos sócios.

Assim, o custo alvo permite todo um processo de projeção de preços, custos e lucros por linha e por produto. Seus objetivos fundamentais são:

- ✓ Realização da gestão efetiva dos custos de cada produto respeitando os limites mínimos de suas margens de lucro;
- ✓ Definição dos custos dos materiais diretos (matérias-primas e embalagens) e negociação com fornecedores;
- ✓ Definição de preços de mercado e custos máximos de novos produtos e serviços; e
- ✓ Manutenção da rentabilidade sobre o capital investido e da lucratividade sobre as receitas a longo prazo.

A definição do preço de venda de um produto é realizada a partir da utilidade, atributos de valor, funcionalidade e qualidade que atendem uma necessidade específica do cliente. A pesquisa de mercado e a definição do valor percebido pelo cliente determinam a aceitação e, consequentemente, a demanda do mercado.

DESAFIO: PREÇO PRETENDIDO x VALOR PERCEBIDO

Já para a definição da margem de lucro desejada, a margem do produto anterior pode servir como referencial para um novo produto. Porém, pode-se partir de uma nova margem pretendida para a linha, determinada pela alta administração como parte de sua estratégia de garantir um retorno atraente ao capital investido.

CUSTO ALVO = VALOR PERCEBIDO − MARGEM PRETENDIDA

CUSTO ADMISSÍVEL = PREÇO PRETENDIDO − MARGEM PRETENDIDA

O custo alvo admissível é definido em função do menor custo possível após negociações entre a área de Compras, Engenheiros de Produção da empresa e fornecedores de materiais diretos. Isso indica o nível de competitividade da empresa. Quanto menor for o custo estimado, mais competitivos serão os preços praticados e as margens de lucro.

DESAFIO: CUSTO ALVO – CUSTO ASMISSÍVEL = ZERO

Assim, o objetivo final dos estudos sobre custo alvo é poder zerar a diferença entre o custo alvo e o custo admissível, ou seja, zerar a diferença entre o custo ideal da empresa e o custo máximo que permita a empresa ter lucro. Esta é a situação ideal para que a empresa atinja a resultado desejado.

7.8 Custo Padrão Corrente

É um método para apuração e determinação de custos unitários que tem como objetivo estabelecer uma meta de custos para um determinado produto ou serviço padronizado, levando em conta as limitações físicas dos materiais diretos, do nível de eficiência da mão de obra e da capacidade real das máquinas e equipamentos. O custo padrão é muito aplicado no planejamento e controle de custos de produção.

O custo padrão é gerenciado comparando-se o custo real e o projetado. O custo padrão de cada produto deve ser fixado em quantidades físicas (horas máquina, horas de mão de obra, kwh, etc.) pela área de manufatura e depois custeado pela área de Custos.

O custo padrão facilita a projeção de orçamentos empresariais e pode ser utilizado como base para estimativas na produção e na contabilidade, com o devido tratamento das variações em comparação aos custos reais.

7.9 Sistemas de Custos

Cabe à área de Custos da empresa preparar os sistemas que serão os meios para colher os dados de que necessita, arrumá-los e produzir as informações gerenciais para outros setores da administração. A Contabilidade de Custos emprega vários sistemas representados por um conjunto de critérios, convenções, procedimentos e registros que trabalham de modo coordenado para atender as necessidades de informações dos executivos.

Os sistemas de custos são constituídos de princípios e métodos de custeio. Os princípios de custeio são direto, absorção parcial e absorção total. Já os métodos de custeio são Ordem de Produção ou Serviço, Processos ou em Série, Activity Based Costing (ABC) e Unidade de Esforço de Produção (UEP).

PRINCÍPIOS + MÉTODOS = SISTEMAS

O executivo da área de Custos deve estruturar o sistema que será utilizado para captar e organizar os dados necessários para produzir as informações gerenciais essenciais para os outros setores da empresa. Para isso, a Contabilidade de Custos utiliza um conjunto de princípios, métodos, critérios, convenções, procedimentos e registros que interagem de modo coordenado para suprir os executivos de informações essenciais para a tomada de decisões.

Com o crescimento da estrutura da empresa e da complexidade do processo produtivo, as necessidades de informações de custos também crescem. Assim, para melhorar os procedimentos de controle dos custos das operações, a Contabilidade de Custos se organiza em três sistemas diferentes:

a) **Custos Padrão** – é utilizado para realizar estimativas de custos operacionais e estabelecer parâmetros para projeções orçamentárias. Normalmente são os custos diretos e variáveis relacionadas com a MP e a MOD.

b) **Custos Estimados** – é aplicado nas linhas de produção onde as operações são realizadas por encomendas ou ordens de produção. Para esse tipo de produção, é muito caro e burocrático o uso do custo padrão que exige o levantamento preciso de dados de custos por atividade, produto ou área.

c) **Centros de Custos** – é amplamente utilizado para o controle de custos indiretos inerentes às atividades de suporte, à produção e às despesas operacionais que atendem a manufatura de mais de um produto. Utilizando os procedimentos adequados para a correta classificação contábil, os custos e as despesas são contabilizados em cada um dos centros de custos que possuem gestores responsáveis pelo seu controle.

Exemplo: A Indústria Americana Ltda. fabricou 245 unidades de aço cilíndrico tipo Z1 e 315 unidades do tipo Z2. Pelo Método de Custeio por Processo Contínuo, calcule o custo fabril, apure as despesas operacionais e estruture o DRE.

a) Mão de obra direta – Os funcionários na produção têm salário de R$ 100,00 a hora. A jornada semanal é de 44 horas, com 12 feriados, 49 repousos semanais e 20 dias de férias. No mês foram aplicadas 200 horas para Z1 e 280 para Z2.

Gestão de custos

Horas por semana	44
Dias por semana	6
Média de horas de trabalho/dia	7,33
Dias trabalhados no ano	365
Repouso semanal remunerado	49
Dias de férias	20
Feriados	12
Dias disponíveis de trabalho	284
Jornada diária em horas	7,33
nº de horas anuais	2082,67

Salário e Encargos			
Descrição	Horas	Valor	Total
Salário	2082,67	100,00	208.266,67
13º Salário		8,33%	17.348,61
Féria + Adicional Constitucional 1/3		11,11%	23.138,43
Feriados		4,23%	8.800,00
Descanso Semanal Remunerado		17,25%	35.933,33
Subtotal de Remuneração			293.487,04
INSS		20,00%	58.697,41
SAT		3,00%	8.804,61
Salário Educação		2,50%	7.337,18
INCRA/SENAI/SESI/SEBRAE		3,30%	9.685,07
FGTS		8,00%	23.478,96
Auxílio-doença		0,50%	1.467,44
Aviso Prévio e Encargos		12,00%	35.218,44
Subtotal de Encargos			144.689,11
Abono de Férias (10 dias)		10,00	7.333,33
Adicional 1/3 abono de férias		33,0%	2.444,44
Encargos sociais		36,8%	2.698,67
Custo Total MOD			450.652,60
Horas trabalhadas no ano			2.082,67
Custo Hora			216,38
Horas aplicadas em Z1 no mês		200	43.276,50
Horas aplicadas em Z1 no mês		280	60.587,10

As horas de trabalho, as verbas salariais e os encargos sociais seguem a legislação trabalhista vigente. Já o auxílio doença e o aviso prévio devem ser estimados pela empresa.

b) Matéria-Prima – O consumo de MP até o dia 12 foi destinado ao produto Z1 e o consumo do dia 15 até o final do mês foi para o produto Z2. O custo da MP consumida deverá ser calculado pela MPM.

Cálculo da Média Ponderada Móvel							
Dia	Kg	Compra	Estoque	Valor	MPM	Utilização	Custo MP
3	1.000	10	1.000	10.000,00	10,00		
5	500	11,5	1.500	15.750,00	10,50	1.000	10.500,00
8	750	11,5	1.250	13.875,00	11,10		
12	1.100	11,7	2.350	26.745,00	11,38	1.500	17.071,28
13	900	11,7	1.750	20.203,72	11,54		
15	2.000	10,5	3.750	41.203,72	10,99	2.000	21.975,32
17	500	16	2.250	27.228,40	12,10		–
20	120	13	2.370	28.788,40	12,15		–
23	1.200	13	3.570	44.388,40	12,43		–
29				44.388,40	12,43	1.500	18.650,59
						MP Z1	27.571,28
						MP Z2	40.625,91

Repare que a data de utilização da matéria-prima determina seu custo unitário atualizado que compõem o resultado do mês.

c) Custos indiretos de fabricação – deve ser rateado para os produtos de acordo com as horas máquinas utilizados no mês: 420 horas para Z1 e 480 horas para Z2.

Depreciação de máquinas – 7.500,00   Água e Luz da Fábrica – 950,00

Aluguel de Fábrica – 4.000,00   Gerente de produção – 3.450,00

Cálculo do CIF no Período

CIF	Z1	Z2	TOTAL
Depreciação de máquinas	3.500,00	4.000,00	7.500,00
Água e Luz da Fábrica	443,33	506,67	950,00
Aluguel da Fábrica	1.866,67	2.133,33	4.000,00
Gerente de Produção	1.610,00	1.840,00	3.450,00
Total	7.420,00	8.480,00	15.900,00
Critério de Rateio: horas-máquina	420	480	900

O cálculo do rateio do CIF determina o valor que compõe o resultado do mês. Somando-se a mão de obra alocada, as matérias-primas aplicadas e os custos indiretos do período, têm-se o custo de produção e assim o valor das entradas do estoque de produtos acabados do referido mês, que deve ser contabilizado no ativo circulante.

Apuração de Custos Fabris no Período

CPF	Z1	Z2	TOTAL
Mão de Obra Direta	42.260,58	59.164,81	101.425,39
Matérias-primas	27.571,28	40.625,91	68.197,19
Custos indiretos de fabricação	7.420,00	8.480,00	15.900,00

Apuração de Custos Fabris no Período

CPF	Z1	Z2	TOTAL
Custo de Produto Fabricado	77.251,86	108.270,72	185.522,58
Quantidades Produzidas	245	315	
Custo Unitário	315,31	343,72	

As Despesas Operacionais no período foram as seguintes:

Cálculo das Despesas Operacionais

Despesas Administrativas	Salários e encargos	8.000,00	
	Aluguel dos escritórios	1.200,00	
	Materiais de expediente	500,00	
	Água e luz do escritório	750,00	
	Telecomunicação	1.350,00	11.800,00
Despesas com Vendas	Salários e encargos	5.230,00	
	Comissões de Vendas	8.480,00	
	Devoluções de Mercadorias	1.420,00	
	Serviços de terceiros	900,00	
	Provisão para créditos de liquidação duvidosa	2.135,00	18.165,00
Receitas e Despesas	Juros e encargos sobre empréstimos	345,00	
	Rendimentos de aplicações financeiras	210,00	
Outras Despesas Operacionais	Honorários de Serviços de Transportes	790,00	
	Salários e encargos (T&W)	3.500,00	
	Depreciação de bens móveis e equipamentos	390,00	
	Limpeza, Conservação e Segurança	1.000,00	5.680,00

DESPESAS OPERACIONAIS TOTAIS	35.990,00

d) Da produção realizada, 85% foi vendido no próprio exercício, e as receitas de vendas foram de R$ 278 mil para Z1 e R$ 376 mil para Z2. Os impostos sobre vendas perfazem 31,65% (IPI, ICMS, PIS e Cofins) e 34% sobre o lucro (IR, CSLL e Adicional).

DEMONSTRATIVO DE RESULTADOS	
Receita de Vendas	654.210,00
Impostos sobre Vendas	-207.057,47
Receita Líquida	447.152,54
Custo de Produto Vendido	-157.694,19
Lucro Operacional	289.458,35
Despesas Operacionais	-43.490,00
LAJIR	245.968,35
Despesas Financeiras	-345,00
LAIR	245.623,35
Imposto de Renda e Contribuição Social	-85.968,17
Lucro Líquido	159.655,18

Finalmente, a montagem do Demonstrativo de Resultado de Exercício (DRE) agrupa todas as contas de resultados, ou seja, receitas, custos e despesas. Seu objetivo é a apuração do lucro do exercício.

7.10 Formação de Preço de Venda

As corretas projeção e formação de preços de venda dos produtos e serviços são fundamentais para a obtenção dos índices de lucratividade e mesmo para a sobrevivência das empresas de todos os segmentos. Somente mediante uma política eficiente de cálculo e projeção de preços, as empresas poderão atingir seus objetivos de lucro, crescimento de longo prazo, desenvolvimento de seus funcionários, atendimento qualificado a seus clientes, etc.

É válido lembrar que atualmente a determinação do preço de venda final ao cliente tem como principais fatores de decisão, a concorrência direta e indireta (fabricantes, atacadistas e varejistas), a vantagem competitiva do produto em relação aos seus concorrentes e o reconhecimento dos consumidores dos atributos de valor oferecidos pela empresa.

Uma política de precificação eficiente não significa preços altos ou baixos, mas sim o alinhamento com a expectativa do mercado, levando-se em consideração os custos, as despesas e os impostos da empresa, seu equilíbrio operacional e o retorno desejado pelos acionistas. De fato, a formação eficiente do preço de vendas sempre deve levar em consideração a percepção de valor do bem ou serviço pelo cliente final.

As empresas necessitam desenvolver uma ideia objetiva sobre a lucratividade proporcionada por seus produtos e serviços, bem como das necessidades de recursos para atingir seu equilíbrio operacional. O quadro adiante apresenta a evolução da formação do preço de venda ao longo do tempo. Em épocas inflacionárias, era muito comum se estabelecer o preço baseado no custo. Já no presente, a determinação da margem de lucro pelos acionistas e do preço pelo mercado determinam o custo máximo que se pode ter na produção. No futuro, o custo será estabelecido como meta, pois com a aplicação de novas tecnologias de processo, os gastos serão quase totalmente gerenciáveis e previsíveis.

Quadro 7.6 ■ Evolução do Processo de Formação de Preços

Tempo	Processo	Enfoque
Passado	Preço = Custo + Lucro	Produção
Presente	Lucro = Preço − Custo	Mercado
Futuro	Custo = Preço − Lucro	Acionista

Os objetivos gerais da formação de preços de venda nas empresas são:

- ✓ Gerar o maior lucro sustentável possível, compatibilizando os custos da empresa com preços competitivos e aceitáveis pelos clientes na indústria;
- ✓ Selecionar as linhas de produtos com melhores margens de contribuição para decisões estratégicas voltadas aos clientes atuais e aos novos mercados;
- ✓ Alinhar a demanda com determinado nível de preços com a plena utilização da capacidade produtiva, evitando ociosidade operacional; e
- ✓ Buscar maximizar o retorno sobre o capital empregado, obtendo o melhor retorno possível nas vendas dos produtos.

7.10.1 Precificação baseada em Custos

A formação do preço de venda baseado no custo é amplamente praticada em pequenos negócios, especialmente no comércio, onde grande parte dos gastos da empresa é relacionada com uma mercadoria comprada de um fabricante para ser distribuído a um cliente no varejo.

> PREÇO DE VENDA = CUSTOS + DESPESAS + LUCROS

Nesse caso, a soma dos custos, das despesas e da parcela de lucro desejada pelo empresário permite o cálculo rápido do preço de venda líquido. Por sua vez, a partir do preço de venda líquido, incluem-se os impostos sobre vendas para obtenção do preço projetado de vendas final.

7.10.2 Precificação baseada no Mercado

Por esse método, pesquisa-se em primeiro lugar o preço praticado pelos concorrentes. Esse preço pode ser normal ou promocional como parte de sua estratégia para vender maiores volumes em determinado período. A partir disso, realiza-se um estudo sobre a margem de lucro que se pode obter se a empresa desejar nivelar seus preços com o concorrente ou mesmo tomar uma postura comercial agressiva, com preços mais baixos, mesmo prejudicando sua margem de lucro momentaneamente.

LUCRO = PREÇO DE VENDA − CUSTOS DESPESAS

Normalmente, as empresas formam seus preços projetados com base no custo, conforme item 7.10.1, e depois passam a analisar o preço praticado pelo mercado, regulando sua política comercial, de modo a manterem-se competitivas.

7.10.3 Precificação pelo Índice de Markup

A formação de preços baseada no índice de markup é uma técnica sofisticada de cálculo e projeção de preços, levando-se em conta todos os custos, as despesas, os impostos e as margem de lucro desejada pela empresa. Em um primeiro momento, calcula-se o faturamento bruto projetado da empresa conforme fórmula a seguir.

$$\text{FATURAMENTO} = \frac{\text{CUSTOS} + \text{DESPESAS}}{1 - (\text{IMPOSTOS SOBRE VENDAS} + \text{LUCRO})}$$

Na sequência, pode-se calcular o markup multiplicador, conforme fórmula a seguir. O resultado do cálculo é um índice que pode ser aplicado para projeção de preços.

IMK MULTIPLICADOR = FATURAMENTO / (CUSTOS + DESPESAS)

A aplicação do *markup* multiplicador parte do custo unitário de um produto para estabelecer seu preço de venda, conforme a seguinte fórmula. Ele leva em consideração os custos, as despesas, os impostos e a margem de lucro desejada, que já estão incluídas no índice.

PREÇO DE VENDA = CUSTOS UNITÁRIOS x ÍNDICE DE MARKUP

Já o markup divisor, parte-se do preço de venda projetado para se chegar ao custo máximo que o produto pode ter para ser competitivo, conforme fórmula a seguir:

IMK DIVISOR = (CUSTOS + DESPESAS) / FATURAMENTO

Essa fórmula é utilizada para que a empresa possa estudar sua linha de produtos e estabelecer seu processo de formação de preços e sua compatibilidade com os custos operacionais. Os produtos com gastos excessivos com materiais e processos produtivos e que não conseguem ser ofertados por preços elevados o suficiente para gerar a margem de lucro desejada pela empresa podem ser descontinuados.

7.10.4 Critérios para Reconhecimento da Receita

Uma vez definido o preço de venda, a empresa tratará da comercialização dos seus produtos e serviços e, como consequência, gerará a receita de vendas ou faturamento. Para evitar controvérsias, é necessário que os critérios para reconhecimento das receitas sejam muito bem definidos conforme segue:

- ✓ Realização da venda evidenciada por fatos e documentos – Independentemente da forma, a evidência da realização da receita deve ser racional, sustentável e baseada nas melhores práticas históricas de negócios com resultados consistentes. Os pedidos precisam ter obrigatoriamente a assinatura do cliente quando for o caso, pois elas representam o acordo e a formalização do negócio entre a empresa e seu cliente.

- ✓ A entrega do produto ou a prestação de serviço tenha sido confirmada – o cumprimento das obrigações do vendedor deve ser completo e de forma consistente. A entrega do produto geralmente ocorre quando o cliente recebe a titularidade dos bens e assume os riscos dessa propriedade. Para a venda de produtos, a transferência da titularidade ocorre quando o produto é entregue no endereço do cliente (destinação FOB) ou quando está embarcado (ponto de embarque FOB). Os critérios de reconhecimento da receita geralmente são a data de embarque no navio ou a data de entrega, dependendo dos termos do contrato.
- ✓ A cobrança dos clientes está bem assegurada – a empresa precisa realizar uma boa análise no sentido de verificar se o recebimento junto aos clientes está assegurado com boa margem de certeza. Possíveis inadimplências de atacadistas, varejista e clientes finais podem atrasar os recebimentos prejudicando a programação de caixa da empresa e principalmente a contabilização da receita.

7.10.5 Deduções das Receitas de Vendas

Existem diversas contas de deduções das receitas de vendas de uma empresa. As principais contas contábeis relativas às deduções das vendas são os descontos financeiros, os incentivos comerciais, os incentivos de valor de caixa para clientes, os impostos sobre vendas, os acordos de eficiência e de volume para os atacadistas, a redução de preços e os negócios especiais, conforme o seguinte quadro:

Quadro 7.7 ■ Deduções da Receita Bruta

Deduções Comuns	Descrição
Descontos Financeiros	São descontos para pagamento de faturas antecipadas pelo cliente.
Incentivos Comerciais	São os incentivos para viabilizar campanhas de vendas de varejistas para promover produtos junto aos clientes.
Comissões	Comissões garantidas para clientes para direcionar a alocação de novos produtos.
Reinvestimento em Novos Itens	São vendas de produtos em lançamento para clientes com acordos comerciais especiais.
Abatimentos por Volume	São os abatimentos para os clientes baseado nos volumes comprados, redução de preços temporários ou descontos especiais.
Dedução de Impostos sobre Vendas	São aqueles incidentes sobre a produção, vendas ou consumo de um produto ou serviço.
Abatimento por Eficiência do Atacadista	São descontos aos atacadistas que realizam atividades que reduzem os custos de serviços ao cliente, tais como estoque e distribuição.
Redução de Preço	Abatimento dado para um cliente para incentivar a compra por parte deste para itens com baixo giro.
Negócios Especiais	São ações pontuais para promover produtos e movimentar estoques mais antigos incluindo produtos grátis.

As políticas comerciais definem a origem dos recursos financeiros e como eles são aplicados com o propósito de promover as vendas de produtos. Elas determinam a tabela de preços, os prazos de pagamentos, o uso de recursos para alavancar vendas, os contratos com clientes, os limites de investimentos e a liquidação de contratos.

Em relação à devolução, o direito é dado para um varejista ou cliente final baseado nas práticas de negócio já estabelecidas pela empresa.

Os produtos devolvidos requerem um reembolso, uma concessão de crédito ou simplesmente uma troca. Para realização do orçamento empresarial, as devoluções futuras devem ser calculadas após considerar o índice histórico de devoluções de produtos similares para os quais o direito de devolução do cliente é assegurado em seu montante de retorno anual.

Outro ponto importante são as mudanças nos tipos de devolução e períodos de garantia negociados com clientes. Problemas graves na produção e distribuição também podem agravar o índice de devoluções e comprometer todo o planejamento de um exercício. O quadro que segue apresenta as diversas categorias de devoluções, suas contas contábeis e prazos.

Quadro 7.8 ■ Tipos de Devoluções

Categorias de Devoluções	Tipos de Devolução	Processo de Contabilização
Devoluções	Produtos danificados	Dedução do Faturamento Bruto
	Produtos vencidos	
Realocações	Sazonalidade	
Reembolsos	Baixa qualidade de produtos	
	Produtos reclamados	Retorno de vendas
	Rejeição de clientes	

7.11 Análise Custo x Volume x Lucro

A importância da análise CVL subsiste em apoiar decisões tais como fabricar ou comprar determinada MP, introduzir novos produtos, determinar preços de vendas, dimensionar o tamanho da empresa, planejar e controlar o orçamento, etc.

> **Conceito:**
> A análise CVL é uma ferramenta gerencial que possibilita realizar estudos e análises dos inter-relacionamentos entre receitas, custos, despesas e volume de produção ou nível de atividade e sua influência sobre o lucro da empresa.

O ponto de equilíbrio (PE) é uma consequência direta do comportamento dos custos diante do volume de atividade da empresa. Também chamado de *break even point* ou ponto de nivelamento, é uma valiosa aplicação de margem de contribuição. Surge da conjugação das receitas totais e custos totais.

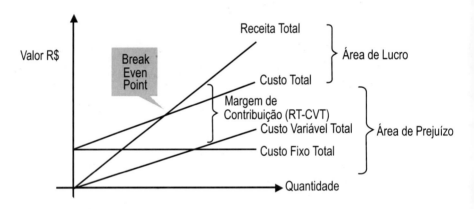

Figura 7.2 ■ Break Even Point

As limitações do uso do ponto de equilíbrio são:

- ✓ Os custos de uma empresa não se comportam na realidade de forma constante ao longo da atividade. Os custos fixos podem dar saltos dependendo da necessidade da empresa e os custos variáveis podem se alterar em função da eficiência e produtividade.

✓ As receitas totais nem sempre tem um comportamento de uma reta ascendente.
✓ A combinação de vendas para mais de um produto não é constante e as margens de cada produto normalmente são diferentes.
✓ Nem sempre existe uma compatibilização entre produção e vendas (inexistência de estoques).

7.11.1 Ponto de Equilíbrio em Empresas Monoprodutoras

O PE em empresas com um só produto tem o objetivo de identificar o volume de produtos ou o faturamento mínimo, onde a empresa terá lucro igual a zero. Esse ponto é importante para que a empresa saiba qual o nível mínimo de produção e vendas para ela se manter financeiramente e a partir de que ponto ela começa a ter lucro.

O primeiro passo é calcular a margem de contribuição unitária da empresa, conforme a fórmula a seguir. A margem de contribuição permite aos executivos analisar qual o valor e o percentual que cada produto contribui para cobrir os custos fixos da empresa. Quanto melhor a margem, melhor para a empresa.

MARGEM DE CONTRIBUIÇÃO UNITÁRIA = PREÇO DE VENDA – CUSTO VARIÁVEL UNITÁRIO

A fórmula clássica do ponto de equilíbrio compara o custo fixo total com a margem de contribuição unitária (MCu) de cada produto. Seu resultado é uma quantidade de produtos que permite a empresa obter lucro igual a zero, ou seja, receitas e custos são exatamente iguais.

PONTO DE EQUILÍBRIO = CUSTO FIXO TOTAL / MARGEM DE CONTRIBUIÇÃO UNITÁRIA

É possível realizar o cálculo do ponto de equilíbrio em base de valores monetários, conforme fórmula a seguir, ao que se denomina ponto de equilíbrio contábil. É o faturamento em termos de valor, que é necessário para que a empresa tenha lucro igual a zero.

PONTO DE EQUILÍBRIO CONTÁBIL = CUSTO FIXO TOTAL / RAZÃO DE CONTRIBUIÇÃO UNITÁRIA

OU

PONTO DE EQUILÍBRIO CONTÁBIL = PONTO DE EQUILÍBRIO X PREÇO DE VENDA UNITÁRIO

O cuidado especial dos executivos deve estar focado no custo fixo total da empresa. Quanto menor for esse valor, mais rapidamente a empresa encontra seu equilíbrio financeiro e começa a auferir lucros. Obviamente, a manutenção de custos variáveis em níveis baixos com boas negociações na compra de matérias-primas garante uma margem de contribuição atraente e também contribui para o rápido encontro do ponto de equilíbrio.

Já ponto de equilíbrio econômico inclui na equação a figura do custo de oportunidade, representando pelo retorno mínimo que os sócios ou acionistas da empresa desejam para o capital investido na empresa.

PONTO DE EQUILÍBRIO ECONÔMICO =
CUSTO FIXO TOTAL + CUSTO DE OPORTUNIDADE
MARGEM DE CONTRIBUIÇÃO UNITÁRIA

O ponto de equilíbrio financeiro permite a dedução dos custos imputados da equação original. Entende-se como custos imputados aqueles que têm origem contábil e não sem impacto financeiro, como a depreciação do ativo permanente. Ao diminuir o valor da depreciação do custo fixo, obtém-se um ponto de equilíbrio em regime de caixa, ou seja, o ponto em que a empresa financeiramente estaria equilibrada.

PONTO DE EQUILÍBRIO FINANCEIRO =
CUSTO FIXO TOTAL − CUSTOS IMPUTADOS
MARGEM DE CONTRIBUIÇÃO UNITÁRIA

Finalmente, o Ponto de Equilíbrio Econômico Financeiro adiciona o custo de oportunidade e deduz o custo imputado, apresentando o volume de produção e vendas que uma empresa necessita para cobrir todos os seus custos, remunerar o capital dos sócios e atender as necessidades financeiras da empresa.

PONTO DE EQUILÍBRIO ECONÔMICO-FINANCEIRO =
CUSTO FIXO TOTAL + CUSTO DE OPORTUNIDADE − CUSTOS IMPUTADOS
MARGEM DE CONTRIBUIÇÃO UNITÁRIA

Exemplo: O Magazine Altônia Ltda. deseja descobrir a viabilidade de se abrir uma nova unidade que teria as seguintes relações de custo e receita. Calcule o ponto de equilíbrio e o ponto de equilíbrio contábil da empresa.

Descrição	Valor
Preço de Venda Unitário	5,00
Custo Variável Unitário	4,00
Comissão de Vendas Unitária	0,25
Aluguel do Imóvel	5.500,00
Salários	15.600,00
Água e Energia Elétrica	1.900,00
Demais Custos Fixos	1.800,00

Ponto de Equilíbrio = $\dfrac{5.500 + 15.600 + 1.900 + 1.800}{5 - 4 - 0,25}$ = 33.067 unidades

Ponto de Equilíbrio Contábil = 33.067 unidades x R$ 5,00 = R$ 165.333,33

Exemplo: A Indústria Metalúrgica Toledo Ltda. deve decidir entre comprar ou fabricar determinada peça de seu produto. No caso da fabricação, haverá um custo fixo de R$ 3.500,00 mensais e ainda R$ 1,00 de custos variáveis unitários. Ao se decidir pela compra, o fornecedor cadastrado propõe que para uma quantidade comprada acima de 10.000 unidades o preço unitário é de R$ 1,30, qualquer volume de compra igual ou abaixo, o preço unitário é de R$ 1,55. Analise a situação e comente sobre como a indústria deverá tomar esta decisão.

O quadro a seguir apresenta os dois cenários em que a empresa necessita tomar uma decisão. Comparando os dois preços de compra dados pelo fornecedor com os custos internos de produção, chega-se a dois pontos de equilíbrio, onde produzir ou comprar são equivalentes, ou seja, não há vantagem em uma ou outra opção. Acima desse ponto, uma das alternativas (comprar ou produzir) passa a ser vantajosa. Abaixo deste ponto, a outra passa a ser vantajosa.

CENÁRIO 1	VALOR	CENÁRIO 2	VALOR
Preço de Compra	1,55	Preço de Compra	1,30
Custo Variável	1,00	Custo Variável	1,00
Custo Fixo Total	3.500,00	Custo Fixo Total	3.500,00
Ponto de Equilíbrio	6.363,64 unidades	Ponto de equilíbrio	11.666,67 unidades

Finalmente, o próximo quadro apresenta os intervalos de análise mediante o qual, dependendo da demanda da empresa, ela vai optar por comprar ou produzir. Se a demanda for uma unidade, a melhor decisão é comprar, prevalecendo essa ordem até o primeiro ponto de equilíbrio a 6.364 unidades, onde começa a ser mais vantajoso produzir. Isso permanece até que o fornecedor a altera seu preço a 10.001 unidades compradas, voltando a ser mais vantajoso comprar, o que prevalece até 11.667 unidades, onde volta valer a pena produzir. Portanto, comprar ou produzir nessa empresa depende fundamentalmente do nível da demanda.

Quantidade	1	6.363,64	6.364,64	10.000	10.001	11.666,67	11.667,67
Custo de Compra	1,55	9.862,65	9.864,20	15.500,00	13.001,30	15.165,80	15.167,10
Custo de Produção	3.501,00	9.863,00	9.864,00	13.500,00	13.501,00	15.166,00	15.167,00
Decisão	Comprar	Comprar	Produzir	Produzir	Comprar	Comprar	Produzir

Este exemplo demonstra como aplicar a Análise Custo Volume Lucro em uma decisão prática de uma empresa sobre industrializar um componente ou adquirir de um fornecedor.

7.11.2 Ponto de Equilíbrio em Empresas Multiprodutoras

Em empresas que trabalham com mais de um produto, o PE só pode ser determinado depois de se calcular o PEc. Assim, em um primeiro momento é necessário calcular o PEc sem a necessidade de conhecer o PE. Nessa situação, recomenda-se a definição de uma Razão de Contribuição Unitária (RCu) média para a empresa, que represente as linhas de produtos. A RCu média é obtida por meio da média ponderada das RCu's dos diversos produtos.

> **PONTO DE EQUILÍBRIO CONTÁBIL = CUSTO FIXO TOTAL / (RAZÃO DE CONTRIBUIÇÃO UNITÁRIA)**

A sequência de cálculos é idêntica à monoprodutora. Para obter a participação dos produtos no faturamento, poderá se utilizar dados históricos ou projeções.

7.11.3 Ponto de Fechamento (PF)

O PF será a quantidade de produção em que a empresa consegue cobrir os custos fixos elimináveis, aqueles custos que não existiriam se ela não funcionasse. O conceito de PF é especialmente válido para analisar-se a decisão de eliminar ou não um produto ou uma linha de produtos.

> **PONTO DE FECHAMENTO = CUSTOS FIXOS ELIMINÁVEIS / MARGEM DE CONTRIBUIÇÃO UNITÁRIA**

Dessa maneira, quando a empresa atua entre seu PF e seu PE estará minimizando seu prejuízo, pois conseguirá cobrir uma parte dos custos fixos não elimináveis.

Exemplo: A Empresa Bragantina Ltda. apresenta os seguintes dados, relativos a seus três produtos. Calcular MCu, RCu, PE e PEc para cobrir os custos fixos específicos e totais. Os Custos Fixos Elimináveis são 45% do total do CFT.

Descrição	Produto A	Produto B	Produto C
Preço de Venda Unitário (PVU)	9,50	10,00	8,20
Custo Variável Unitário (CVU)	6,00	7,50	5,00
% Faturamento	50%	30%	20%
Custo Fixo Específico (CFE)	120.000,00	100.000,00	80.000,00
Custo Fixo Comum (CFC)			70.000,00

O próximo quadro apresenta o cálculo da quantidade de produtos necessária para se cobrir os custos fixos específicos. Em um segundo momento, utiliza-se a razão de contribuição unitária (RCU) para se calcular a o faturamento necessário para se cobrir o custo fixo comum.

Produtos	RCU	Particip. %	Ponderação
A	0,3684	50%	0,1842
B	0,2500	30%	0,0750
C	0,3902	20%	0,0780
		TOTAL	0,3373
PE Contábil 2 (CF Comum/RCU)			207.555,43

Somando-se todos os valores, obtêm-se o faturamento necessário de cada produto para que se possa cobrir todos os custos. Este é o ponto de equilíbrio total da empresa.

Descrição	Produto A	Produto B	Produto C
Margem de Contribuição Unitária (MCU)	3,50	2,50	3,20
Razão de Contribuição Unitária (RCU)	0,3684	0,2500	0,3902
Ponto de Equilíbrio (PE)	34.286	40.000	25.000
Ponto de Equilíbrio Contábil 1 (PE*PVU)	325.714,29	400.000,00	205.000,00
Ponto de Equilíbrio Contábil 2 (rateio)	103.777,71	62.266,63	41.511,09
Ponto de Equilíbrio Geral	429.492,00	462.266,63	246.511,09
Ponto de Equilíbrio Geral (em unidades)	45.210	46.227	30.062

Já o ponto de fechamento é calculado para cada produto com base nos custos fixos elimináveis. Assim, no caso do produto A, com 45.210 unidades produzidas e vendidas, o produto tem lucro igual a zero.

Descrição	Produto A	Produto B	Produto C
Custo Fixo Específico (CFE)	120.000,00	100.000,00	80.000,00
CF Comum aos Produtos (rateio)	35.000,00	21.000,00	14.000,00
Custo Fixo Total	**155.000,00**	**121.000,00**	**94.000,00**
CF Elimináveis (CFEI)	69.750,00	54.450,00	42.300,00
CF Não Elimináveis	85.250,00	66.550,00	51.700,00
Ponto de Fechamento (CFEI/MCU)	19.929	21.780	13.219

Abaixo disso e acima de 19.929 unidades, a empresa tem um prejuízo suportável no curto prazo. Abaixo desse volume, a linha de produção não é viável economicamente. Tecnicamente é um método para definir se a empresa vai manter determinada linha de produto ou fechá-la. Isso vale para todos os produtos.

Resumo do Capítulo

Os conceitos fundamentais sobre Gestão de Custos e sua aplicação nas empresas envolvem a utilização de princípios, métodos e sistemas.

Custos são gastos provenientes da linha de produção. Já despesas são gastos relacionados às atividades administrativas e de vendas da empresa. Os investimentos são geralmente realizados em ativos permanentes da empresa. Os desembolsos representam o montante efetivamente pago de algum gasto empresarial. As perdas são gastos pela ineficiência do processo produtivo e devem ser evitados.

A aplicação dos princípios de custeio de absorção parcial, absorção total e custeio direto permitem calcular o custo bom, a ineficiência e a ociosidade de uma empresa.

Os métodos de custeio são segregados em apropriação, acumulação e gerenciais, e apontam apropriadamente sua forma de aplicação nos processos operacionais da empresa.

Os métodos de custeio podem ser por processo ou em série, por ordem de produção, *activity based costing* e unidade de esforço de produção.

O custo alvo permite que a empresa defina suas metas em termos de produtividade nas operações empresariais.

O cálculo do preço de venda de produtos e serviços no atacado e no varejo deve observar questões relacionadas a custos, despesas e tributos.

A análise custo volume lucro permite determinar a continuidade de um produto ou uma linha de produtos, inclusive estabelecendo a demanda abaixo da qual é financeiramente inviável que a empresa opere.

CAPÍTULO 8

ORÇAMENTO EMPRESARIAL

**COMPETÊNCIAS ORIENTADAS PARA O TRABALHO
A SEREM DESENVOLVIDAS**

- Estruturar o Orçamento da Empresa em conjunto com seus respectivos gestores.
- Realizar o Planejamento Operacional de cada uma das áreas da empresa, em conjunto com os seus respectivos gestores.
- Calcular o Faturamento da empresa e a Receitas sobre Vendas.
- Estruturar e analisar o Demonstrativo de Resultado de Exercício.
- Levantar os gastos com mão de obra, matéria-prima, materiais e custos indiretos de fabricação.
- Compreender o processo e as técnicas necessárias para a contabilização de Despesas Operacionais.
- Apurar os resultados econômicos e financeiros de cada exercício.
- Definir, Estruturar e Registrar as Contas de Ativo, Passivo e Patrimônio Líquido.
- Estruturar e registrar as entradas e saídas do Fluxo de Caixa.
- Estabelecer um modelo de análise de negócios e geração de relatório com recomendações.

8.1 Conceitos Fundamentais

Pode ser conceituado como um conjunto de planos financeiros formais de uma empresa, que permite a projeção de resultados operacionais, a definição das ações gerenciais necessárias, o acompanhamento de sua execução, a análise de seus resultados e a correção dos desvios identificados.

Um orçamento é constituído de planos específicos com prazos e valores objetivando orientar os executivos para se atingir os objetivos empresariais. Os objetivos do orçamento são o planejamento, a execução e o controle sistemático dos esforços empresariais para orientar a execução das atividades operacionais, reduzir riscos do negócio, otimizar os resultados econômicos, facilitar a identificação de desvios financeiros, etc. O orçamento permite uma visão de curto e longo prazos dos resultados da empresa.

Enquanto o Planejamento Estratégico se preocupa com os objetivos gerais da empresa, os Planos Operacionais representam o detalhamento das diretrizes definidas no Planejamento Estratégico. Os planos operacionais podem ser divididos em duas partes:

- ✓ O Plano Operacional Anual ou Annual Operating Plan (AOP) – que é o desdobramento do plano estratégico da empresa nas unidades de negócios com detalhamento de cada ação operacional ou projetos específicos.
- ✓ O Plano de Vendas e Operações (S&OP) – que é um desmembramento do AOP para especificação das ações de vendas e operações no início de cada mês, sempre de acordo com o plano estratégico da empresa.

Por sua vez, o Orçamento Empresarial é a quantificação de todo o planejamento no nível operacional e reflete quantitativamente suas ações e políticas. A elaboração do orçamento do próximo exercício é normalmente realizada entre o terceiro e o quarto trimestre do ano anterior e deve envolver todas as áreas funcionais, tanto a nível estratégico quanto operacional, sob a coordenação da área de Controladoria.

Para realizar as projeções orçamentárias, é importante o estudo de índices econômicos, tais como crescimento setorial, taxa de câmbio, juros, inflação, dissídio coletivo da categoria, Ibovespa, renda fixa, etc.

8.2 Tipos de Orçamento

Os orçamentos podem ser classificados de muitas formas diferentes de acordo com o horizonte de tempo, flexibilidade, abrangência e finalidade.

O orçamento de curto prazo é bem detalhado e serve para gerenciamento dos resultados mensais, trimestrais e semestrais dentro de um mesmo exercício. Seu nível de detalhamento é bem amplo, pois trabalha essencialmente nos níveis operacionais da empresa. Já os orçamentos de longo prazo são aqueles estruturados para projeções além de um ano, de acordo com a linha do tempo do Planejamento Estratégico.

Há políticas orçamentárias em empresas onde se trabalha com verbas fixas, ou seja, não se permite compensar os gastos excessivos em uma conta com a economia de outra. Em empresas mais flexíveis, pode-se encontrar a figura das verbas permutáveis, em que se permite compensar gastos excessivos de uma conta com a economia de outra.

Os orçamentos estáticos são aqueles que têm valores definidos e não podem ser alterados, salvo decisão expressa da Alta Administração. Para empresas com flutuações muito expressivas em sua receita, aconselha-se a utilização de orçamentos flexíveis, que podem ser ajustados de acordo com o crescimento do volume de atividades e de receitas. Nesse caso, trabalha-se com percentuais fixos para cada custo e despesa, proporcional a uma determinada receita projetada.

O orçamento serve a diversos propósitos e áreas de trabalho. O orçamento operacional trata da projeção dos gastos realizados com a operação da empresa em todas as áreas internas. Já o orçamento de projetos é definido para um novo empreendimento ou novo produto da empresa.

O orçamento base-zero é um tipo de orçamento que não utiliza a base histórica, mas sim as necessidades atuais da operação empresarial para se projetar os resultados. Dessa maneira, os executivos não consultam custos médios do passado, mas estimam o que realmente entendem que acontecerá no próximo exercício. Isso evita que gastos desnecessários sejam orçados simplesmente por possuir média histórica. Esse tipo de orçamento é muito utilizado em empresas que apresentaram grandes mudanças em sua estrutura onde a base histórica já não apresenta relevância, ou que desejam evidenciar em suas projeções somente os gastos essencialmente necessários.

Os orçamentos têm natureza geralmente periódica, sendo marcados em períodos de tempo definidos com base semestral ou anual. Porém, para fins de análise e acompanhamento, pode-se estabelecer um orçamento de base progressiva, que possua escala móvel definida. Neste caso, é realizada a projeção orçamentária dos 12 próximos meses e a cada mês que se passa um novo mês é projetado, mantendo sempre 12 meses à frente orçados.

8.3 Gestão Matricial do Orçamento

É uma estratégia de distribuição de responsabilidades do orçamento entre os executivos para melhorar os resultados finais da empresa. Os gestores de contas e os gestores de áreas devem trabalhar em conjunto para controlar cada uma das contas de resultados. Para sua execução, ela possui alguns personagens:

- ✓ **Diretores corporativos** – Orientam os gestores de contas na definição das metas. Aprovam os gastos projetados;
- ✓ **Diretores regionais** – Aprovam as metas de gastos na sua região e acompanham seus gerentes de filiais;
- ✓ **Gestores de contas** – É um especialista responsável por uma rubrica (pacote) do orçamento geral. Ele analisa os detalhes

de cada conta, propõe metas e padrões de gastos. Também estabelece ações como negociação corporativa com fornecedores, planejamento tributário centralizado, etc.; e
✓ **Gerentes de filiais/áreas** – Negociam as metas e executam os gastos. É responsável pelos resultados de sua unidade. Ex.: Filial Salvador, etc.

O Quadro 8.1 apresenta uma estrutura matricial com responsáveis pelas respectivas contas e pelas unidades de negócio da empresa.

Quadro 8.1 ■ Modelo de Orçamento Matricial

ORÇAMENTO MATRICIAL - RESPONSÁVEIS			Matriz Curitiba	Filial Joinville	Filial Campinas	Filial BH	Filial RJ	META TOTAL
Diretores	Gerentes	Itens	Antonio	Carla	Benedito	Lúcia	Álvaro	Marcos
José	Roberto	Salários e Encargos	3.500	1.300	580	140	250	5.770
Antonio	Joaquim	Transportes	4.500	1.200	400	280	280	6.660
José	Célia	Veículos	840	900	700	640	190	3.270
Carlos	Mateus	Telecomunicação	900	950	900	870	650	4.270
Vilson	Rogério	Matérias-Primas	1.100	840	240	800	340	3.320
Marlene	Walter	Serviços de Terceiros	1.500	680	350	500	550	3.580
Fernando	Eduardo	Impostos	630	570	180	400	610	2.390
João	Manoel	Despesas Comerciais	400	1.200	170	490	480	2.740
METAS DAS UNIDADES (em R$ mil)			13.370	7.640	3.520	4.120	3.350	32.000

O gestor de área deve coordenar esforços de todos os gestores de contas para conseguir o melhor resultado para sua unidade. Deve-se tomar cuidado com conflitos entre gestores de contas e de unidades. Metas impraticáveis e postura inadequada levam a sérias divergências e resultados indesejáveis.

8.4 O Processo Orçamentário

Existem diversos fatores importantes para se realizar uma boa previsão de vendas para o orçamento. O primeiro deles é o padrão histórico de vendas que auxilia a realização das estimativas feitas pela equipe comercial. Outro fator importante é a conjuntura econômica de forma geral, projetada por especialistas do mercado. Por fim, as mudanças de preços e o composto dos produtos dos concorrentes, que podem ser levantados por estudos e pesquisas de mercado, determinam o posicionamento que a empresa precisa ter para cumprir seu próprio orçamento.

A etapa de execução do orçamento é a mais importante. Os executivos devem organizar e executar as ações estratégicas e as atividades operacionais. Para isso, devem contratar os serviços necessários e adquirir os recursos materiais adequados para a produção. Também é importante garantir a interface entre a Contabilidade, o Orçamento e o Sistema de Informações Gerenciais da empresa. Para garantir a exatidão das informações, devem-se auditar regularmente as bases de dados com o objetivo de maximizar a confiabilidade das informações geradas pelos sistemas da empresa.

A fase de controle orçamentário é composta por avaliações periódicas do orçamento a partir de reuniões com a apresentação do desempenho do período pelos responsáveis. A periodicidade recomendada é a mensal. Nesta fase, é feita a identificação de diferenças entre orçado e realizado e a análise das causas e consequências. Se necessário, deve-se realizar a revisão dos planos operacionais para o período seguinte. A avaliação final da performance do exercício permite criar uma base de dados histórica.

O controle orçamentário proporciona um valioso processo de aprendizagem ao permitir a avaliação quantitativa e qualitativa do desempenho da empresa. A competência de todos os níveis funcionais deve garantir o sucesso na execução do orçamento. A elaboração do orçamento empresarial pode ser apontada como um dos fatores críticos de sucesso para se atingir os objetivos estratégicos das empresas.

8.5 Análise de Resultados Financeiros

A análise financeira é o processo de observar cada fato para se chegar a uma conclusão sobre os resultados totais de um determinado período. Sua finalidade é verificar a necessidade de capital, a conveniência das fontes de crédito, o entendimento da situação econômico-financeira da empresa, além de medir a eficiência da gestão dos recursos e analisar a evolução da empresa em relação ao orçamento projetado.

Existem duas atividades complementares e igualmente importantes para o Orçamento Empresarial. A primeira é a análise do resultado financeiro, cuja responsabilidade é o entendimento dos dados relacionados com as ocorrências relevantes nos negócios da empresa que impactaram seus resultados. A segunda é a geração de relatórios financeiros que se traduz na preparação de relatórios a partir de dados financeiros e contábeis mediante a qual a direção da empresa tomará decisões estratégicas.

A análise dos resultados financeiros é necessária para medir o impacto de vários fatores e eventos nos negócios. Ela serve para entender os impactos financeiros dos eventos passados e projetar os eventos futuros. Para isso, é necessário apresentar os dados essenciais e destacar os eventos críticos para facilitar as decisões gerenciais, perseguindo métodos dinâmicos em decisões de negócios e no conjunto de estratégias.

Uma boa análise financeira deve diagnosticar a situação da empresa além dos números contabilizados. Para isso, o analista financeiro ou de custos deve estar comprometido em preparar relatórios financeiros mensais e anuais nos prazos corretos com exatidão absoluta nas informações. A análise de negócios consiste em todas as atividades que dão suporte a todas as decisões de negócios correntes ou ao conjunto de estratégias para novos negócios.

É imprescindível que os executivos envolvidos participem das previsões financeiras e corporativas, e ajudem a desenvolver comentários para os resultados financeiros, bem como interpretá-los. Neste contexto, é importante entender e desenvolver sistemas de informações e de relatórios que permitam conduzir estudos especiais requeridos pela gestão de operações.

Outro um importante tipo de análise é a orientada por eventos. Ela avalia a variação nos resultados com base em eventos internos e externos da empresa. Finalmente, a análise de sensibilidade permite avaliar as alterações no lucro baseado em fatores externos não controláveis ou por fatores internos controláveis.

8.6 Um Método de Análise Financeira

Um bom método de análise financeira deve cobrir todas as principais contas e eventos da empresa em um determinado período. Sugere-se a adoção das seguintes etapas nesta análise:

- ✓ Período analisado x período de referência;
- ✓ Evolução dos estoques;
- ✓ Impacto da Inflação ou Desvalorização do Produto;
- ✓ Variação do preço de venda;
- ✓ Variação no volume de vendas;
- ✓ Mix de produtos oferecidos;
- ✓ Crescimento dos Custos Variáveis;
- ✓ Comportamento dos Custos Fixos;
- ✓ Impacto dos impostos;
- ✓ Crescimento do ativo permanente.

A análise sistemática e criteriosa de cada etapa permite a construção de um relatório gerencial abrangente, detalhado e focado nos números realmente importantes para os negócios da empresa.

8.6.1 Período Analisado x Período de Referência

A análise do comparativo orçado x realizado deve ser feita em primeiro lugar com os resultados do próprio mês e também em relação ao resultado mesmo mês no ano anterior. A primeira análise serve para avaliar a qualidade das estimativas realizadas no orçamento. A segunda permite ao executivo entender a evolução dos resultados da empresa de um ano para o outro.

MODELO DE ANÁLISE
Ano x2 realizado (mês de janeiro) x Ano x2 orçado (mês de janeiro)
Ano x1 realizado (mês de janeiro) x Ano x2 realizado (mês de janeiro)

O entendimento de que por trás dos dados contábeis e financeiros há eventos importantes que ocorreram na operação da empresa é essencial, pois eles devem ser detalhados e estudados à exaustão. Os fatos detalhados devem servir para iniciar as ações estratégicas e operacionais necessárias para reforçar todos os resultados positivos, além de neutralizar o efeito dos resultados negativos. Assim, é mais importante saber explicar os números e tomar ações apropriadas com rapidez do que gerá-los em um relatório.

Outro ponto importante é a identificação correta da grandeza e a importância dos problemas detectados durante a análise financeira. A correta mensuração da intensidade, frequência e gravidade do problema permite a adoção de soluções apropriadas para cada situação.

A análise financeira deve ser feita com rapidez, pois muitas vezes as ações a serem tomadas devem ser imediatas e urgentes. As soluções não podem ser tomadas com atraso. O prazo ideal para apuração dos dados contábeis dos resultados realizados do mês anterior é até o dia 10 do mês subsequente.

8.6.2 Evolução dos Estoques

Para as indústrias e o comércio de forma geral, os estoques impactam diretamente os lucros da empresa em diversas situações, conforme abaixo:

- ✓ Reduções ou aumentos generalizados dos estoques;
- ✓ Aumento do preço dos materiais diretos que ocasiona aumento nos custos de produção;
- ✓ Alterações substanciais no giro do estoque geram falta, obsolescência e a deterioração de alguns itens;
- ✓ Itens não localizados durante o processo de inventário caracterizam uma perda operacional e aumentam os gastos com baixa qualidade do processo;
- ✓ Materiais diretos comprados ou produtos finais manufaturados em um exercício e vendido em outro exercício com variação de preços; e
- ✓ Produto acabado vendido em um período e seu custo de reposição associado a outro período com um custo maior.

> Lucro do Estoque Permanente = variação dos custos x variação do volume do estoque

8.6.3 Impacto da Inflação ou Desvalorização

A análise da variação é realizada entre a inflação de um determinado período e a desvalorização do produto que pode distorcer os resultados. O objetivo é determinar qual a real alteração de preços ou custos durante o período analisado. O índice de inflação que deve ser usado para o índice de preços de varejo. A fórmula geral é:

> Variação % = [(100 + índice de inflação)/(100 + Índice de Desvalorização)] – 1

Para se obter a receita real da empresa, ou seja, o valor que mantém o poder aquisitivo da empresa, usa-se o seguinte cálculo:

Receita Real = Receita Nominal / (1 + VARIAÇÃO%)

Desta maneira, se a Variação for positiva, a receita nominal será menor que a receita real. Se a Variação for negativa, a receita nominal será maior que a receita real. Em ambos os casos, o resultado obtido demonstra o valor real da receita da empresa, sem a influência de fatores monetários.

8.6.4 Análise da Variação do Preço de Venda

A análise da variação do preço, volume e mix de produtos deve ser realizada pela margem bruta (vendas – matérias-primas), eliminando o impacto dos estoques. O resultado é uma análise simples e eficiente.

A dedução do impacto dos estoques é também necessária para a realização da análise do custo das vendas (compras + variações no nível de estoque). O efeito da variação de preço de venda parte do princípio que não há variação no volume de vendas, para se isolar a análise do seu efeito. Pode-se calcular o efeito preço para cada produto da empresa. Sua fórmula é:

(PB – PA) X Q1, onde P é o custo unitário (preço) e Q é a quantidade

8.6.5 Análise da Demanda de Vendas

A análise da demanda de vendas parte do pressuposto de que não há variação no preço, para se analisar o efeito da variação do volume de vendas sozinho. Isso ocorre quando há uma melhoria significativa nos atributos e na qualidade do produto fazendo com que os clientes aumentem sua demanda. A fórmula geral para se estabelecer uma análise é:

> (QB − QA) X PA, onde Q é a quantidade e P o custo unitário (preço)

Pode-se analisar o impacto da demanda em relação a sua capacidade de gerar mais receitas ou margem bruta mais significativa para a empresa. Seu cálculo é:

> Análise do volume de vendas = variação Q x preço de vendas

As margens de contribuição deve ser projetada calculando-se a diferença entre a receita e o custo das vendas conforme definição abaixo.

> MCA = PA − CA, onde MCA é a margem unitária, PA o preço e CA o custo

8.6.6 Análise Integrada de Preço e Volume

A análise integrada de Preço x Volume é realizada onde há uma variação de preços combinada com a variação na demanda gerando resultados diferentes nas receitas. Isso permite aos executivos da empresa estabelecer diversas estratégias combinadas de preços com variações nos atributos dos produtos de forma a maximizar o retorno para a empresa.

> Análise do preço = variação no preço x análise no volume = QA
>
> Análise do volume = variação no volume x preço de referência = PA

Assim, a estratégia empresarial pode ser diminuir preços para promover aumento dos volumes ou mesmo aumentar preços agregando mais tributos ao produto para poder fomentar vendas. A análise em questão permite avaliar o comportamento dos resultados da empresa mediante as decisões mercadológicas tomadas.

8.6.7 Análise do Mix de Produtos ou de Clientes

Ocorre quando as vendas são feitas em conjunto ou quando os clientes têm diferentes preços e a análise combinada de preço e volume é calculada em conjunto. Se o impacto preço e volume é calculado na média de preços, ocorre o efeito de mix de produtos ou de clientes. Além de calcular os efeitos da média de preços para uma família de produtos, é necessário analisar as alterações no volume de um produto ou em sua família com foco no mix de produtos. Já o mix de clientes pode ser obtido analisando somente um único produto ou uma linha específica de produtos.

8.6.8 Análise dos Custos Variáveis

Podem ser feitos a partir de um cálculo similar ao método para receitas e margens, analisando a variação de um período a outro. Sua fórmula é:

> Análise dos custos variáveis =
> (variação do custo/unidades) x demanda analisada

Os custos variáveis podem ser facilmente associados às linhas de produção. Para a redução das matérias-primas, deve-se trabalhar prioritariamente o desenvolvimento de parcerias com fornecedores preferenciais para garantir melhores preços, prazos de entrega e condições de pagamento. Também o correto gerenciamento de compras permite que a empresa trabalhe com estoques baixos e mesmo assim não deixa nenhum item importante faltar em seu inventário.

Já em relação à mão de obra, a aplicação do gerenciamento de competências (conhecimentos, habilidades e atitudes) alinhada com modernas técnicas de liderança situacional permite ao executivo aumentar a produtividade de sua equipe, e com isso reduzir seus custos com pessoal.

8.6.9 Análise dos Custos Fixos

Devido a sua complexidade, recomenda-se uma análise qualitativa para a variação dos custos fixos, trabalhando item a item das contas de resultado da empresa, utilizando a seguinte fórmula:

$$CFB - CFA \times 1 = \text{variação dos ganhos}$$

O custo fixo talvez seja um dos mais importantes fatores determinantes do lucro, pois se ele não for bem administrado, a empresa poderá perder o controle sobre seus resultados. Um trabalho eficiente de gestão de processos operacionais pode garantir a estabilidade das atividades da empresa e o devido gerenciamento dos custos fixos.

8.6.10 Variação nos Impostos (Taxes)

A análise de preços, volumes e custos deve ser feita após os impostos sobre vendas, usando as alíquotas aplicáveis a cada caso de acordo com a legislação. Para a análise, não se deve separar os efeitos dos impostos exceto se os itens não forem relacionados com a atividade fim da empresa.

Devido à complexa legislação tributária no Brasil, a análise das variações dos impostos sobre vendas e sobre o lucro é uma das etapas mais importantes da análise financeira. Alguns setores da economia literalmente passam do lucro para o prejuízo se a carga tributária for alterada drasticamente. Por isso, uma análise criteriosa e constante dos impostos é indispensável para garantir bons resultados financeiros.

8.7 Benefícios do Processo Orçamentário para a Empresa

Um orçamento permite a criação do hábito de planejar e controlar o conjunto de atividades da empresa em todos os níveis, aumentando a participação das equipes e do seu comprometimento. Outra vantagem importante é o aumento significativo da qualidade e da confiabilidade da tomada de decisões, pois o planejamento orçamentário obriga os executivos a estudar os impactos das tendências da macroeconomia a longo prazo.

O orçamento permite que os executivos envolvidos possam identificar os pontos de eficiência e ineficiência do desempenho das unidades de negócio, além de fazer uma quantificação, um aprazamento e uma delegação de responsabilidades adequada.

A falta de um Planejamento Estratégico adequado leva a critérios inadequados para estimativas e projeções, comprometendo todo o processo orçamentário. É importante lembrar que os orçamentos baseiam-se em estimativas, estando sujeitos a desvios e erros. Isso ocorre porque o orçamento por si só não garante o resultado projetado. Ele deve ser executado e seus resultados monitorados constantemente.

O envolvimento de pessoas experientes na empresa é vital para o sucesso do orçamento. Quem executa o orçamento deve ser responsável pela sua elaboração, utilizando critérios e parâmetros realistas e conservadores. Nunca se deve esquecer que o seu detalhamento deve ser viável para o controle, dispensando contas de menor valor de um detalhamento excessivo.

Tudo isso é possível com o relacionamento entrosado e muito próximo entre todas as áreas envolvidas em um processo integrado de troca de informações e esforço coordenado.

Geralmente, um orçamento fracassa devido à falta de apoio da Direção e das áreas afins, ocasionando um gerenciamento falho e inadequado. Por outro lado, um sistema contábil e controles estatísticos falhos provocam previsões muito audaciosas e inexatas. Finalmente, o detalhamento excessivo das contas, a deficiência nas análises de resultados e a identificação de causas dos desvios completam os problemas enfrentados pelos executivos financeiros.

8.8 Estudo de Caso de Orçamento Empresarial

A Indústria de Bebidas Vinhedo Ltda. atua no segmento de refrigerantes, abrangendo todas as regiões do país. Cada área funcional deverá realizar o orçamento de sua respectiva responsabilidade, apresentando às demais áreas os números obtidos com a aprovação do presidente da empresa. É importante que os orçamentos específicos estejam alinhados (Exemplos: Vendas e Produção, Produção, MOD e Compras de Matérias-Primas, etc.).

A empresa trabalha com refrigerantes de cola e de laranja em latas de 350 ml. O preço de venda unitário industrial é de R$ 0,85. A Área Comercial projetou as vendas conforme o seguinte quadro.

01 - VENDAS	JAN	FEV	MAR	ABR	MAI	JUN	JUL	AGO	SET	OUT	NOV	DEZ	ANO
Refrigerante Cola													
Quantidade	970.000	980.000	850.000	800.000	750.000	720.000	740.000	760.000	770.000	800.000	900.000	990.000	10.030.000
Preço Unitário	0,85	0,85	0,85	0,85	0,85	0,85	0,85	0,85	0,85	0,85	0,85	0,85	0,85
Receita	824.500,00	833.000,00	722.500,00	680.000,00	637.500,00	612.000,00	629.000,00	646.000,00	654.500,00	680.000,00	765.000,00	841.500,00	8.525.500,00
Refrigerante Laranja													
Quantidade	700.000	720.000	650.000	600.000	550.000	550.000	550.000	560.000	570.000	600.000	650.000	710.000	7.410.000
Preço Unitário	0,85	0,85	0,85	0,85	0,85	0,85	0,85	0,85	0,85	0,85	0,85	0,85	0,85
Receita	595.000,00	612.000,00	552.500,00	510.000,00	467.500,00	467.500,00	467.500,00	476.000,00	484.500,00	510.000,00	552.500,00	603.500,00	6.298.500,00
RECEITA BRUTA	1.419.500,00	1.445.000,00	1.275.000,00	1.190.000,00	1.105.000,00	1.079.500,00	1.096.500,00	1.122.000,00	1.139.000,00	1.190.000,00	1.317.500,00	1.445.000,00	14.824.000,00
IPI	58.450,00	59.500,00	52.500,00	49.000,00	45.500,00	44.450,00	45.150,00	46.200,00	46.900,00	49.000,00	54.250,00	59.500,00	610.400,00
ICMS	244.989,00	249.390,00	220.050,00	205.380,00	190.710,00	186.309,00	189.243,00	193.644,00	196.578,00	205.380,00	227.385,00	249.390,00	2.558.448,00
PIS	8.846,83	9.005,75	7.946,25	7.416,50	6.886,75	6.727,83	6.833,78	6.992,70	7.098,65	7.416,50	8.211,13	9.005,75	92.388,40
COFINS	40.831,50	41.565,00	36.675,00	34.230,00	31.785,00	31.051,50	31.540,50	32.274,00	32.763,00	34.230,00	37.897,50	41.565,00	426.408,00

A Receita de cada produto é obtida multiplicando-se a quantidade ao preço unitário
A Receita Bruta é o somatório das Receitas dos 2 produtos

A empresa produz a quantidade necessária para as vendas do mês subsequente. A empresa estima em 3% as quebras na linha de produção para o próximo ano.

02 – PRODUÇÃO	JAN	FEV	MAR	ABR	MAI	JUN	JUL	AGO	SET	OUT	NOV	DEZ	ANO
Refrigerante Cola													
EIPA	970.000	980.000	850.000	800.000	750.000	720.000	740.000	760.000	770.000	800.000	900.000	990.000	970.000
Vendas	970.000	980.000	850.000	800.000	750.000	720.000	740.000	760.000	770.000	800.000	900.000	990.000	10.030.000
EFPA	980.000	850.000	800.000	750.000	720.000	740.000	760.000	770.000	800.000	900.000	990.000	970.000	970.000
Produção (em unds)	1.009.400	875.500	824.000	772.500	741.600	762.200	782.800	793.100	824.000	927.000	1.019.700	999.100	10.330.900
Quebras/Retrabalho	3,00%	3,00%	3,00%	3,00%	3,00%	3,00%	3,00%	3,00%	3,00%	3,00%	3,00%	3,00%	3,00%
Refrigerante Laranja													
EIPA	700.000	720.000	650.000	600.000	550.000	550.000	550.000	560.000	570.000	600.000	650.000	710.000	700.000
Vendas	700.000	720.000	650.000	600.000	550.000	550.000	550.000	560.000	570.000	600.000	650.000	710.000	7.410.000
EFPA	720.000	650.000	600.000	550.000	550.000	550.000	560.000	570.000	600.000	650.000	710.000	700.000	700.000
Produção (em unds)	741.600	669.500	618.000	566.500	566.500	566.500	566.500	587.100	618.000	669.500	731.300	721.000	7.632.300
Quebras/Retrabalho	3,00%	3,00%	3,00%	3,00%	3,00%	3,00%	3,00%	3,00%	3,00%	3,00%	3,00%	3,00%	3,00%

O Orçamento de Produção é fornecido em unidades
O EIPA (Estoque Inicial de Produtos acabados) é equivalente ao EFPA (Estoque Final de Produtos Acabados) do mês anterior
Para efeito de projeção, o EIPA de janeiro é equivalente ao EFPA de dezembro do presente ano
O EFPA do mês é equivalente as vendas do mês subseqüente. O cálculo da produção de cada mês é dado pela equação (Produção = EFPA – Vendas + EIPA)

O orçamento de produção gera uma grande necessidade de matérias-primas conforme o próximo quadro. Para cada produto industrializado, utiliza-se uma lata de alumínio, 3 gramas de CO_2 e 350 ml de xarope composto.

03 - MATÉRIA-PRIMA	JAN	FEV	MAR	ABR	MAI	JUN	JUL	AGO	SET	OUT	NOV	DEZ	ANO
Refrigerante Cola													
Latas de Alumínio (em und)	1.009.400	875.500	824.000	772.500	741.600	762.200	782.800	793.100	824.000	927.000	1.019.700	999.100	10.330.900
Xarope Composto (em litros)	353.290	306.425	288.400	270.375	259.560	266.770	273.980	277.585	288.400	324.450	356.895	349.685	3.615.815
CO2 (em quilogramas)	3.028	2.627	2.472	2.318	2.225	2.287	2.348	2.379	2.472	2.781	3.059	2.997	30.993
Refrigerante Laranja													
Latas de Alumínio (em und)	741.600	669.500	618.000	566.500	566.500	566.500	576.800	587.100	618.000	669.500	731.300	721.000	7.632.300
Xarope Composto (em litros)	259.560	234.325	216.300	198.275	198.275	198.275	201.880	205.485	216.300	234.325	255.955	252.350	2.671.305
CO2 (em quilogramas)	2.225	2.009	1.854	1.700	1.700	1.700	1.730	1.761	1.854	2.009	2.194	2.163	22.897
Total de Latas de Alumínio	1.751.000	1.545.000	1.442.000	1.339.000	1.308.100	1.328.700	1.359.600	1.380.200	1.442.000	1.596.500	1.751.000	1.720.100	17.963.200
Total de Xarope Composto	612.850	540.750	504.700	468.650	457.835	465.045	475.860	483.070	504.700	558.775	612.850	602.035	6.287.120
Total de CO2	5.253	4.635	4.326	4.017	3.924	3.986	4.079	4.141	4.326	4.790	5.253	5.160	53.890

O cálculo da quantidade de litros ou quilogramas é feito multiplicando a produção pelo respectivo consumo

A Área de Compras determinou como política da empresa manter um estoque final a cada mês equivalente à necessidade do mês subsequente. Como todas as matérias-primas são mercadorias de entrada, a empresa deve-se creditar do ICMS sobre suas compras de CO_2, latas de alumínio e xarope concentrado. O xarope composto custa R$ 0,25 o litro, o CO_2 custa R$ 2,50 o quilograma e cada lata de alumínio é comprada por R$ 0,15.

04 – COMPRAS DE MP

	JAN	FEV	MAR	ABR	MAI	JUN	JUL	AGO	SET	OUT	NOV	DEZ	ANO
Latas de Alumínio													
Necessidades (em und)	1.751.000	1.545.000	1.442.000	1.339.000	1.308.100	1.328.700	1.359.600	1.380.200	1.442.000	1.596.500	1.751.000	1.720.100	17.963.200
Necessidades (em R$)	262.650,00	231.750,00	216.300,00	200.850,00	196.215,00	199.305,00	203.940,00	207.030,00	216.300,00	239.475,00	262.650,00	258.015,00	2.694.480,00
EIMP	1.751.000	1.545.000	1.442.000	1.339.000	1.308.100	1.328.700	1.359.600	1.380.200	1.442.000	1.596.500	1.751.000	1.720.100	1.751.000
EFMP	1.545.000	1.442.000	1.339.000	1.308.100	1.328.700	1.359.600	1.380.200	1.442.000	1.596.500	1.751.000	1.720.100	1.751.000	1.751.000
Compras em Und	1.545.000	1.442.000	1.339.000	1.308.100	1.328.700	1.359.600	1.380.200	1.442.000	1.596.500	1.751.000	1.720.100	1.751.000	17.963.200
Custo Unitário	0,15	0,15	0,15	0,15	0,15	0,15	0,15	0,15	0,15	0,15	0,15	0,15	0,15
Compras em R$	231.750,00	216.300,00	200.850,00	196.215,00	199.305,00	203.940,00	207.030,00	216.300,00	239.475,00	262.650,00	258.015,00	262.650,00	2.694.480,00
Xarope Composto													
Necessidades (em und)	612.850	540.750	504.700	468.650	457.835	465.045	475.860	483.070	504.700	558.775	612.850	602.035	6.287.120
Necessidades (em R$)	119.352,54	105.311,06	98.290,33	91.269,59	89.163,37	90.567,51	92.673,74	94.077,88	98.290,33	108.821,43	119.352,54	117.246,32	119.352,54
EIMP	612.850	540.750	504.700	468.650	457.835	465.045	475.860	483.070	504.700	558.775	612.850	602.035	612.850
EFMP	540.750	504.700	468.650	457.835	465.045	475.860	483.070	504.700	558.775	612.850	602.035	612.850	612.850
Compras em Und	540.750	504.700	468.650	457.835	465.045	475.860	483.070	504.700	558.775	612.850	602.035	612.850	6.287.120
Custo Unitário	0,25	0,25	0,25	0,25	0,25	0,25	0,25	0,25	0,25	0,25	0,25	0,25	0,25
Compras em R$	135.187,50	126.175,00	117.162,50	114.458,75	116.261,25	118.965,00	120.767,50	126.175,00	139.693,75	153.212,50	150.508,75	153.212,50	1.571.780,00
CO_2													
Necessidades (em und)	5.253	4.635	4.326	4.017	3.924	3.986	4.079	4.141	4.326	4.790	5.253	5.160	53.890
Necessidades (em R$)	10.230,22	9.026,66	8.424,89	7.823,11	7.642,57	7.762,93	7.943,46	8.063,82	8.424,89	9.327,55	10.230,22	10.049,68	10.230,22
EIMP	5.253	4.635	4.326	4.017	3.924	3.986	4.079	4.141	4.326	4.790	5.253	5.160	5.253
EFMP	4.635	4.326	4.017	3.924	3.986	4.079	4.141	4.326	4.790	5.253	5.160	5.253	5.253
Compras em Und	4.635	4.326	4.017	3.924	3.986	4.079	4.141	4.326	4.790	5.253	5.160	5.253	53.890
Custo Unitário	2,50	2,50	2,50	2,50	2,50	2,50	2,50	2,50	2,50	2,50	2,50	2,50	2,50
Compras em R$	11.587,50	10.815,00	10.042,50	9.810,75	9.965,25	10.197,00	10.351,50	10.815,00	11.973,75	13.132,50	12.900,75	13.132,50	134.724,00
TOTAL DE NECESSIDADES	392.232,76	346.087,73	323.015,21	299.942,70	293.020,94	297.635,44	304.557,20	309.171,70	323.015,21	357.623,98	392.232,76	385.311,00	4.023.846,62
PART. % COLA	0,5765	0,5667	0,5714	0,5769	0,5669	0,5736	0,5758	0,5746	0,5714	0,5806	0,5824	0,5808	0,5751
NECES. MP REFR. COLA	226.110,65	196.116,38	184.580,12	173.043,86	166.122,11	170.736,61	175.351,11	177.658,37	184.580,12	207.652,64	228.417,90	223.803,40	2.314.173,25
PART. % LARANJA	0,4235	0,4333	0,4286	0,4231	0,4331	0,4264	0,4242	0,4254	0,4286	0,4194	0,4176	0,4192	0,4249
NECES. MP REFR. LARANJA	166.122,11	149.971,35	138.435,09	126.898,83	126.898,83	126.898,83	129.206,08	131.513,34	138.435,09	149.971,35	163.814,86	161.507,61	1.709.673,36
COMPRAS TOTAIS	378.525,00	353.290,00	328.055,00	320.484,50	325.531,50	333.102,00	338.149,00	353.290,00	391.142,50	428.995,00	421.424,50	428.995,00	4.400.984,00
CREDITO ICMS (18%)	68.134,50	63.592,20	59.049,90	57.687,21	58.595,67	59.958,36	60.886,82	63.592,20	70.405,65	77.219,10	75.856,41	77.219,10	792.177,12

O cálculo da Necessidade de Matéria-Prima em R$ deve ser feito deduzindo o crédito de 18% de ICMS

A Área de Produção, juntamente com a Área de RH, fez um levantamento do custo associado a cada unidade produzida, que é de R$ 0,03. A folha de pagamento é de R$ 176.851,00. A estimativa inicial é de que é necessário um funcionário na linha de produção para cada 20.000 refrigerantes produzidos. A MOD não aplicada (ociosidade) é registrada como MOI.

05 - MOD	JAN	FEV	MAR	ABR	MAI	JUN	JUL	AGO	SET	OUT	NOV	DEZ	ANO
Refrigerante Cola													
Produção	1.009.400	875.500	824.000	772.500	741.600	762.200	782.800	793.100	824.000	927.000	1.019.700	999.100	10.330.900
Custo Unitário	0,05	0,05	0,05	0,05	0,05	0,05	0,05	0,05	0,05	0,05	0,05	0,05	0,05
MOD	50.470,00	43.775,00	41.200,00	38.625,00	37.080,00	38.110,00	39.140,00	39.655,00	41.200,00	46.350,00	50.985,00	49.955,00	516.545,00
Encargos Sociais (102%)	51.479,40	44.650,50	42.024,00	39.397,50	37.821,60	38.872,20	39.922,80	40.448,10	42.024,00	47.277,00	52.004,70	50.954,10	526.875,90
Número de funcionários	50	44	41	39	37	38	39	40	41	46	51	50	43
Subtotal	101.949,40	88.425,50	83.224,00	78.022,50	74.901,60	76.982,20	79.062,80	80.103,10	83.224,00	93.627,00	102.989,70	100.909,10	1.043.420,90
Refrigerante Laranja													
Produção	741.600	669.500	618.000	566.500	566.500	566.500	576.800	587.100	618.000	669.500	731.300	721.000	7.632.300
Custo Unitário	0,05	0,05	0,05	0,05	0,05	0,05	0,05	0,05	0,05	0,05	0,05	0,05	0,05
MOD	37.080,00	33.475,00	30.900,00	28.325,00	28.325,00	28.325,00	28.840,00	29.355,00	30.900,00	33.475,00	36.565,00	36.050,00	381.615,00
Encargos Sociais (102%)	37.821,60	34.144,50	31.518,00	28.891,50	28.891,50	28.891,50	29.416,80	29.942,10	31.518,00	34.144,50	37.296,30	36.771,00	389.247,30
Número de funcionários	37	33	31	28	28	28	29	29	31	33	37	36	32
Subtotal	74.901,60	67.619,50	62.418,00	57.216,50	57.216,50	57.216,50	58.256,80	59.297,10	62.418,00	67.619,50	73.861,30	72.281,00	770.862,30
Total de Funcionários	88	77	72	67	65	66	68	69	72	80	88	86	75
TOTAL MOD + Encargos	176.851,00	156.045,00	145.642,00	135.239,00	132.118,10	134.198,70	137.319,60	139.400,20	145.642,00	161.246,50	176.851,00	173.730,10	1.814.283,20
Folha de Pagamento	176.851,00	176.851,00	176.851,00	176.851,00	176.851,00	176.851,00	176.851,00	176.851,00	176.851,00	176.851,00	176.851,00	176.851,00	2.122.212,00
Ociosidade (MOI)	0,00	20.806,00	31.209,00	41.612,00	44.732,90	42.652,30	39.531,40	37.450,80	31.209,00	15.604,50	0,00	3.120,90	307.928,80

O número de funcionários alocado é definido pela produção do mês dividido por 20.000 (estimativa de produtividade por funcionário)

Para o próximo ano, esperam-se investimentos no setor produtivo conforme o que segue:

✓ Aquisição do equipamento Z no valor de R$ 35 mil no mês de janeiro, financiado em 36 meses pelo Sistema SAC a uma taxa de 1,5% a.m. O início dos pagamentos será em fevereiro.

✓ Aquisição de três veículos no valor de R$ 120 mil no mês de janeiro, financiados em 24 meses pelo Sistema Price a uma taxa de 2,00% a.m. O início dos pagamentos será também em fevereiro.

06 – INVESTIMENTOS	JAN	FEV	MAR	ABR	MAI	JUN	JUL	AGO	SET	OUT	NOV	DEZ	ANO
Máqs e Equipamentos													
Saldo Devedor	108.000,00	105.000,00	102.000,00	99.000,00	96.000,00	93.000,00	90.000,00	87.000,00	84.000,00	81.000,00	78.000,00	75.000,00	75.000,00
Juros	0,00	1.620,00	1.575,00	1.530,00	1.485,00	1.440,00	1.395,00	1.350,00	1.305,00	1.260,00	1.215,00	1.170,00	15.345,00
Amortização	0,00	3.000,00	3.000,00	3.000,00	3.000,00	3.000,00	3.000,00	3.000,00	3.000,00	3.000,00	3.000,00	3.000,00	33.000,00
Prestação	0,00	4.620,00	4.575,00	4.530,00	4.485,00	4.440,00	4.395,00	4.350,00	4.305,00	4.260,00	4.215,00	4.170,00	48.345,00
Veículos Novos													
Saldo Devedor	300.000,00	290.138,67	280.080,11	269.820,39	259.355,46	248.681,24	237.793,54	226.688,08	215.360,51	203.806,39	192.021,19	180.000,28	180.000,28
Juros	0,00	6.000,00	5.802,77	5.601,60	5.396,41	5.187,11	4.973,62	4.755,87	4.533,76	4.307,21	4.076,13	3.840,42	54.474,91
Amortização	0,00	9.861,33	10.058,56	10.259,73	10.464,92	10.674,22	10.887,71	11.105,46	11.327,57	11.554,12	11.785,20	12.020,91	119.999,72
Prestação	0,00	15.861,33	15.861,33	15.861,33	15.861,33	15.861,33	15.861,33	15.861,33	15.861,33	15.861,33	15.861,33	15.861,33	174.474,63
TOTAL DE JUROS	0,00	7.620,00	7.377,77	7.131,60	6.881,41	6.627,11	6.368,62	6.105,87	5.838,76	5.567,21	5.291,13	5.010,42	69.819,91
TOTAL DE PGTOS.	0,00	20.481,33	20.436,33	20.391,33	20.346,33	20.301,33	20.256,33	20.211,33	20.166,33	20.121,33	20.076,33	20.031,33	222.819,63

O total de juros deverá constar na Planilha de Despesas Financeiras
O total de pagamentos (valor da prestação) deverá constar na Planilha de Fluxo de Caixa

O Ativo Permanente da empresa está distribuído conforme quadro abaixo. A Área de Contabilidade deve calcular a depreciação de cada item, atribuindo-a mensalmente como custo ou despesa.

Item	% Depreciação ao Ano	Valor no Ativo Pernanente
Edifícios	4%	4.000.000
Equipamentos e Máquinas	10%	4.100.000
Veículos	20%	240.000
Bens Móveis	10%	190.000

07 - DEPRECIAÇÃO	JAN	FEV	MAR	ABR	MAI	JUN	JUL	AGO	SET	OUT	NOV	DEZ	ANO
Fábrica													
Edifício	12.000,00	12.000,00	12.000,00	12.000,00	12.000,00	12.000,00	12.000,00	12.000,00	12.000,00	12.000,00	12.000,00	12.000,00	144.000,00
Máqs. e Equipamentos	40.000,00	40.000,00	40.000,00	40.000,00	40.000,00	40.000,00	40.000,00	40.000,00	40.000,00	40.000,00	40.000,00	40.000,00	480.000,00
Equipamento Z		900,00	900,00	900,00	900,00	900,00	900,00	900,00	900,00	900,00	900,00	900,00	9.900,00
Subtotal Custos	52.000,00	52.900,00	52.900,00	52.900,00	52.900,00	52.900,00	52.900,00	52.900,00	52.900,00	52.900,00	52.900,00	52.900,00	633.900,00
Administrativo													
Veículos	4.000,00	4.000,00	4.000,00	4.000,00	4.000,00	4.000,00	4.000,00	4.000,00	4.000,00	4.000,00	4.000,00	4.000,00	48.000,00
Bens Móveis	1.583,33	1.583,33	1.583,33	1.583,33	1.583,33	1.583,33	1.583,33	1.583,33	1.583,33	1.583,33	1.583,33	1.583,33	18.999,96
Veículos Novos		5.000,00	5.000,00	5.000,00	5.000,00	5.000,00	5.000,00	5.000,00	5.000,00	5.000,00	5.000,00	5.000,00	55.000,00
Subtotal Despesas	5.583,33	10.583,33	10.583,33	10.583,33	10.583,33	10.583,33	10.583,33	10.583,33	10.583,33	10.583,33	10.583,33	10.583,33	121.999,96

O cálculo das depreciações deverá ser realizado de acordo com as normas contábeis vigentes de acordo com natureza do bem, pelo método linear.
Para o cálculo das depreciações deverá ser considerado o Equipamento Z e os Veículos Novos no mês subseqüente a sua aquisição, conforme Planilha de Investimentos

Baseado em dados históricos, a Área de Produção estima o CIF conforme a próxima planilha. No caso das embalagens e da energia elétrica, a empresa deverá creditar do ICMS.

- ✓ CIF Variável – Energia Elétrica corresponde a 0,3% sobre o faturamento e a Mão de Obra Indireta é a diferença entre a folha de pagamento e a MOD conforme planilha 5.
- ✓ CIF Fixo – Água tem gastos mensais de R$ 5,5 mil. Já a Depreciação deve ter os valores da planilha 7. Os gastos mensais com manutenção são de R$ 2 mil e os gastos com o Gerente e o PCP são de R$ 6 mil mensais.

08 – CIF	JAN	FEV	MAR	ABR	MAI	JUN	JUL	AGO	SET	OUT	NOV	DEZ	ANO
Custos Variáveis													
Energia Elétrica	4.258,50	4.335,00	3.825,00	3.570,00	3.315,00	3.238,50	3.289,50	3.366,00	3.417,00	3.570,00	3.952,50	4.335,00	44.472,00
Mão de Obra Indireta (MOI)	0,00	20.806,00	31.209,00	41.612,00	44.732,90	42.652,30	39.531,40	37.450,80	31.209,00	15.604,50	0,00	3.120,90	307.928,80
Custos Fixos													
Gerência/PCP (+Enc.Soc.)	10.000,00	10.000,00	10.000,00	10.000,00	10.000,00	10.000,00	10.000,00	10.000,00	10.000,00	10.000,00	10.000,00	10.000,00	120.000,00
Água	3.500,00	3.500,00	3.500,00	3.500,00	3.500,00	3.500,00	3.500,00	3.500,00	3.500,00	3.500,00	3.500,00	3.500,00	42.000,00
Depreciação	52.000,00	52.900,00	52.900,00	52.900,00	52.900,00	52.900,00	52.900,00	52.900,00	52.900,00	52.900,00	52.900,00	52.900,00	633.900,00
Manutenção	2.000,00	2.000,00	2.000,00	2.000,00	2.000,00	2.000,00	2.000,00	2.000,00	2.000,00	2.000,00	2.000,00	2.000,00	24.000,00
Crédito ICMS (18%)	1.064,63	1.083,75	956,25	892,50	828,75	809,63	822,38	841,50	854,25	892,50	988,13	1.083,75	11.118,00
TOTAL CIF	70.693,88	92.457,25	102.477,75	112.689,50	115.619,15	113.481,18	110.398,53	108.375,30	102.171,75	86.682,00	71.364,38	74.772,15	1.161.182,80
Rateio Refr. Cola	40.752,94	52.392,44	58.558,71	65.013,17	65.547,86	65.097,73	63.562,79	62.275,36	58.383,86	50.331,48	41.559,25	43.430,53	667.813,27
Rateio Refr. Laranja	29.940,94	40.064,81	43.919,04	47.676,33	50.071,29	48.383,45	46.835,74	46.099,94	43.787,89	36.350,52	29.805,12	31.341,62	493.369,53

O rateio do CIF para cada produto é feito de maneira proporcional a participação de cada um no total de unidades produzidas

O Custo de Produto Fabricado deverá ser calculado a partir da soma da MOD, MP e CIF. Para rateio e apropriação do CIF a cada produto, deverá ser utilizado o critério do número de unidades produzidas no mês.

09 – CPF	JAN	FEV	MAR	ABR	MAI	JUN	JUL	AGO	SET	OUT	NOV	DEZ	TOTAL
Refrigerante Cola													
Mão de Obra Direta	101.949,40	88.425,50	83.224,00	78.022,50	74.901,60	76.982,20	79.062,80	80.103,10	83.224,00	93.627,00	102.989,70	100.909,10	1.043.420,90
Matérias-Primas	226.110,65	196.116,38	184.580,12	173.043,86	166.122,11	170.736,61	175.351,11	177.658,37	184.580,12	207.652,64	228.417,90	223.803,40	2.314.173,25
CIF	40.752,94	52.392,44	58.558,71	65.013,17	65.547,86	65.097,73	63.562,79	62.275,36	58.383,86	50.331,48	41.559,25	43.430,53	666.906,13
Custo Total Cola	368.812,99	336.934,32	326.362,83	316.079,54	306.571,57	312.816,54	317.976,70	320.036,82	326.187,98	351.611,12	372.966,85	368.143,03	4.024.500,29
Refrigerante Laranja													
Mão de Obra Direta	74.901,60	67.619,50	62.418,00	57.216,50	57.216,50	57.216,50	58.256,80	59.297,10	62.418,00	67.619,50	73.861,30	72.821,00	770.862,30
Matérias-Primas	166.122,11	149.971,35	138.435,09	126.898,83	126.898,83	126.898,83	129.206,08	131.513,34	138.435,09	149.971,35	163.814,86	161.507,61	1.709.673,36
CIF	29.940,94	40.064,81	43.919,04	47.676,33	50.071,29	48.383,45	46.835,74	46.099,94	43.787,89	36.350,52	29.805,12	31.341,62	494.276,67
Custo Total Laranja	270.964,64	257.655,66	244.772,13	231.791,66	234.186,62	232.498,78	234.298,62	236.910,38	244.640,98	253.941,36	267.481,28	265.670,22	2.974.812,33
CUSTO TOTAL	639.777,63	594.589,98	571.134,96	547.871,20	540.758,19	545.315,32	552.275,32	556.947,20	570.828,96	605.552,48	640.448,13	633.813,25	6.999.312,62

Para projeções do Custo de Produto Vendido, 100% dos produtos fabricados em determinado mês são vendidos no mês seguinte. Exemplo: o CPF de janeiro corresponde ao CPV de fevereiro e assim sucessivamente.

10 – CPV	JAN	FEV	MAR	ABR	MAI	JUN	JUL	AGO	SET	OUT	NOV	DEZ	ANO
Refrigerante Cola													
EIPA	368.143,03	368.812,99	336.934,32	326.362,83	316.079,54	306.571,57	312.816,54	317.976,70	320.036,82	326.187,98	351.611,12	372.966,85	368.143,03
Entradas	368.812,99	336.934,32	326.362,83	316.079,54	306.571,57	312.816,54	317.976,70	320.036,82	326.187,98	351.611,12	372.966,85	368.143,03	4.024.500,29
Saídas	368.143,03	368.812,99	336.934,32	326.362,83	316.079,54	306.571,57	312.816,54	317.976,70	320.036,82	326.187,98	351.611,12	372.966,85	4.024.500,29
EFPA	368.812,99	336.934,32	326.362,83	316.079,54	306.571,57	312.816,54	317.976,70	320.036,82	326.187,98	351.611,12	372.966,85	368.143,03	368.143,03
Refrigerante Laranja													
EIPA	265.670,22	270.964,64	257.655,66	244.772,13	231.791,66	234.186,62	232.498,78	234.298,62	236.910,38	244.640,98	253.941,36	267.481,28	265.670,22
Entradas	270.964,64	257.655,66	244.772,13	231.791,66	234.186,62	232.498,78	234.298,62	236.910,38	244.640,98	253.941,36	267.481,28	265.670,22	2.974.812,33
Saídas	265.670,22	270.964,64	257.655,66	244.772,13	231.791,66	234.186,62	232.498,78	234.298,62	236.910,38	244.640,98	253.941,36	267.481,28	2.974.812,33
EFPA	270.964,64	257.655,66	244.772,13	231.791,66	234.186,62	232.498,78	234.298,62	236.910,38	244.640,98	253.941,36	267.481,28	265.670,22	265.670,22
TOTAL DE SAÍDAS	633.813,25	639.777,63	594.589,98	571.134,96	547.871,20	540.758,19	545.315,32	552.275,32	556.947,20	570.828,96	605.552,48	640.448,13	6.999.312,62

EIPA – Corresponde ao EFPA do período anterior

Entradas – Corresponde a produção do mês (Planilha9)

Saídas – Corresponde às vendas do mês e são iguais ao EIPA, já qua a empresa produz e estoca produtos acabados um mês antes das vendas

EFPA – Corresponde à produção do mês, que será vendida no mês subsequentes (saídas)

As Despesas Administrativas correspondem aos gastos com o escritório da empresa e são compostos de Pessoa Próprio, Localização e Funcionamento, conforme planilha 11.

11 – DESP. ADM.

	JAN	FEV	MAR	ABR	MAI	JUN	JUL	AGO	SET	OUT	NOV	DEZ	ANO
PESSOAL PRÓPRIO													
Gerente	4	4	4	4	4	4	4	4	4	4	4	4	4
Salário	6.000,00	6.000,00	6.000,00	6.000,00	6.000,00	6.000,00	6.000,00	6.000,00	6.000,00	6.000,00	6.000,00	6.000,00	
Subtotal	24.000,00	24.000,00	24.000,00	24.000,00	24.000,00	24.000,00	24.000,00	24.000,00	24.000,00	24.000,00	24.000,00	24.000,00	288.000,00
Chefia/Supervisores	8	8	8	8	8	8	8	8	8	8	8	8	8
Salário	2.500,00	2.500,00	2.500,00	2.500,00	2.500,00	2.500,00	2.500,00	2.500,00	2.500,00	2.500,00	2.500,00	2.500,00	
Subtotal	20.000,00	20.000,00	20.000,00	20.000,00	20.000,00	20.000,00	20.000,00	20.000,00	20.000,00	20.000,00	20.000,00	20.000,00	240.000,00
Funcionários	25	25	25	25	25	25	25	25	25	25	25	25	25
Salário	700,00	700,00	700,00	700,00	700,00	700,00	700,00	700,00	700,00	700,00	700,00	700,00	
Subtotal	17.500,00	17.500,00	17.500,00	17.500,00	17.500,00	17.500,00	17.500,00	17.500,00	17.500,00	17.500,00	17.500,00	17.500,00	210.000,00
Total Pessoal Próprio	61.500,00	61.500,00	61.500,00	61.500,00	61.500,00	61.500,00	61.500,00	61.500,00	61.500,00	61.500,00	61.500,00	61.500,00	738.000,00
Encargos Sociais (102%)	62.730,00	62.730,00	62.730,00	62.730,00	62.730,00	62.730,00	62.730,00	62.730,00	62.730,00	62.730,00	62.730,00	62.730,00	752.760,00
LOCAL. e FUNCION.													
Limpeza e Cons.	2.500,00	2.500,00	2.500,00	2.500,00	2.500,00	2.500,00	2.500,00	2.500,00	2.500,00	2.500,00	2.500,00	2.500,00	30.000,00
Luz e Água	2.100,00	2.100,00	2.100,00	2.100,00	2.100,00	2.100,00	2.100,00	2.100,00	2.100,00	2.100,00	2.100,00	2.100,00	25.200,00
Telefone e Fax	5.300,00	5.300,00	5.300,00	5.300,00	5.300,00	5.300,00	5.300,00	5.300,00	5.300,00	5.300,00	5.300,00	5.300,00	63.200,00
Segurança	2.500,00	2.500,00	2.500,00	2.500,00	2.500,00	2.500,00	2.500,00	2.500,00	2.500,00	2.500,00	2.500,00	2.500,00	30.000,00
Depreciação	5.583,33	10.583,33	10.583,33	10.583,33	10.583,33	10.583,33	10.583,33	10.583,33	10.583,33	10.583,33	10.583,33	10.583,33	121.999,96
Mat. Expediente	2.000,00	2.000,00	2.000,00	2.000,00	2.000,00	2.000,00	2.000,00	2.000,00	2.000,00	2.000,00	2.000,00	2.000,00	24.000,00
Total de Loc. Funcion.	19.983,33	24.983,33	24.983,33	24.983,33	24.983,33	24.983,33	24.983,33	24.983,33	24.983,33	24.983,33	24.983,33	24.983,33	294.799,96
TOTAL DESP. ADM.	144.213,33	149.213,33	149.213,33	149.213,33	149.213,33	149.213,33	149.213,33	149.213,33	149.213,33	149.213,33	149.213,33	149.213,33	1.785.559,96

A depreciação corresponde a parte de Despesas da Planilha 7, que trata do Ativo Permanente não vinculado ao processo produtivo.

Para as Despesas de Vendas, de acordo com a Planilha 1, estima-se as despesas com base nos seguintes critérios:

✓ Comissões de Vendas – 2% da Receita Bruta do mês anterior. Para janeiro, utilizar a Receita Bruta de Dezembro do mesmo ano para efeito de projeção.

✓ Propaganda – Os gastos em janeiro, fevereiro, novembro e dezembro são de R$ 100 mil. Nos demais meses são de R$ 30 mil.

✓ Distribuição – É feita pela própria estrutura da empresa e corresponde a 8% da Receita Bruta do mês.

12 – DESP. VENDAS	JAN	FEV	MAR	ABR	MAI	JUN	JUL	AGO	SET	OUT	NOV	DEZ	ANO
Comissões de Vendas	28.900,00	28.390,00	28.900,00	25.500,00	23.800,00	22.100,00	21.590,00	21.930,00	22.440,00	22.780,00	23.800,00	26.350,00	296.480,00
Propaganda	100.000,00	100.000,00	30.000,00	30.000,00	30.000,00	30.000,00	30.000,00	30.000,00	30.000,00	30.000,00	100.000,00	100.000,00	640.000,00
Distribuição	113.560,00	115.600,00	102.000,00	95.200,00	88.400,00	86.360,00	87.720,00	89.760,00	91.120,00	95.200,00	105.400,00	115.600,00	1.185.920,00
Saldo Final	242.460,00	243.990,00	160.900,00	150.700,00	142.200,00	138.460,00	139.310,00	141.690,00	143.560,00	147.980,00	229.200,00	241.950,00	2.122.400,00

As Despesas Financeiras, de acordo com as planilhas 6 e 14, devem ter os juros referentes aos empréstimos CP e LP lançados nesta planilha, de acordo com sua apropriação mensal.

13 – DESP. FINANCEIRA	JAN	FEV	MAR	ABR	MAI	JUN	JUL	AGO	SET	OUT	NOV	DEZ	ANO
Juros CP	0,00	0,00	0,00	0,00	0,00	0,00	0,00	0,00	0,00	0,00	0,00	0,00	0,00
Juros LP	0,00	7.620,00	7.377,77	7.131,60	6.881,41	6.627,11	6.368,62	6.105,87	5.838,76	5.567,21	5.291,13	5.010,42	69.819,91
Saldo Final	0,00	7.620,00	7.377,77	7.131,60	6.881,41	6.627,11	6.368,62	6.105,87	5.838,76	5.567,21	5.291,13	5.010,42	69.819,91

Os Juros CP correspondem a empréstimo de CDG constantes na Planilha 14
Os Juros LP correspondem a financiamentos constantes na Planilha 6

O saldo do mês do ICMS é calculado pela diferença entre as vendas e as compras. O PIS e a Cofins são obtidos na Planilha 01. O IRPJ e a CSLL podem ser obtidos no DRE projetado.

14 IMPOSTOS	JAN	FEV	MAR	ABR	MAI	JUN	JUL	AGO	SET	OUT	NOV	DEZ	ANO
IPI	58.450,00	59.500,00	52.500,00	49.000,00	45.500,00	44.450,00	45.150,00	46.200,00	46.900,00	49.000,00	54.250,00	59.500,00	610.400,00
ICMS Vendas	244.989,00	249.390,00	220.050,00	205.380,00	190.710,00	186.309,00	189.243,00	193.644,00	196.578,00	205.380,00	227.385,00	249.390,00	2.558.448,00
(-) ICMS - Compras	68.134,50	63.592,20	59.049,90	57.687,21	58.595,67	59.958,36	60.866,82	63.592,20	70.405,65	77.219,10	75.856,41	77.219,10	792.177,12
Saldo do Mês	176.854,50	185.797,80	161.000,10	147.692,79	132.114,33	126.350,64	128.376,18	130.051,80	126.172,35	128.160,90	151.528,59	172.170,90	1.766.270,88
PIS	8.846,83	9.005,75	7.946,25	7.416,50	6.886,75	6.727,83	6.883,78	6.992,70	7.098,65	7.416,50	8.211,13	9.005,75	92.388,40
COFINS	40.831,50	41.565,00	36.675,00	34.230,00	31.785,00	31.051,50	31.540,50	32.274,00	32.763,00	34.230,00	37.897,50	41.565,00	426.408,00
Provisão para IR e CS	11.015,06	11.261,26	11.946,84	5.038,09	-2.334,73	-4.158,68	-2.301,56	157,67	1.781,98	6.696,19	2.001,33	17.103,25	58.206,71

Para o Orçamento de Fluxo de Caixa, as vendas serão recebidas e os fornecedores pagos 45% à vista e 55% em 30 dias. Já a MOD e a MOI serão pagos no mês subsequente. O CIF (sem depreciação) será pago no mês. As despesas de pessoal, localização e funcionamento serão pagas no mês subsequente e os investimentos devem ser considerados conforme o pagamento efetivo. O saldo inicial de caixa em janeiro é de R$ 1.000 e o nível ideal de caixa mensal de R$ 500. Para empréstimos de curto prazo, a taxa é de 11% ao mês e para aplicações 1,4% ao mês. Os impostos serão pagos no mês seguinte.

Orçamento empresarial   281

15 – FLUXO DE CAIXA	JAN	FEV	MAR	ABR	MAI	JUN	JUL	AGO	SET	OUT	NOV	DEZ	TOTAL
RECEITA BRUTA	1.419.500,00	1.445.000,00	1.275.000,00	1.190.000,00	1.105.000,00	1.079.500,00	1.096.500,00	1.122.000,00	1.139.000,00	1.190.000,00	1.317.500,00	1.445.000,00	14.824.000,00
ENTRADAS													
Vendas à vista	638.775,00	650.250,00	573.750,00	535.500,00	497.250,00	485.775,00	493.425,00	504.900,00	512.550,00	535.500,00	592.875,00	650.250,00	6.670.800,00
Vendas 30 dias	794.750,00	780.725,00	794.750,00	701.250,00	654.500,00	607.750,00	593.725,00	603.075,00	617.100,00	626.450,00	654.500,00	724.650,00	8.153.200,00
Receitas Financeiras		1.983,64	4.030,84	5.198,41	6.319,63	6.769,13	6.884,73	7.052,19	7.323,86	7.516,80	7.839,46	22.346,18	83.264,86
TOTAL ENTRADAS	1.433.525,00	1.432.958,64	1.372.530,84	1.241.948,41	1.158.069,63	1.100.294,13	1.094.034,73	1.115.027,19	1.136.973,86	1.169.466,80	1.255.214,46	1.397.221,18	14.907.264,86
COMPRAS	378.525,00	353.290,00	328.055,00	320.484,50	325.531,50	333.102,00	338.149,00	353.290,00	391.142,50	428.995,00	421.424,50	428.995,00	4.400.994,00
SAÍDAS													
Fornecedores à vista	170.336,25	158.980,50	147.624,75	144.218,03	146.489,18	149.895,90	152.167,05	158.980,50	176.014,13	193.047,75	189.641,03	193.047,75	1.980.442,80
Fornecedores 30 dias	235.947,25	208.188,75	194.309,50	180.430,25	176.266,48	179.042,33	183.206,10	185.981,95	194.309,50	215.128,38	235.947,25	231.783,48	2.420.541,20
MOD + MOI	176.851,00	176.851,00	176.851,00	176.851,00	176.851,00	176.851,00	176.851,00	176.851,00	176.851,00	176.851,00	176.851,00	176.851,00	2.122.212,00
Custos Indir. Fabricação	18.693,88	39.557,25	49.577,75	59.789,50	62.719,15	60.581,18	57.498,53	55.475,30	49.271,75	33.782,00	18.464,38	21.872,15	527.282,80
Salários Adm. e Encargos	124.230,00	124.230,00	124.230,00	124.230,00	124.230,00	124.230,00	124.230,00	124.230,00	124.230,00	124.230,00	124.230,00	124.230,00	1.490.760,00
Localiz. e Funcionamento	24.983,33	19.983,33	24.983,33	24.983,33	24.983,33	24.983,33	24.983,33	24.983,33	24.983,33	24.983,33	24.983,33	24.983,33	249.799,96
Impostos	299.344,90	295.997,89	307.129,81	270.068,19	243.377,38	213.951,35	204.421,29	209.598,90	215.676,17	214.715,98	225.503,59	253.888,55	2.953.673,99
Financiamento LP	0,00	0,00	20.481,33	20.391,33	20.346,33	20.301,33	20.256,33	20.211,33	20.166,33	20.121,33	20.076,33	20.031,33	222.819,63
Despesas com Vendas	241.950,00	242.460,00	243.990,00	160.900,00	150.700,00	142.200,00	138.460,00	139.310,00	141.690,00	143.560,00	147.980,00	229.200,00	2.122.400,00
Juros CP	0,00	0,00	0,00	0,00	0,00	0,00	0,00	0,00	0,00	0,00	0,00	0,00	0,00
TOTAL SAÍDAS	1.292.336,61	1.286.730,05	1.289.132,47	1.161.861,63	1.125.962,84	1.092.036,41	1.082.073,62	1.095.622,31	1.123.192,21	1.146.419,76	1.163.676,90	1.275.887,58	14.134.932,38
Saldo do Período	141.188,39	146.228,59	83.398,37	80.086,79	32.106,79	8.257,72	11.961,11	19.404,88	13.781,65	23.047,04	91.537,56	121.333,60	14.134.932,38
Saldo Inicial	1.000,00		500,00	500,00	500,00	500,00	500,00	500,00	500,00	500,00	500,00	500,00	1.000,00
Disponível	142.188,39	146.728,59	83.898,37	80.586,79	32.606,79	8.575,72	12.461,11	19.904,88	14.281,65	23.547,02	92.037,56	121.833,60	773.332,48
Saldo Mínimo	500,00	500,00	500,00	500,00	500,00	500,00	500,00	500,00	500,00	500,00	500,00	500,00	500,00
Empréstimos/Aplicações	141.688,39	287.916,98	371.315,35	451.402,14	483.508,93	491.766,65	503.727,76	523.132,64	536.914,29	559.961,33	651.498,88	772.832,48	772.832,48
SALDO FINAL	500,00	500,00	500,00	500,00	500,00	500,00	500,00	500,00	500,00	500,00	500,00	500,00	500,00

As vendas e fornecedores 30 dias de dezembro deverão ser lançados como janeiro do próprio exercício para efeito de projeção
Os impostos correspondem ao IPI, ICMS, PIS, COFINS, IR e CS
O financiamento LP é representado pelo principal mais juros da Planilha 6

O Demonstrativo de Resultado de Exercício (DRE) deve ser estruturado de acordo com os resultados das planilhas anteriores, agrupando todas as receitas, custos e despesas, até a projeção do lucro do exercício. Na planilha a seguir, foi realizado o cálculo do lucro econômico também, onde o retorno sobre o capital investido é de 1% ao mês.

16 – DRE	JAN	FEV	MAR	ABR	MAI	JUN	JUL	AGO	SET	OUT	NOV	DEZ	TOTAL
Receita Bruta	1.419.500,00	1.445.000,00	1.275.000,00	1.190.000,00	1.105.000,00	1.079.500,00	1.096.500,00	1.122.000,00	1.139.000,00	1.190.000,00	1.317.500,00	1.445.000,00	14.824.000,00
(IPI)	58.450,00	59.500,00	52.500,00	49.000,00	45.500,00	44.450,00	45.150,00	46.200,00	46.900,00	49.000,00	54.250,00	59.500,00	610.400,00
(ICMS)	244.989,00	249.390,00	220.050,00	205.380,00	190.710,00	186.309,00	189.243,00	193.644,00	196.578,00	205.380,00	227.385,00	249.390,00	2.558.448,00
(PIS)	8.846,83	9.005,75	7.946,25	7.416,50	6.886,75	6.727,83	6.833,78	6.992,70	7.098,65	7.416,50	8.211,13	9.005,75	92.388,40
(Cofins)	40.831,50	41.565,00	36.675,00	34.230,00	31.785,00	31.051,50	31.540,50	32.274,00	32.763,00	34.230,00	37.897,50	41.565,00	426.408,00
(Subtotal Imp.s/vendas)	353.117,33	359.460,75	317.171,25	296.026,50	274.881,75	268.538,33	272.767,28	279.110,70	283.339,65	296.026,50	327.743,63	359.460,75	3.687.644,40
Receita Líquida	1.066.382,68	1.085.539,25	957.828,76	893.973,50	830.118,25	810.961,68	823.732,73	842.889,30	855.660,35	893.973,50	989.756,38	1.085.639,25	11.136.355,60
Custo de Prod. Vendido	633.813,25	639.777,63	594.589,98	571.134,96	547.871,20	540.758,19	545.315,32	552.947,20	556.947,20	570.828,96	605.552,48	640.448,13	6.999.312,62
Lucro Bruto	432.569,42	445.761,62	363.238,78	322.838,54	282.247,06	270.203,48	278.417,41	290.613,98	298.713,16	323.144,54	384.203,89	445.091,12	4.137.042,98
(Despesas Adm.)	144.213,33	149.213,33	149.213,33	149.213,33	149.213,33	149.213,33	149.213,33	149.213,33	149.213,33	149.213,33	149.213,33	149.213,33	1.785.559,96
(Despesas de Vendas)	242.460,00	243.990,00	160.900,00	150.700,00	142.200,00	138.460,00	139.310,00	141.690,00	143.560,00	147.980,00	229.200,00	241.950,00	2.122.400,00
Lucro Operacional	45.896,09	52.558,29	53.125,45	22.925,21	-9.166,28	-17.469,85	-10.105,92	-289,35	5.939,82	25.951,21	5.790,56	53.927,79	229.083,02
Desp. Financeiras	0,00	7.620,00	7.377,77	7.131,60	6.881,41	6.627,11	6.368,62	6.105,87	5.838,76	5.567,21	5.291,13	5.010,42	69.819,91
Receita Financeira	0,00	1.983,64	4.030,84	5.198,41	6.319,63	6.769,13	6.884,73	7.052,19	7.323,86	7.516,80	7.839,46	22.346,18	83.264,86
LAIR	45.896,09	46.921,93	49.778,51	20.992,02	-9.728,05	-17.327,83	-9.589,82	656,96	7.424,91	27.900,80	8.338,89	71.263,55	242.527,97
(IR e CS)	11.015,06	11.261,26	11.946,84	5.038,09	-2.334,73	-4.158,68	-2.301,56	157,67	1.781,98	6.696,19	2.001,33	17.103,25	58.206,71
Lucro do Exercício	34.881,03	35.660,66	37.831,67	15.953,94	-7.393,32	-13.169,15	-7.288,26	499,29	5.642,93	21.204,61	6.337,56	54.160,30	184.321,26
Capitais dos Acionistas	9.530.365,91	9.549.065,14	9.505.439,81	9.522.902,46	9.540.606,47	9.543.958,62	9.532.601,83	9.519.773,53	9.520.207,92	9.550.380,63	9.681.902,29	9.756.916,49	9.756.916,49
Retorno sobre o Capital	95.303,66	95.490,65	95.054,40	95.229,02	95.406,06	95.439,59	95.326,02	95.197,74	95.202,08	95.503,81	96.819,02	97.569,16	1.147.541,21
Lucro Econômico	-60.422,63	-59.829,99	-57.222,73	-79.275,09	-102.799,38	-108.608,74	-102.614,28	-94.698,44	-89.559,14	-74.299,20	-90.481,46	-43.408,87	-963.219,95

IPI, ICMS, PIS e COFINS devem ser calculados com base nas vendas em quantidades da Planilha 1
O retorno sobre o capital dos acionistas está calculado como 1% ao mês

Como resultado das diversas contas patrimoniais estimadas nas planilhas anteriores, estrutura-se o Balanço Patrimonial projetado conforme planilha a seguir.

Orçamento empresarial

17 – BALANÇO	JAN	FEV	MAR	ABR	MAI	JUN	JUL	AGO	SET	OUT	NOV	DEZ	ANO
ATIVO CIRCULANTE													
FINANCEIRO													
Caixas e Bancos	500,00	500,00	500,00	500,00	500,00	500,00	500,00	500,00	500,00	500,00	500,00	500,00	500,00
Aplicações Financeiras	141.688,39	287.916,98	371.315,35	451.402,14	483.508,93	491.766,65	503.727,76	523.132,64	536.914,29	559.961,33	651.498,88	772.832,48	772.832,48
Subtotal	142.188,39	288.416,98	371.815,35	451.902,14	484.008,93	492.266,65	504.227,76	523.632,64	537.414,29	560.461,33	651.998,88	773.332,48	773.332,48
OPERACIONAL													
Clientes	780.725,00	794.750,00	701.250,00	654.500,00	607.750,00	593.725,00	603.075,00	617.100,00	626.450,00	654.500,00	724.625,00	794.750,00	794.750,00
Estoques	950.168,13	884.287,78	840.140,06	810.668,49	807.694,02	818.458,96	829.557,50	846.645,00	891.565,81	957.328,38	986.016,22	985.589,15	985.589,15
Outros Créditos	0,00	0,00	0,00	0,00	0,00	0,00	0,00	0,00	0,00	0,00	0,00	0,00	0,00
Subtotal	1.730.893,13	1.679.037,78	1.541.390,06	1.465.168,49	1.415.444,02	1.412.183,96	1.432.632,65	1.463.745,00	1.518.015,81	1.611.828,38	1.710.641,22	1.780.339,15	1.780.339,15
Total do Ativo Circulante	1.873.081,52	1.967.454,76	1.913.205,41	1.917.070,62	1.899.452,95	1.904.450,61	1.936.860,26	1.987.377,64	2.055.430,10	2.172.289,71	2.362.640,10	2.553.671,63	2.553.671,63
ATIVO NÃO CIRCULANTE													
Outros Créditos	0,00	0,00	0,00	0,00	0,00	0,00	0,00	0,00	0,00	0,00	0,00	0,00	0,00
Total do Realizável a LP	0,00	0,00	0,00	0,00	0,00	0,00	0,00	0,00	0,00	0,00	0,00	0,00	0,00
PERMANENTE													
Investimentos	0,00	0,00	0,00	0,00	0,00	0,00	0,00	0,00	0,00	0,00	0,00	0,00	0,00
Imobilizado	9.180.416,67	9.116.933,34	9.053.450,01	8.989.866,68	8.926.483,35	8.863.000,02	8.799.516,69	8.736.033,36	8.672.550,03	8.609.066,70	8.545.583,37	8.482.100,04	8.482.100,04
Diferido	0,00	0,00	0,00	0,00	0,00	0,00	0,00	0,00	0,00	0,00	0,00	0,00	0,00
Total do Ativo Permanente	9.180.416,67	9.116.933,34	9.053.450,01	8.989.866,68	8.926.483,35	8.863.000,02	8.799.516,69	8.736.033,36	8.672.550,03	8.609.066,70	8.545.583,37	8.482.100,04	8.482.100,04
Total do Ativo	11.053.498,19	11.084.388,10	10.966.655,42	10.907.037,30	10.825.936,30	10.767.450,63	10.736.376,95	10.723.411,00	10.727.980,13	10.781.356,41	10.908.223,47	11.035.771,67	11.035.771,67
PASSIVO CIRCULANTE													
OPERACIONAL													
Fornecedores	208.188,75	194.309,50	180.430,25	176.266,48	179.042,33	183.206,10	185.981,95	194.309,50	215.128,38	235.947,25	231.783,48	235.947,25	235.947,25
Obrig. Tributárias	295.997,89	307.129,81	270.068,19	243.377,38	213.951,35	204.421,29	209.598,90	215.676,17	214.715,98	225.503,59	253.888,55	299.344,90	299.344,90
Salários e encargos a Pagar	301.081,00	301.081,00	301.081,00	301.081,00	301.081,00	301.081,00	301.081,00	301.081,00	301.081,00	301.081,00	301.081,00	301.081,00	301.081,00
Outras Obrigações	19.983,33	24.983,33	24.983,33	24.983,33	24.983,33	24.983,33	24.983,33	24.983,33	24.983,33	24.983,33	24.983,33	24.983,33	24.983,33
Subtotal	825.250,97	827.503,64	776.562,77	745.708,18	719.058,00	713.691,72	721.645,18	736.050,00	755.908,68	787.515,17	811.736,35	861.356,48	861.356,48
FINANCEIRO													
Financ./Empréstimos	408.000,00	395.138,67	382.080,11	368.820,39	355.355,46	341.681,24	327.793,54	313.688,08	299.360,51	284.806,39	270.021,19	255.000,28	255.000,28
Outras Obrigações													
Subtotal	408.000,00	395.138,67	382.080,11	368.820,39	355.355,46	341.681,24	327.793,54	313.688,08	299.360,51	284.806,39	270.021,19	255.000,28	255.000,28
Total do Passivo Circulante	1.233.250,97	1.222.642,31	1.158.642,89	1.114.528,57	1.074.413,47	1.055.372,96	1.049.438,72	1.049.738,08	1.055.269,19	1.072.321,56	1.081.757,54	1.116.356,76	1.116.356,76
PASSIVO NÃO CIRCULANTE													
Financ./Empréstimos	255.000,28	242.138,95	229.080,39	215.820,67	202.355,74	188.681,52	174.793,82	160.688,36	146.360,79	131.806,67	117.021,47	102.000,56	102.000,56
Outras Obrigações LP													
Total do Exigível LP	255.000,28	242.138,95	229.080,39	215.820,67	202.355,74	188.681,52	174.793,82	160.688,36	146.360,79	131.806,67	117.021,47	102.000,56	102.000,56
CAPITAIS DE TERCEIROS	1.488.251,25	1.464.781,26	1.387.723,28	1.330.349,23	1.276.769,21	1.244.054,48	1.224.232,54	1.210.426,44	1.201.629,99	1.204.128,23	1.198.779,01	1.218.357,33	1.218.357,33
PATRIMÔNIO LÍQUIDO													
Capital e Reservas	9.530.365,91	9.549.065,14	9.505.439,81	9.522.902,46	9.540.606,47	9.543.958,62	9.532.601,83	9.519.773,53	9.520.207,92	9.550.380,63	9.681.902,29	9.756.916,49	9.756.916,49
Lucros e Reservas	34.881,03	70.541,70	73.492,33	53.785,60	8.560,62	-20.562,47	-20.457,41	-6.788,97	6.142,23	26.847,54	27.542,17	60.497,85	60.497,85
TOTAL DO PATR. LÍQUIDO	9.565.246,94	9.619.606,83	9.578.932,14	9.576.688,07	9.549.167,09	9.523.396,14	9.523.396,14	9.512.984,56	9.526.350,14	9.577.228,18	9.709.444,46	9.817.414,34	9.817.414,34
TOTAL DO PASSIVO	11.053.498,19	11.084.388,10	10.966.655,42	10.907.037,30	10.825.936,30	10.767.450,63	10.767.450,63	10.723.411,00	10.727.980,13	10.781.356,41	10.908.223,47	11.035.771,67	11.035.771,67

Após a finalização da primeira versão do orçamento, a Alta Administração deve realizar os devidos ajustes até que se atinjam os valores definidos no Planejamento Estratégico. Em algumas empresas são geradas diversas versões até a aprovação final. Depois disso, deve-se comunicar todos os gestores envolvidos para que cada unidade assuma a execução das ações planejadas para o referido período, de modo a garantir os resultados previstos no orçamento.

Resumo do Capítulo

O orçamento pode ser conceituado como um conjunto de planos financeiros formais de uma empresa, que permite a projeção de resultados operacionais, a definição das ações gerenciais necessárias, o acompanhamento de sua execução, a análise de seus resultados e a correção dos desvios identificados.

O orçamento é parte integrante de um processo de planejamento estratégico da empresa, envolvendo principalmente a definição de ações estratégicas para se atingir os resultados financeiros projetados. Sem esse planejamento, o orçamento é somente uma planilha com números e sem nenhuma perspectiva de efetivação.

A gestão matricial é uma forma inteligente de distribuir responsabilidades pelo cumprimento das metas orçamentárias, estabelecendo gestores de unidades e gestores de contas.

É imprescindível que o orçamento tenha um método de análise dos resultados com etapas bem definidas conforme adiante:

- ✓ Período analisado x período de referência;
- ✓ Evolução dos estoques;
- ✓ Impacto da Inflação ou Desvalorização do Produto;
- ✓ Variação do preço de venda;
- ✓ Variação no volume de vendas;
- ✓ Mix de produtos oferecidos;

- ✓ Crescimento dos Custos Variáveis;
- ✓ Comportamento dos Custos Fixos;
- ✓ Impacto dos impostos;
- ✓ Crescimento do ativo permanente.

CAPÍTULO 9

GERAÇÃO DE VALOR E VALUATION

**COMPETÊNCIAS ORIENTADAS PARA O TRABALHO
A SEREM DESENVOLVIDAS**

- Calcular o lucro antes de juros, impostos, amortização e depreciação (EBITDA) e o lucro antes de juros e impostos (EBIT) e comparar com a média setorial do mercado, verificando se a empresa é competitiva.
- Interpretar o conceito de lucro líquido operacional após impostos (NOPAT) e analisar se o resultado obtido pela empresa é satisfatório para atender as expectativas dos acionistas.
- Compreender o conceito de Valor Econômico Agregado (EVA) e Valor Agregado de Caixa (CVA) e apontar o processo de criação ou destruição de valor da empresa.
- Compreender o conceito de Valor Agregado de Mercado (MVA), calcular seu valor e interpretar a situação patrimonial da empresa sob a ótica do mercado financeiro.
- Calcular o valor de uma empresa pelos diversos métodos de Valuation, tais como Fluxo de Caixa Descontado, EVA, Valor dos Ativos, etc.

9.1 Criação de Valor Econômico e Financeiro

A criação de valor em uma empresa consiste em gerar um retorno apropriado à operação realizada em determinado período e ao capital investido. O retorno sobre a operação realizada é medido pelo índice de lucratividade, em que o lucro líquido da empresa é comparado com sua respectiva receita de vendas. Já o índice de rentabilidade compara esse mesmo lucro com o capital investido pelos sócios e também por terceiros, na qualidade de investidores.

As melhores estratégias financeiras pressupõem que os investidores desejam um retorno ao capital investido igual ou acima de certo valor ou percentual a cada ano. Esse valor ou percentual é denominado custo de capital ou de oportunidade ou Weighted Average Cost of Capital (WACC), ou seja, o retorno mínimo almejado pelos sócios ou acionistas sobre o capital investido.

9.2 Economic Value Added (EVA®) – Valor Econômico Agregado ou Lucro Econômico

A criação de valor econômico consiste em gerar lucro acima do custo de capital. Esse valor é denominado retorno sobre o capital investido ou Return On Invested Capital (ROIC). A diferença entre o ROIC (resultado real) e o WACC (resultado planejado) é um valor residual denominado lucro econômico ou Economic Value Added (EVA®). Sua existência indica que a empresa está agregando valor econômico. Qualquer resultado abaixo do custo de capital indica que a empresa está destruindo valor econômico.

LUCRO ECÔNOMICO = CAPITAL INVESTIDO X (ROIC – WACC)
OU
LUCRO ECONÔMICO = NOPAT – (CAPITAL INVESTIDO X WACC)

O lucro econômico é uma medida de desempenho financeiro utilizado para auxiliar no processo decisório e pode ser conceituado como o retorno que os negócios da empresa geram acima de seu custo de capital próprio, e é representado pela diferença entre o lucro operacional líquido depois do imposto de renda e o custo de capital da empresa.

O lucro econômico como indicador de performance tem sido utilizado em sua forma mais fundamental como a simples noção de lucro residual. Isso significa que para os investidores obterem o retorno desejado, o lucro deve ser grande o suficiente para compensar o risco do investimento de capital. Assim, o lucro residual é zero se o resultado operacional de uma empresa for somente igual ao retorno financeiro esperado pelos sócios.

O processo de geração de valor leva em conta o retorno total da empresa relacionado à taxa de retorno exigida da empresa (custo de capital), que aumenta proporcionalmente ao risco do negócio. Para a realização dos cálculos do lucro econômico de uma empresa, é necessária a obtenção de alguns dados, tais como o retorno total dos acionistas e o custo de capital

O retorno total dos acionistas pode ser definido como indicador da criação de valor para o acionista, incluindo os dividendos reinvestidos na empresa. É o mais importante indicador de desempenho para os analistas de mercado financeiro.

Já o custo de capital da empresa é o retorno mínimo requerido pelos acionistas para comprar ou manter sua posição acionária, baseado no modelo Capital Asset Pricing Model (CAPM). Desta maneira, o custo de capital pode ser obtido pela taxa de juros livre de risco acrescido do prêmio de risco do mercado. A taxa de juros livre de risco é a remuneração proporcionada por uma aplicação em título de renda fixa de longo prazo, normalmente títulos do governo, existente no mercado local. Já o prêmio de risco do mercado é a diferença entre a expectativa de retorno do índice de mercado e a taxa de juros livre de risco.

O lucro econômico de uma empresa pode ser aumentado por meio do aumento do lucro operacional, investimentos em oportunidade de criação de valor e redução ou eliminação de capital que estiver rendendo retorno suficiente.

O lucro econômico é aceito nas finanças corporativas como um sofisticado método para avaliação da performance interna pelos executivos, e externa pelos analistas. Existem cinco ações estratégicas básicas para se aumentar o lucro econômico:

- ✓ Aumentar o lucro operacional sem investimento adicional de capital;
- ✓ Investir em oportunidades de negócios que criem valor (retorno para os acionistas > custo de capital);
- ✓ Reduzir ou eliminar os investimentos que estão destruindo valor (retorno para acionistas < custo de capital);
- ✓ Prolongar o período em que o retorno esperado é superior ao custo de capital;
- ✓ Redução do custo de capital.

9.3 Cash Value Added (CVA)

Uma nova concepção para o lucro econômico compara o fluxo de caixa operacional da empresa com a média do risco ajustado do custo de capital. Assim, as empresas adicionam valor quando os fluxos de caixa excedem o custo de oportunidade da empresa. Nesse sentido, o *cash value added* ou valor adicionado de caixa é a diferença entre o fluxo de caixa operacional deduzindo-se o custo de capital e somando-se a depreciação dos ativos permanentes da empresa.

> VALOR ADICIONADO DE CAIXA = FLUXO DE CAIXA OPERACIONAL – CUSTO DE CAPITAL + DEPRECIAÇÃO

Ele representa a capacidade de a empresa gerar saldo positivo de caixa acima da expectativa dos acionistas, neutralizando o impacto da depreciação, que não representa movimentação financeira para a empresa. Esse indicador se torna importante, na medida em que a geração de lucro contábil não garante a saúde financeira da empresa. Já o CVA trata diretamente com a tesouraria da empresa e é um indicador mais seguro da existência de recursos financeiros para que a empresa possa honrar seus compromissos, especialmente de curto e médio prazo.

Assim, a criação do valor financeiro consiste em gerar saldo de caixa acima do custo de capital. Sua existência indica que a empresa gera tesouraria e está agregando valor financeiro, pois há equilíbrio entre as entradas e as saídas de caixa em níveis razoáveis. Caso a empresa gere saldo de caixa abaixo da expectativa dos sócios, ela estará destruindo valor financeiro.

> VALOR ADICIONADO DE CAIXA = SALDO DE CAIXA − CUSTO DE CAPITAL

Contudo, gerar lucro e saldo de caixa em somente um exercício não é o suficiente. A empresa necessita planejar e controlar suas operações de modo a garantir sua perenidade. Para isso, deve-se avaliar a variação do lucro econômico e a variação do valor adicionado de caixa, de modo que a cada ano a empresa tenha uma evolução consistente e constante no crescimento do seu lucro e do seu saldo de caixa.

9.4 Market Value Added (MVA) − Valor Agregado de Mercado

As empresas que possuem EVA e CVA oferecem aos seus sócios ou acionistas um retorno atraente e despertam o interesse de novos investidores. Estes, por sua vez, projetam resultados baseados em expectativas de resultados futuros e realizam propostas para aquisição de cotas ou ações das empresas. Isso tanto pode ser realizado de forma restrita (sociedade limitada) como de forma aberta (sociedade anônima). Se a oferta for menor que a demanda, o preço das ações naturalmente irá aumentar, aumentando também o valor patrimonial dos acionistas atuais. Assim, o valor adicionado de mercado ou market value added (MVA®)) é a diferença entre o valor contábil das ações ou cotas da empresa e o valor real no mercado, baseado na expectativa de resultados futuros.

> VALOR ADICIONADO DE MERCADO = VALOR DE MERCADO − VALOR CONTÁBIL DA EMPRESA

Assim, o MVA pode ser conceituado como o prêmio que o mercado paga sobre o valor da empresa e acima do valor contábil dos seus ativos. A valorização da empresa cresce na medida em que os investidores estão dispostos a adquirir suas ações. Quando a procura é maior que a oferta, o preço das ações cresce.

Market Value Added = Capital Investido + lucro econômico atual capitalizado + Expectativa de lucro econômico futuro capitalizado

O valor de mercado de uma empresa está baseado nas expectativas do fluxo de caixa de longo prazo, ou seja, de que a empresa tome iniciativas que agreguem valor e proporcionem retorno ao capital investido superior às expectativas dos acionistas.

Exemplo: A Companhia Paranaguá S/A apresenta os seguintes dados. Calcule o MVA e comente o seu desempenho com o impacto do lucro econômico atingido.

Exercício	2005	2006	2007	2008	2009
Lucro Econômico	100.000,00	110.000,00	115.000,00	90.000,00	85.000,00
EVA		+10.000,00	+5.000,00	−25.000,00	−5.000,00
Valor Contábil	400.000,00	400.000,00	400.000,00	400.000,00	400.000,00
Valor de Mercado	800.000,00	950.000,00	1.200.000,00	700.000,00	500.000,00
MVA	400.000,00	550.000,0	800.000,00	300.000,00	100.000,00

Repare que a empresa gerou valor em 2006 e 2007. Porém começou a destruir valor em 2008 e 2009. Com isso, o MVA da empresa começou a cair a partir de 2008. A tendência é que os investidores busquem alternativas de investimentos quando a Paranaguá S/A apresentar resultados inferiores ao esperado. Em sentido contrário, os investidores manterão suas posições ou mesmo ampliarão a sua participação acionária em empresas com resultados financeiros acima do esperado.

9.5 Inovação de Valor

Os hábitos de consumo da sociedade têm mudado drasticamente nos últimos anos, garantindo a satisfação das necessidades básicas como alimentação e vestuário, e se concentrando na expansão da comunicação, entretenimento e tecnologia. Isso obriga as empresas à pesquisa, à inovação em produtos e serviços com o emprego de tecnologia de processos e desenvolvimento de materiais biologicamente eficientes (biomateriais).

O conceito de inovação de valor está relacionado a pesquisas, desenvolvimento, testes, lançamentos e consolidação de novos produtos e serviços que visam atender essas novas necessidades dos consumidores, e simultaneamente gerar um retorno adequado para a empresa.

VALOR ADICIONADO DE INOVAÇÃO = LUCRO COM NOVOS PRODUTOS − CUSTO DE CAPITAL

O valor adicionado de inovação é o retorno acima do WACC gerado pelos novos produtos e serviços desenvolvidos pela empresa durante um determinado exercício.

9.6 A Inteligência Organizacional aplicada aos Recursos Empresariais para Gerar Valor Extraordinário

Cabe aos executivos financeiros a criação e a manutenção de um ambiente criativo e encorajador na empresa, permitindo a utilização da inteligência organizacional (capital de processos e de relacionamentos) na alocação e aplicação dos mais diversos recursos da empresa para gerar valor extraordinário. Para isso, é necessário entender e desenvolver os três pilares de sustentação de resultados empresariais conforme segue.

Figura 9.1 ■ Pilares para Geração de Valor

A capacidade de a empresa obter alta qualidade de seus produtos alinhada a um custo competitivo e agilidade na entrega aos clientes de modo a satisfazer plenamente suas necessidades é a base da geração de valor extraordinário nas empresas.

9.7 Return on Equity (ROE) ou Retorno sobre o Patrimônio Líquido

É o índice de desempenho que avalia o retorno financeiro dos investimentos na empresa realizados pelos sócios, ou seja, o retorno sobre o patrimônio líquido. Efetivamente, é a relação percentual entre o resultado líquido da empresa e o capital investido pelos acionistas.

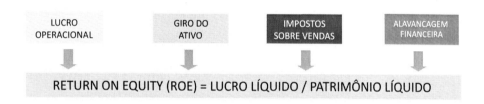

O ROE permite avaliar se o desempenho financeiro da empresa foi satisfatório comparado à expectativa dos acionistas ao investirem nas ações da empresa. Sua formulação permite trabalhar os diversos componentes do lucro líquido, como as receitas, o lucro operacional, o giro do ativo, os impostos e a alavancagem financeira da empresa.

9.8 Valuation – Calculando o Valor de uma Empresa

Gerenciar a estrutura de capitais é uma atividade estratégica que define o sucesso ou o fracasso de uma empresa. Há diversos métodos de avaliação de empresas. Os métodos matemáticos como o fluxo de caixa descontado e o lucro econômico descontado são os mais precisos, embora mais complexos de se implantar. Não há método exato, pois os cálculos são baseados em previsões e estimativas. O que se pode é tentar reduzir incertezas e, com isso, o grau de risco. Analisando as variáveis de cada modelo, é possível direcionar esforços da empresa para melhorar seu desempenho e consequentemente aumentar seu valor patrimonial.

Contudo, uma empresa vale a sua capacidade de gerar resultados econômicos e financeiros em previsões futuras. Assim, todo negócio precisa ter um valor superior à soma de seus terrenos, prédios, máquinas, equipamentos, estoques, etc. Isso ocorre porque se espera que os recursos disponibilizados pelos sócios e terceiros em uma empresa consiga gerar um valor significativo e atraente, superando os riscos da operação.

Assim, o valuation é o conjunto de técnicas e métodos de avaliação financeira que permite quantificar ou pelo menos estimar o valor de uma empresa. Não existe um único método ou um único valor para um ativo. Isso depende muito do método de avaliação, da expectativa de retorno futuro, da quantidade de informações disponíveis e do cenário futuro.

Os métodos de avaliação de empresas trabalham no conceito de racionalidade limitada, ou seja, o risco associado a cada método tem uma distribuição de incerteza e probabilidade determinada, e assim as estimativas são feitas com bases quantitativas.

Para realizar uma análise financeira do negócio de forma consistente, é vital a identificação dos fatores direcionadores da geração de lucro e de caixa. Também é importante realizar a análise do mercado e da concorrência e o risco efetivo do negócio. Com isso, é possível se determinar a sustentabilidade da empresa.

Outro ponto importante é a realização de uma análise contábil detalhada. Para isso, é necessário verificar se a política contábil adotada está adequada, se as provisões estão constituídas corretamente e se a contabilização das contas patrimoniais e de resultados está exata.

Uma análise financeira avalia o passado e o presente da empresa em termos de liquidez, rentabilidade, ciclo financeiro, *cash flow* e endividamento, utilizando um *benchmarking*. Utilizando uma análise temporal com foco em projeções futuras é possível realizar o valuation e a projeção de demonstrativos financeiros da empresa para os próximos anos.

Há diversos métodos de avaliação do valor financeiro das empresas conforme abaixo:

- ✓ Valor Contábil do Patrimônio Líquido;
- ✓ Valor dos Ativos;
- ✓ Fundo de Comércio ou Goodwill;
- ✓ Valor de Reposição e Valor de Liquidação;
- ✓ Lucro Econômico Descontado;
- ✓ Fluxo de Caixa Descontado; e
- ✓ Múltiplos de Mercado.

9.8.1 Valor Contábil do Patrimônio Líquido

Por esse método, quanto maior o valor dos bens e direitos, maior é o valor da própria empresa. Isso requer levantar o ativo permanente da empresa, analisar a qualidade da carteira de clientes e auditar com rigor as provisões e reservas de contingências. O valor da empresa é a somatória de todos esses bens e direitos, descontadas as dívidas com terceiros.

Esse método praticamente não leva em consideração fatores intangíveis como o potencial de mercado de uma marca e o crescimento futuro dos negócios. Portanto, ele deve ser utilizado de forma bastante criteriosa.

9.8.2 Valor dos Ativos

A metodologia do valor dos ativos compara os valores de entrada com os valores de saída de uma empresa, conforme figura que segue. O saldo desses valores compõe o valor da empresa.

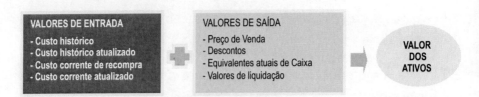

Figura 9.2 ■ Método do Valor dos Ativos

Para os valores de entrada, é aplicado o custo histórico dos produtos da empresa com a devida correção monetária. Como alternativa, também pode ser aplicado o custo corrente de recompra de uma mercadoria também corrigido monetariamente.

Já para os valores de saídas são aplicados os preços correntes de vendas de um produto ou o valor de desconto em um acordo comercial. Também podem ser utilizados equivalentes de caixa atualizados ou valores de venda de um ativo usado.

Como ponto fraco, o referido método não considera adequadamente o potencial futuro de geração de caixa e lucro da empresa, restringindo seu estudo aos dados contábeis e à atualização dos valores pelo preço de mercado. Isso limita muito sua capacidade de análise do valor efetivo da empresa, especialmente em épocas de expansão da demanda e mudanças significativas em sua tecnologia de processo.

9.8.3 Fundo de Comércio ou Goodwill

O termo *goodwill* ou fundo de comércio refere-se ao valor da marca de uma empresa, também denominado *brand equity*. Esse valor está relacionado à fidelidade do cliente no consumo dos produtos da empresa, conquistado devido à especialidade e respeito que a empresa possui no mercado. Isso se deve ao valor percebido pelos consumidores que rapidamente o associam à marca, inclusive na indicação para outros clientes.

Assim, o *goodwill* também é o valor da carteira de clientes da empresa. Isso se concretiza pela estratégia de marketing para a prospecção de novos clientes, para a manutenção dos clientes atuais e para a recuperação de negócios perdidos. O ponto de venda, os canais de distribuição e a localização geográfica privilegiada também contribuem para o valor do fundo de comércio, pois associam esses itens à rapidez na entrega dos produtos da empresa.

9.8.4 Valor de Mercado

O método do valor de mercado de uma empresa consiste na soma dos ativos utilizados em sua operação, abrangendo itens tangíveis e também intangíveis, tais como patentes, carteira de clientes, marcas, rede de distribuição, motivação funcional, expertise, imagem, cultura, franquia, do capital intelectual, estrutural e de relacionamento.

Esse método não leva em consideração o potencial de geração de valor futuro da empresa, concentrando-se no valor dos ativos. Isso limita muito a avaliação feita, pois uma empresa bem posicionada com um sistema de negócios consolidado pode gerar grandes retornos financeiros para os acionistas. E isso o método não considera adequadamente.

9.8.5 Múltiplos de Mercado

O método se baseia em analisar a performance financeira da empresa, realizando um estudo comparativo com outras empresas listadas na bolsa de valores, possivelmente do mesmo setor ou região. Para encontrar um critério único de avaliação, utiliza-se um índice obtido pelo cálculo de múltiplos conforme quadro a seguir.

> **PRICE EARNINGS - ÍNDICE PREÇO / LUCRO**
> **PRICE BOOK VALUE = ÍNDICE PREÇO / VALOR CONTÁBIL**
> **PRICE SALES = ÍNDICE PREÇO / VENDAS**

Assim, o múltiplo de mercado é estabelecido por meio da análise de outras sociedades anônimas de capital aberto e a correspondente expectativa do mercado financeiro em relação a cada uma delas.

No caso do Índice Price Book Value, se as empresas selecionadas como parâmetro obtêm um índice de 1,8, significa que cada ação da empresa ofertada no mercado financeiro deve ter como cotação ideal 80% superior ao seu valor contábil escritural. Desta maneira, com poucos dados e cálculos é possível estabelecer o valor de uma empresa.

9.8.6 Valor de Liquidação / Valor de Reposição

O valor da liquidação é representado pelo valor que poderia ser levantado com um eventual encerramento da empresa sujeitando os ativos (máquinas, equipamentos, imóveis, veículos, carteira de clientes, etc.) a uma venda pelo melhor preço de mercado. É utilizado quando os produtos tenham perdido seu valor normal ou quando a empresa está saindo do seu mercado de atuação. Já o valor de reposição corresponde ao preço corrente para substituir hoje todos os ativos de uma empresa, ou seja, o investimento necessário em valor atualizado de mercado.

9.8.7 Método do Fluxo de Caixa Descontado

O método de avaliação de ativos por meio do fluxo de caixa descontado é baseado no cálculo do valor presente dos fluxos de caixas futuros descontados pelo custo de capital. Portanto, a avaliação da empresa é feita tomando como base as previsões de fluxos de caixa futuro.

É considerado o método que melhor atende a teoria financeira devido a sua estimativa com alto grau de acurácia. A utilização do método do fluxo de caixa descontado é aconselhada para se avaliar empresas com tesouraria positiva.

$$\text{VALOR DA EMPRESA} = \sum_{t=1}^{t=n} \frac{FCL_t}{(1+WACC)^t}$$

Onde:
FCL = Fluxo de Caixa Operacional Livre
WACC = Custo Médio Ponderado de Capital

Para se avaliar uma empresa é necessário projetar seus fluxos de caixa por um prazo indeterminado, pois não há clara definição prévia sobre o encerramento do negócio. Assim, o horizonte de projeção precisa ser dividido em dois períodos: o explícito e o implícito, conforme figura a seguir.

PERPETUIDADE = NOPAT / WACC

PERÍODO EXPLÍCITO + PERPETUIDADE = VALOR

A duração do período explícito é definida pela possibilidade real de se estimar os fluxos de caixa até o ano em que os resultados demonstrem relativa estabilidade. Isso varia de empresa para empresa, de acordo com as características de negócio e dinâmica do mercado.

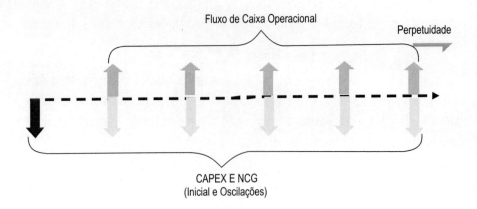

O método do fluxo de caixa descontado apresenta algumas restrições. Em alguns casos, o método não pode ser utilizado apropriadamente, como com empresas que não possuem lucro, que acompanham a sazonalidade da economia, com ativos não utilizados, patentes de produtos que não geram lucro, empresas em processo de reestruturação, etc. Nesses casos, recomenda-se utilizar outros métodos de valuation.

Exemplo: A Jundiaí Indústria e Comércio Ltda. deseja realizar uma avaliação econômica do negócio pelo método do fluxo de caixa descontado. As receitas de vendas projetadas para 2012 perfazem R$ 2,1 milhões e devem crescer a taxa de 7% ao ano no período. Os impostos sobre vendas perfazem 32% (IPI, ICMS, PIS e Cofins). O capex em 2011 é de R$ 280 mil iniciais e R$ 22 mil por ano.

O primeiro passo é obter o WACC, pela ponderação do custo dos diversos capitais aplicados na empresa. No presente exemplo, o WACC será de 12,408% ao ano.

O segundo passo é calcular a variação da NCG, que se dá multiplicando o ciclo financeiro da empresa (35 dias) pela receita líquida diária (receita anual dividido por 360 dias). A variação no primeiro ano é o valor total da NCG. A partir do segundo ano, é somente a diferença em relação ao ano anterior.

EVOLUÇÃO DA NCG	2012	2013	2014	2015	2016
A) Ciclo Financeiro (em dias)	35	35	35	35	35
B) Faturamento Líquido Diário (Faturamento Líquido / 360)	3.967	4.244	4.541	4.859	5.199
C) Necessidade de Capital de Giro (A x B)	-138.833	-148.556	-158.950	-170.077	-181.982
D) Variação da NCG	-138.833	-9.718	-10.399	-11.127	-11.905

INVESTIMENTO INICIAL NO CAPITAL DE GIRO

Finalmente, estrutura-se o fluxo de caixa da empresa projetando receitas, custos e despesas com o intuito de se obter o seu valor econômico. É importante ressaltar que a depreciação e a amortização recebem tratamento diferenciado no cálculo por não representarem saída de caixa.

FLUXO DE CAIXA DESCONTADO	2011	2012	2013	2014	2015	2016
Faturamento		2.100.000	2.247.000	2.404.290	2.572.590	2.752.672
(-) Impostos sobre Vendas		(672.000)	(719.040)	(769.373)	(823.229)	(880.855)
(=) Receita Líquida		1.428.000	1.527.960	1.634.917	1.749.631	1.871.817
(-) Custo de Produto Vendido		(870.000)	(920.000)	(970.000)	(1.050.000)	(1.065.000)
(=) Lucro Bruto		558.000	607.960	664.917	699.361	806.817
(-) Despesas Operacionais		(430.000)	(440.000)	(560.000)	(480.000)	(610.000)
(=) Lucro Operacional		128.000	167.960	104.917	219.361	196.817
(-) Depreciação e Amortização		(90.000)	(95.000)	(97.000)	(98.000)	(105.000)
(=) LAIR		38.000	72.960	7.917	121.361	91.817
(-) Imposto de Renda e Contribuição Social		(8.740)	(16.781)	(1.821)	(27.913)	(21.118)
(=) Lucro Líquido		29.260	56.179	6.096	93.448	70.699
(+) Depreciação e Amortização		90.000	95.000	97.000	98.000	105.000
(+) Variação da NCG	(138.833)	(9.718)	(10.399)	(11.127)	(11.905)	–
(=) Fluxo Caixa Operacional	(138.833)	109.542	140.781	91.970	179.543	175.699
(-) Capital Expenditure	(280.000)	(22.000)	(22.000)	(22.000)	(22.000)	(22.000)
(+) Perpetuidade ou Valor Terminal						569.784
(=) Fluxo de Caixa Operacional	(418.833)	87.542	118.781	69.970	157.543	723.483

INÍCIO DA EMPRESA

VALOR DA EMPRESA PELO FLUXO DE CAIXA	304.116

Assim, o valor pelo fluxo de caixa descontado para a empresa é de R$ 304.116,00, baseado nos diversos parâmetros aplicados.

> **Conceitos Importantes:**
> Perpetuidade ou Valor Terminal – é o valor da perpetuidade do fluxo de caixa operacional líquido
> Ciclo Financeiro = Prazo Médio de Estoque + Prazo Médio de Recebimento de Clientes – Prazo Médio de Pagamento a Fornecedores

9.8.8 Método do Lucro Econômico (LE)

O conceito de lucro econômico já foi abordado no item 9.4. A utilização desse método para se estabelecer o valor de uma empresa consiste em trazer para o valor presente o LE projetado da empresa, incluindo sua perpetuidade. O primeiro passo é estabelecer o WACC da empresa.

Na sequência, realiza-se a projeção de resultados da empresa estruturando o período explícito e o implícito.

Exemplo: A Industrial Alcântara S/A deseja realizar uma avaliação econômica do negócio pelo método do Lucro Econômico. O WACC da empresa está estimado em 9,1%. Já as receitas, os custos e as despesas são projetados conforme planilha a seguir. Os impostos sobre vendas perfazem 32% (IPI, ICMS, PIS e Cofins).

Ao valor obtido, devem-se somar os investimentos não operacionais e se deduz o endividamento da empresa para se calcular o valor econômico da empresa, conforme o próximo quadro. O capital investido da empresa (capital de giro, investimentos em máquinas, equipamentos, bens móveis, instalações) é de R$ 400 mil. Os investimentos não operacionais somam R$ 200 mil e a empresa tem R$ 430 mil em dívidas.

É um método melhor que o DCF, pois uma empresa pode forjar uma melhora em seu caixa deixando de realizar investimentos necessários para preservar sua tesouraria e, em contrapartida, reduzir seu potencial e competitivo e deixar de gerar valor para o acionista a médio prazo.

AVALIAÇÃO PELO LUCRO ECONÔMICO	2011	2012	2013	2014	2015	2016
Faturamento	130.500	150.065	180.023	190.540	250.880	300.580
(-) Imposto sobre vendas	(41.760)	(48.021)	(57.607)	(60.973)	(80.282)	(96.186)
(=) Receita Líquida	88.740	102.044	122.416	129.598	170.598	204.394
(-) Gastos (Custos + Despesas) Variáveis	(38.700)	(35.870)	(49.550)	(60.520)	(75.870)	(67.200)
(=) Margem de Contribuição Total	50.040	66.174	72.866	69.047	94.728	137.194
(-) Gastos (Custos + Despesas) Fixas	(13.000)	(15.000)	(17.5000)	(16.200).	(15.700)	(16.900)
(=) Lucro Operacional	37.040	51.174)	56.368	52.474	79.028	120.294
(-) Depreciação e Armotização	(1.500)	(1.500)	(1.500)	(1.500)	(1.500)	(1.500)
(=) Lucro antes do imposto de Renda	35.540	49.574	53.866	77.528	77.528	118.794
(-) Imnposto de Renda e Contribuição Social	(8.174)	(11.425)	(12.389)	11.810	(17.832)	(27.323
(=) Lucro Líquido	27.366	38.249	41.477	39.537	59.697	91.422
Custo de Capital	9,15%	9,15%	9,15%	9,15%	9,15%	9,15%
ROIC	6,84%	9,56%	10,37%	9,88%	14,92%	22,87%
Spread	-2,31%	0,41%	1,22%	0,74%	5,78%	13,72%
(+) Valor Continuo						
Lucro Econômico	(9.226)	1667	4.885	2.945	23.105	999.009

(+) Total do Capital Investido	400.000
(+) VPL do Lucro Econômico	637,521
(+) Investimentos não operacionais	200.000
(-) Endividualmente Geral da empresa	– 430.000
(=) Valor Patrimonial da empresa	807.521

Resumo do Capítulo

A geração de lucro é uma obrigação para as empresas competitivas.

O lucro econômico é o lucro residual gerado pela empresa acima do custo de capital da empresa.

O Cash Value Added (CVA) é o saldo de tesouraria gerado acima do custo de capital, considerando a depreciação e os investimentos operacionais.

Já o Market Value Added (MVA) representa a expectativa do mercado em relação ao potencial de geração de valor da empresa, fazendo com que seu valor real seja superior ao seu valor contábil. Essa diferença representa o MVA.

Os métodos de valuation são:

- ✓ Valor Contábil do Patrimônio Líquido;
- ✓ Valor dos Ativos;
- ✓ Fundo de Comércio ou Goodwill;
- ✓ Valor de Reposição e Valor de Liquidação;
- ✓ Lucro Econômico Descontado;
- ✓ Fluxo de Caixa Descontado; e
- ✓ Múltiplos de Mercado.

REFERÊNCIAS BIBLIOGRÁFICAS

ASSAF NETO, Alexandre; LIMA, Fabiano Guasti. **Curso de administração financeira.** 1ª ed. São Paulo: Atlas, 2009, 820p.

BLOCHER, Edward J. (et al). **Gestão estratégica de custos.** 3ª ed. São Paulo: McGraw-Hill, 2007, 708p.

COPELAND, Tom; KOLLER, Tim; MURRIN, Jack. **Avaliação de Empresas: Valuation.** 3ª ed. São Paulo: Makron Books, 2002, 499p.

ERNST & YOUNG. **Manual de normas internacionais de contabilidade.** 1ª ed. São Paulo: Atlas, 2008, 364p.

FLEURIET, Michel; KEHDY, Ricardo; BLANE, Georges. **O modelo Fleuriet – a dinâmica financeira das empresas brasileiras.** Rio de Janeiro: Campus/FDC, 2003.

GALVÃO, Alexandre; OLIVEIRA, Virgínia Izabel (org.). **Finanças corporativas.** 1ª ed. Rio de Janeiro: Campus, 2008, 604p.

GITMAN, Lawrence J. **Princípios de administração financeira.** 10ª ed. São Paulo: Pearson, 2004.

HOJI, Masakazu. **Administração financeira.** 6ª ed. São Paulo: Atlas, 2007, 565p.

HORNGREN, Charles T.; SUNDEM, Gary; STRATTON, Willian O. **Contabilidade gerencial.** 12ª ed. São Paulo: Pearson, 2004, 560p.

IUDÍCIBUS, Sérgio. **Contabilidade gerencial.** 6ª ed. São Paulo: Atlas, 2009.

_____. (et al). **Manual de contabilidade societária.** 1ª ed. São Paulo, Atlas, 2010, 794p.

MARION, José Carlos. **Contabilidade empresarial.** São Paulo: Atlas, 2002.

MARTINS, Eliseu. **Contabilidade de custos.** 9ª ed. São Paulo: Atlas, 2003, 370p.

MATARAZZO, Dante Carmine. **Análise financeira de balanços.** 6ª ed., São Paulo: Atlas, 2008.

MOREIRA, José Carlos. **Orçamento empresarial.** 5ª ed. São Paulo: Atlas, 2002.

PADOVEZE, Clovis Luis. **Controladoria estratégica e operacional.** 2ª ed. São Paulo: Cengage Learning, 2009, 493p.

_____. TARANTO, José Roberto. **Orçamento empresarial: novos conceitos e técnicas.** São Paulo: Prentice-Hall, 2009, 224p.

SCHMIDT, Paulo (org.). **Controladoria. Agregando valor para a empresa.** Porto Alegre: Bookman, 2002.